HISTOIRE MILITAIRE DES FEMMES

PAR

ED. DE LA BARRE DUPARCQ

Les héroïnes produisent les héros.

PARIS

AUX FRAIS DE L'AUTEUR

MDCCCLXXIII

Droits de reproduction & de traduction réservés

HISTOIRE MILITAIRE
DES FEMMES

HISTOIRE MILITAIRE DES FEMMES

PAR

ÉD. DE LA BARRE DUPARCQ

Les héroïnes produifent les héros.

PARIS

AUX FRAIS DE L'AUTEUR

MDCCCLXXIII

Droits de reproduction & de traduction réfervés

A LA MÉMOIRE

DE MA FEMME

PRÉFACE

—

J'ai rêvé, il y a plus de dix ans, au sujet d'un projet littéraire, celui d'écrire in-extenso l'Histoire militaire des Femmes, ouvrage où j'aurais retracé depuis l'antiquité jusqu'à nos jours l'histoire des femmes qui, dans les différents pays du monde, se sont distinguées par une part prise aux combats & aux actes militaires. Ce livre devait obtenir un grand succès; mon imagination allait loin, comme celle de Perrette, & y voyait déjà pour l'auteur un titre littéraire solide & de bon augure.

Les occupations sont venues me distraire de ce projet.

Aujourd'hui je me demande si, renonçant à l'exécution de mon programme ambitieux, il ne serait pas temps d'aborder ce sujet avec une rédaction plus reſtreinte. En effet, je puis, à la fin de ma carrière, me trouver plus empêché encore; j'atteins la cinquantaine, j'oublierai bientôt l'art de parler aux dames & je déſire qu'elles liſent ce livre compoſé pour elles; enfin il y a la maxime : ne remets pas ce que tu peux faire aujourd'hui.

J'aborderai donc réſolûment la compoſition de l'Hiſtoire militaire des Femmes.

Janvier 1869.

P. S. *Diverſes cauſes ont ajourné depuis quatre ans l'impreſſion de ce travail hiſtorique, auquel je n'ai, du reſte, rien à changer, à peine quelques noms à y inſcrire pour le compléter & le mettre à jour.*

Janvier 1873.

HISTOIRE MILITAIRE DES FEMMES

INTRODUCTION

Je n'arguerai pas d'une obfervation jufte, à favoir que l'amour conftitue un état de guerre continuel, une lutte entreprife pour vaincre, & que par fuite les dames, paffées maîtres à ce jeu charmant, doivent s'entendre à la guerre, à fes rufes, à fes fecrets, à fes procédés de toute efpèce.

Je ne chercherai pas, en fuivant les traces de M. Erneft Legouvé (1), à montrer que la femme n'eft pas inférieure à l'homme, ni à le prouver au double point de vue de la pfychologie & de l'hiftoire.

Je ne rappellerai point une thèfe fouvent plaidée & qui dépaffe, ce me femble, les vifées du précédent écrivain, à favoir que de la femme &

---

(1) *Hiftoire morale des femmes*, 3ᵉ édition, livre V, chap. I & II.

de l'homme la première possède le plus d'intelligence (1).

Je dirai simplement ce qui suit.

La femme ne manque ni de décision, ni d'énergie ; elle traverse, il est vrai, des moments où sa nature s'affaiblit, pour se renouveler, mais beaucoup de femmes surmontent ces affaiblissements passagers. Ainsi la nature féminine ne s'oppose pas au courage (2) & aux actes qui découlent de cette vertu considérée comme exclusivement virile : elle ne s'y oppose pas surtout à l'état de jeune fille ou de femme faite. Seulement de 20 à 30 ans la femme devient craintive & peureuse, par l'instinct d'épouse & de mère qui lui fait tout redouter pour son mari, pour ses enfants nés ou à naître, pour elle-même ; il semble qu'alors elle considère son ménage, sa famille, sa propre personne qui en est l'âme, comme un capital qu'il ne faut pas compromettre, &, en effet, à ce prix seul, la conservation de l'espèce humaine demeure assurée.

---

(1) Lisez, par exemple, le curieux opuscule, publié à Berlin en 1797 : *Essai sur la supériorité intellectuelle de la femme*, dédié à la reine Louise de Prusse, par le chev. DELL' ACQUA, Milanais, membre honoraire de l'Académie des Arcades, in-12.

(2) Nous ne nous rangeons donc nullement à cet avis assez impertinent : « Je ne crois pas que l'intrépidité soit la vertu favorite du beau sexe.... Quoique l'intrépidité soit inutile aux femmes, on ne laisse pas de trouver parmi elles des héroïnes. » (*Réflexions sur les grands hommes qui sont morts en plaisantant*, par M. D***, imprimé dans le monde, in-32, 1714, chap. XI).

La différence remarquée entre l'homme & la femme provient, non-feulement de leur nature, mais encore de l'éducation ; élevez des jeunes filles comme des jeunes garçons, & vous verrez fe développer en elles plus d'une qualité qui femblait dévolue au fexe mafculin (1). Que les filles manient des épées au lieu de fufeaux, & des trompettes au lieu de poupées, leurs idées prendront une autre direction, & elles voudront utilifer, une fois grandes, ce avec quoi elles ont joué étant petites. Tel eft fouvent le fecret de l'apparition des femmes guerrières, tel fut à coup fûr le feul enchantement au moyen duquel fe forma & fe maintint l'ancienne nation des Amazones, fi fon exiftence n'eft pas un produit de l'imagination des poëtes qui ont contribué à la création, à l'organifation de l'Olympe.

Ainfi la femme peut avoir du courage & aimer la guerre, ou tout au moins fe plaire à la faire, parce qu'elle faura s'y diftinguer ; en un mot, elle peut affectionner l'art militaire, & combattre autrement qu'au profit d'une paffion ou d'une fimple émotion.

La pratique de la guerre exige de la pénétration, de la perfévérance, du fang-froid : nous ne voyons pas que la femme manque par naiffance de ces différentes qualités.

---

(1) Reportez-vous à notre chapitre 1er pour la manière dont on élevait les jeunes Amazones.

N'héfitons donc pas & abordons franchement l'expofé hiftorique des faits attribués aux femmes qui, de tout temps, ont pris part à la guerre; nous fommes fûrs par avance de ne pas les trouver au-deffous de la tâche choifie par elles.

Et à ce fujet une remarque ne fera pas inutile. D'après notre titre nous écrivons feulement l'hiftoire des femmes à un point de vue particulier, & la biographie de celles qui n'ont pas manié l'épée n'entre pas dans notre cadre; finon nous aurions pu prendre pour épigraphe ce paffage d'un ouvrage écrit au xviiie fiècle par un officier général : « L'hiftoire des femmes, fi elle était écrite, ferait l'hiftoire générale du monde. Depuis la guerre de Troie, dont Hélène fut le motif, & l'invafion de la Grèce par Xercès, dont fa mère Parifatis fut également la caufe, jufqu'aux événements les plus récents, il n'y a aucune révolution dans les empires & dans les familles, où les femmes ne foient entrées comme caufe, comme objet ou comme moyens. C'eft bien à elles que le deftin a dit : *Imperium fine fine dedi* (1). »

---

(1) *Je vous ai donné un empire fans fin.* Ce paffage eft tiré du chap. vii de la feconde partie des *Mémoires militaires & politiques du général Lloyd*. Le même auteur a dit : « Si l'on faifait des femmes la récompenfe des grandes actions, il n'y a forte d'efforts que les hommes ne fiffent pour les mériter. »

CHAPITRE Ier

TEMPS PRIMITIFS. — AMAZONES

—

Les Amazones (1) — nous entendons ce mot dans le fens particulier de tribu ou peuplade des Amazones — fe relient aux Cofaques de notre temps par deux chaînons hiftoriques. Le premier tient au nom *Gynecocratuménien* (en latin, moyennant l'addition du mot Sauromata (Scythe), *Sauromatagynecocratumenus*), mot dérivé du grec & qui fignifie *vaincu par la femme;* on prétend, en effet, mais ceci remonte aux temps antéhiftoriques, que les ancêtres des Cofaques auraient été vaincus par les Amazones & auraient depuis entretenu des relations avec elles; au moins eft-il certain qu'ils étaient leurs voifins. Le fecond chaînon confifte en ce qu'à l'origine la république nomade des Cofaques aurait pris le contre-pied de celle des Amazones, n'admettant

(1) Rappelons qu'il a paru en 1749 une tragédie des *Amaʒones*, compofée par une femme, Mme Dubochage.

aucune femme parmi eux, fe recrutant au moyen d'enfants mâles qui provenaient de captives parquées loin de leurs camps, & impitoyablement chaffées ou vendues quand elles mettaient au monde des filles.

Quoi qu'il en foit de ces conjectures, abordons l'hiftoire des Amazones, fi toutefois on peut lui donner ce nom, car le récit qui concerne ces femmes guerrières appartient également à l'époque fabuleufe qui obfcurcit à nos yeux l'origine & le développement des premières fociétés humaines.

Un auteur du XVIIIe fiècle qui s'eft occupé de recherches fpéciales fur les Amazones confidérées comme une des nations de la première antiquité, ne doute pas, à l'encontre de Voltaire & de Dacier, de l'exiftence de ces femmes guerrières. Je confens à me ranger momentanément de fon avis, d'autant plus que cela me fournira plus ample matière à un chapitre dont cette *Hiftoire militaire des femmes* ne faurait fe paffer ; vraies ou fuppofées, les Amazones ont en effet tenu trop de place dans les récits humains pour que nous ne nous arrêtions fur elles en des pages qui ont la prétention de réunir & de réfumer les faits relatifs à la part prife en tout temps par les femmes aux chofes militaires.

On fuppofe les Amazones d'origine scythe. Deux princes appartenant à la race royale de ce pays en furent chaſſés & ſe retirèrent avec une ſuite nombreuſe dans la Sarmatie aſiatique, au-deſſus du mont Caucaſe, ſi nous en croyons l'abbé Guyon (1); là ils s'établirent, fondèrent un nouvel Etat, mais, s'étant livrés à des courſes déprédatrices dans les provinces voiſines du Pont-Euxin, furent attaqués inopinément & maſſacrés avec la plupart des leurs. Les femmes de ces malheureux, reſtées ſeules, ſe virent dans la néceſſité de ſe défendre, élurent une reine & organiſèrent leur ſociété. Sans doute l'ennemi ne les preſſa pas trop vivement au début; elles réſiſtèrent, ſe fortifièrent par l'exercice dans le métier des armes, finirent par ſe faire reſpecter. Des circonſtances heureuſes s'en mêlèrent &, la ſurpriſe aidant ſans doute, elles ſe virent bientôt maîtreſſes d'un certain territoire. S'enhardiſſant, elles en conquirent les alentours; puis, ſe ſentant aſſez fortes, une idée bizarre ſurgit parmi elles, & elles réſolurent de ſe priver du ſecours des hommes : de l'idée à l'exécution il n'y eut qu'un pas; les hommes mêlés à elles furent égorgés, & le mariage ſolennellement aboli. Seulement, afin de perpétuer leur République, on prétend, & c'eſt ici que la fable s'introduit (2), qu'elles

(1) Auteur d'une *Hiſtoire des Amazones*, in-12, Bruxelles, 1741, chez Léonard, p. 50.

(2) L'abbé Guyon n'oſe porter ſon ſoupçon juſqu'à taxer cette tradition de *fable*, mais à quel prix pour les Amazones, puiſqu'il

allaient une fois par an fur leurs frontières, s'y livraient au premier homme venu (1), puis rentraient dans leur pays & neuf mois après partageaient les enfants nés en deux groupes : le groupe des garçons que l'on tuait impitoyablement, le groupe des filles que l'on confervait & élevait, dont on faifait avec le temps de jeunes Amazones (2).

Relativement à cette dernière coutume, Jornandès (3) ajoute qu'elle jetait la terreur autour d'elles, perfonne ne pouvant fuppofer que des femmes, affez cruelles pour mettre à mort leurs propres enfants, épargneraient leurs prifonniers & leur feraient grâce (4).

Si les Amazones rejetaient de leur cœur l'affection des époufes, elles n'en fupprimaient pas entièrement l'amour maternel, au moins à l'égard des filles, en ce fens qu'elles tenaient à être mère d'une autre Amazone, puifque pour avoir le droit d'aller aux frontières, il fallait s'être fignalée par

---

prétend qu'elles ne confervaient pas, de leurs relations avec les hommes, « plus de fentiment ni de fouvenir que l'on en voit dans les *bêtes* » !

(1) Elles n'en continuaient pas moins à porter la ceinture qui défignait les jeunes filles & dont l'ufage fe trouvait interdit aux femmes mariées.

(2) On dirait l'imitation d'une république d'abeilles.

(3) *Hiftoire des Goths*, chap. VIII.

(4) Le même auteur cite une tradition d'après laquelle les Amazones auraient rendu les enfants mâles à leurs époux d'un jour, mais c'eft peu probable, car elles devaient fuir & abandonner ces derniers comme des inftruments devenus inutiles & méprifés.

la défaite & le maſſacre d'au moins trois ennemis (1).

Quoique nées de mères guerrières & au caractère rudement trempé, les jeunes filles deſtinées à devenir Amazones en titre avaient beſoin d'un noviciat particulier pour endurcir leur tempérament & garder leur âme de toute faibleſſe morale. On les allaitait avec du lait de jument (2), on les nourriſſait le plus tôt poſſible avec de la viande provenant de bêtes fauves, & le plus ſouvent crue. Afin qu'elles puſſent mieux tirer de l'arc, on leur comprimait, dit-on, brûlait ou extirpait la mamelle droite dès l'âge de huit ans; en effet, l'abſence de cette mamelle ouvrait un champ plus large à l'action du bras & permettait à ce bras (au moins le croyait-on alors) de ſe développer, de ſe renforcer de tout ce qui eût été pris par la portion charnue ſupprimée. Nous devons ajouter que dans les œuvres de l'art antique les Amazones ſont repréſentées avec deux mamelles, en ſorte que la tradition qui leur at-

---

(1) Même coutume chez les Sauromates, au dire d'Hérodote (IV, 117); cette nation, dont il raconte l'origine, provenait d'un mélange d'Amazones & de jeunes Scythes qui avaient ſuivi leurs épouſes où elles avaient voulu; la narration du père de l'hiſtoire ſemblerait fabuleuſe ſi elle n'avait ſans doute pour but de prouver que plus d'une Amazone regrettait la néceſſité où elle ſe trouvait de vivre ſans mari.

(2) Leurs mères n'avaient qu'une mamelle, & par conſéquent leur lait reſtait imparfait; elles devaient d'ailleurs ſe hâter de s'en débarraſſer, afin de ne pas entraver leurs fonctions militaires.

tribue la perte volontaire d'une mamelle pourrait être une fiction des grammairiens pour faire dériver leur nom de μαζός.

On ne connaît qu'imparfaitement l'habillement des Amazones, & cela s'explique puifqu'il peut feulement fe déduire des médailles. Elles femblent avoir porté le plus fouvent un corfet cuiraffé (1), efpèce de vefte large que terminait une ceinture de laquelle pendait une cotte d'armes affez courte; le genou fe trouvait à peine couvert comme dans la ftatue de Diane Chafferesse. Pour chauffure on leur voit des brodequins ordinaires, & pour coiffure un cafque pofé fur des cheveux noués court derrière la tête. Le panache qui accompagne ce cafque fur une des médailles confervées, comme auffi la couronne murale qui en tient place fur une autre, doivent tenir à des circonftances particulières, & le coftume précédent, lequel reffemble également à celui attribué à Minerve, dont le perfonnage fe lie évidemment à l'hiftoire des Amazones, me paraît le plus probable. On voit bien auffi une Amazone à cheval combattue par Hercule, laquelle fe trouve recouverte d'une robe, mais ce vêtement long, qui s'explique pour une femme à cheval, peut très-bien former une exception & en tous cas avoir été confacré aux combattantes

---

(1) Compofé d'écailles métalliques, ordinairement en fer.

montées ; il eſt vrai que ces dernières étaient les plus nombreuſes, car comme les Scythes & plus tard les Parthes, leurs voiſins, elles faiſaient la guerre ſurtout à cheval. De toute façon les vêtements des Amazones étaient fabriqués de peaux (1) d'animaux tués à la chaſſe, s'attachaient ſur l'épaule gauche & découvraient le côté, laiſſant ainſi à découvert le ſein coupé & non la mamelle conſervée comme ne manquent pas de le repréſenter les peintres & les ſtatuaires, trouvant ſans doute la poſe plus gracieuſe.

Les femmes guerrières dont nous nous occupons employaient comme armes l'arc, la lance, la hache d'armes ; elles ſe couvraient contre les coups de leurs adverſaires par un bouclier.

L'arc était leur arme favorite ; habituées à le manier dès l'enfance, elles s'en ſervaient avec adreſſe, même par derrière, & devenaient ainſi redoutables même dans la fuite à l'ennemi qui les pourſuivait.

La lance, dont une partie de leurs troupes ſe trouvait munie, avait pour but de leur fournir ainſi une infanterie (2) capable de combattre & de

---

(1) La froidure du climat l'exigeait principalement pour une vie nomade, car les Amazones vivaient plus à l'air que les femmes des Grecs & même celles des Scythes. (Conſultez HÉRODOTE, IV, 114.)

(2) La légèreté de pluſieurs Amazones à la courſe, notamment celle de la reine Myrine, dont nous parlerons ci-après, paraît indiquer chez ces guerrières une tendance à ne pas dédaigner le combat *à pied*.

réfifter *de près ;* elles la maniaient avec grâce & la portaient fouvent, en dehors de la guerre, pour aider à leur contenance dans les cérémonies & les occafions où elles voulaient briller.

Leur hache d'armes était double, c'eft-à-dire à deux tranchants, reffortant l'un à droite, l'autre à gauche de la hampe ; fa longueur ne dépaffait pas celle d'un javelot. On la nommait *Sagaris* (1).

Le bouclier des Amazones, fur lequel un favant a fait un travail fpécial (2), affectait la forme d'un croiffant dont les pointes regardaient le ciel (3) ; au milieu de l'échancrure, semblable à celle du pelte, πελτη, bouclier léger le plus ufuel chez les Grecs — fauf pour les Hoplites — depuis l'an 374 avant notre ère, une petite plaque garantiffait l'anfe qui fervait à le tenir & par conféquent la main de la guerrière.

On croit qu'elles utilifaient comme inftruments de guerre, & principalement pour donner le

---

(1) Voyez XÉNOPHON, *Expédition de Cyrus & Retraite des Dix mille*, IV, 4. Larcher prétend que dans la *Sagaris* un feul des tranchants coupait.

(2) Reportez-vous, relativement à ce bouclier, aux chap. XXV & XXVI de la favante & très-curieufe differtation *de Amazonibus* parue à Paris, en 1685, chez Cramoify, *via dicta de la Harpe* (aujourd'hui boulevard Saint-Michel), dans le format in-12, & due à Pierre LE PETIT, médecin, avec de nombreufes figures.

(3) D'où l'expreffion de *lunatum agmen*, chez le poëte Stace, pour une troupe d'Amazones armées de ces boucliers échancrés.

signal du début & des principales phases du combat, le cornet & la trompette.

Sans entrer dans le détail des guerres soutenues par les Amazones, nous en parlerons & citerons les faits qui signalent les principales d'entre elles ; évidemment ce seront surtout leurs reines, car avec leur organisation & à cette distance de nous, ce sont les seules qui puissent avoir conquis & conservé de la célébrité.

Marpesia & *Lampeto* régnèrent sur elles simultanément dès la formation de leur puissance. Il fut réglé que l'une des reines veillerait au dedans du royaume tandis que l'autre irait en guerre : le choix tomba sur Lampeto. Alors Marpesia se mit à la tête des guerrières disponibles, soumit le Caucase, malgré les difficultés locales, provenant de la nature du sol, & donna son nom à une partie de la contrée, dorénavant désignée par l'épithète de *Mont Marpésien*. Leur puissance grandissant, elles eurent recours à des auxiliaires choisis parmi les peuples qu'elles avaient vaincus, & ces auxiliaires se composèrent soit de femmes mécontentes, soit même de troupes masculines attirées par l'espoir du butin ; avec leur aide elles conquirent une partie des provinces sises dans l'Asie Mineure le long du Pont-Euxin. Alors leur Etat se fractionna en trois parties ; l'une eut pour chef-lieu Thémiscyre, ville de leur fondation, sise dans les plaines arrosées par le Thermodon ; la reine de la seconde partie tint sa cour aux environs d'Ephèse ; le troisième royaume des Amazones occupa la Sarmatie.

La reine *Antiope* est celle contre laquelle lutta Hercule pour lui enlever sa ceinture, selon l'ordre qu'il en avait reçu de son frère. Elle fut vaincue par le héros, & céda en effet sa ceinture, mais en revanche conserva sa liberté & son trône. Thésée accompagnait Hercule dans cette expédition & en ramena la jeune *Hippolyte* (1), sœur de la reine (2). Plusieurs combats furent livrés contre Hercule; les Amazones *Aëlle,* si légère à la course ; *Prothoë,* abattue comme la première d'un coup de massue par le héros; *Eurybie,* connue par ses exploits précédents ; *Calène, Phébé, Déjanire, Philippis, Astérie, Marpé, Tecmessie* & *Alcippe,* s'y distinguèrent. Hercule considéra son expédition contre les Amazones comme le plus grand & le plus glorieux de ses travaux, ce qui fait ressortir la supériorité dans les armes & la puissance de ces femmes guerrières.

Dans une troisième guerre la reine *Orithrie* voulut relever l'honneur & la réputation des

---

(1) Suivant Diodore de Sicile (IV, 28), Antiope & Hippolyte seraient une même personne; le fils d'Antiope & de Thésée s'appelait aussi Hippolyte, Pindare seul le nomme Démophon. Plutarque, dans sa *Vie de Thésée,* traite de ces doutes, mais sans les éclaircir.

(2) *Ménalippe,* autre sœur de la reine, tomba également aux mains d'Hercule : elle commandait l'armée des Amazones.

Amazones. A la tête de toutes les Amazones affemblées, fuivie d'un corps de Scythes auxiliaires, elle paffa la mer (1), traverfa la Theffalie, atteignit l'Attique, y commit des ravages, puis vint camper devant Athènes & fomma Théfée de rendre Hippolyte. La vue, l'ardeur de ces femmes guerrières intimida d'abord les Grecs; mais Théfée, en chef expérimenté, raffura les fiens par un facrifice à la Peur, puis les habitua peu à peu à ce nouvel ennemi; au bout d'un mois d'efcarmouches, il rifqua une bataille décifive, près du bois Boëdromion. Victorieufes fur leur aile gauche, les Amazones, que les Scythes venaient d'abandonner (2), furent complétement défaites à leur aile droite & maffacrées en grand nombre. Hippolyte s'interpofa & négocia un accommodement (3) : un facrifice aux Amazones fut inftitué poftérieurement au lieu où fe prêta le ferment de paix, & la Grèce reçut les dépouilles mortelles de plufieurs d'entre elles que leurs bleffures avaient fait tranfporter dans des localités falutaires (4).

(1) On peut l'affurer d'accord avec la plupart des auteurs; Bellonicus prétend pourtant qu'elles vinrent dans l'Attique par terre.

(2) L'hiftoire ne dit pas pour quel motif, mais fans doute Théfée avait réuffi, à prix d'argent peut-être (moyen fi puiffant auprès de mercenaires), à enlever leur appui à la reine Orithrie.

(3) Suivant une tradition, Hippolyte aurait fini par être tuée dans cette expédition d'un coup de javelot lancé par une Amazone du nom de *Molpadia*.

(4) On voyait des tombeaux d'Amazones à Chalcis (dans l'île

On remarquera que les Amazones cèdent à deux héros, à Hercule & à Théſée, tandis qu'elles l'emportent ſur des peuples lointains & peu connus; à mon ſens, c'eſt là une preuve de l'arrangement que ſubit leur hiſtoire ſous la main des poëtes, car ceux-ci pouvaient les grandir, orner leur nom d'une brillante auréole de gloire, mais non les claſſer au-deſſus des héros, des demi-dieux dont la biographie elle-même, comme celle de tout l'Olympe, ſe forma ſucceſſivement & fut combinée, embellie, avant de nous parvenir dans l'état où nous la connaiſſons.

A la ſuite de ſon échec, Orithrie n'oſa reparaître à Thémiſcyre ; elle alla fonder un nouvel établiſſement au nord de la Thrace.

La tradition nous montre enſuite les Amazones en relation avec la ville de Troie. Leur reine *Myrine* perdit, aſſure-t-on, la vie, en ſecourant les Phrygiens contre Priam ; elles ſe réconcilièrent enſuite avec ce monarque, à cauſe de la haine qu'elles portaient aux Grecs, depuis qu'elles s'étaient meſurées avec Hercule & Théſée.

Penthéſilée, ſouveraine des Amazones du Thermodon, la plus illuſtre de leurs reines, accourut à ſon ſecours avec douze Amazones.

---

d'Eubée), à Mégare, Chéronée, Scotuſe, Cynoſcéphales. Près d'Athènes s'élevait une colonne dite *Amaʒonienne*, abritant, dit-on, les reſtes d'une Amazone.

Mais ici l'influence d'Homère fe fait fentir : cette héroïne devient une femme charmante dont le teint eft d'une blancheur éblouiffante, les cheveux & fourcils du plus beau noir, les yeux vifs & pétillants, la tenue modefte & gracieufe, le fourire affable, qui unit en un mot à l'afpect & aux mérites d'un guerrier les grâces & la douceur de la femme. Le roi des Troyens l'accueillit à merveille, la logea dans fon palais, lui fit des préfents & lui promit une reconnaiffance fans bornes, fi elle lui procurait le triomphe fur fes adverfaires. Malgré les avertiffements d'Andromaque, Penthéfilée réfolut de combattre Achille,

ποδας οχυς Αχιλλευς,

Achille aux pieds légers, fuivant l'expreffion d'Homère, ou fi l'on préfère un fouvenir d'Horace, Achille *impiger, iracundus, inexorabilis, acer,* l'actif, l'irafcible, l'inexorable, le violent Achille.

Son apparition fur le champ de bataille fut un coup de maître ; elle abattit de fa hache huit des chefs grecs, & voyant de fes Amazones maffacrées autour d'elle, fa fureur ne connut plus de bornes, elle s'élança, frappa, répandit la terreur, entraîna les Troyens, détermina la fuite des guerriers qui étaient venus réclamer l'époufe de Ménélas.

A ce moment, Ajax intervient, repouffe les Troyens, tue quelques Amazones ; Penthéfilée se tourne contre lui, & son premier trait atteint le bouclier d'Achille paraissant à son tour; mais d'un javelot lancé avec habileté, le héros grec lui perce le côté droit du sein, puis vient l'achever d'un second coup. A peine l'a-t-il achevée, à peine lui a-t-il enlevé ses armes pour en faire un trophée, que la beauté fière & intrépide encore sous le voile de la mort de cette brillante guerrière l'impressionne & le désespère de sa victoire. Thersite voit ce changement sur le front du vainqueur & l'en blâme; indigné de cette marque d'une basse jalousie & d'un mauvais esprit de critique, Achille frappe son interlocuteur au visage & l'étend à ses pieds. Il rend ensuite le corps de Penthésilée à Priam qui l'entoure des plus grands honneurs & la fait déposer dans un superbe mausolée.

A la cinquième & dernière guerre des Amazones ne se rattache aucun nom spécial. Ces guerrières cherchent à s'y venger du troisième héros grec auquel leur bras n'a su résister, en attaquant dans l'île de Pénée le temple bâti en son honneur. Elles font à cet effet construire 50 galères, &, une fois débarquées dans l'île, ordonnent d'abattre le bois entourant & protégeant le temple. Le fer des cognées employées se détache & frappe les ouvriers à la tête. Averties, les Amazones courent au Temple; une vision effraye leurs chevaux, ces animaux se cabrent, il devient impoffible de les ramener; ils s'échappent dans l'île, quelques-uns même fe jettent à la mer. Une tempête s'élève en ce moment & brife bon nombre des galères des Amazones; un petit nombre de ces guerrières parvient feulement à regagner les rives du Thermodon.

On attribue comme créations aux Amazones afiatiques, outre la ville capitale de Thémyfcire, dont nous avons parlé, la fondation de Smyrne, de Thyatire, de Myrine, de Cumes, de Paphos, ainfi que l'agrandiffement de la cité d'Ephèfe, l'une des plus illuftres de l'Afie Mineure, où leur reine Otrire (1) fixa fa réfidence dans un palais bâti d'après fes ordres, & où fut bientôt élevé le magnifique temple de Diane, trois fois rebâti, & toujours avec une nouvelle magnificence.

A travers l'éloignement du temps, les hauts faits des Amazones parurent plus grands, plus dignes de louange; les populations, aidées par l'imagination de leurs poëtes, en firent des femmes extraordinaires, leurs reines ne tardèrent pas à paffer au rang des déeffes, plufieurs furent confidérées comme filles ou femmes du dieu Mars. Leur culte fe répandit en Grèce & en Afie Mineure: dans les villes fondées par elles en ce dernier pays, cela n'offre rien d'étonnant;

---

(1) Il faut diftinguer parmi les reines des Amazones *Otrire* dont parle Hygin, & Orithrie qui marcha fur Athènes & que Plutarque mentionne dans la *Vie de Théfée*.

mais en Grèce, où elles s'étaient préfentées en ennemies, le fait paraît plus fingulier & les honore.

L'abbé Guyon fixe à l'an 1500 avant J. C. l'établiffement de la monarchie des Amazones habitant les rives du Thermodon ; en prenant pour fin de leur hiftoire la conquête de l'Afie par Alexandre le Grand, auquel leur reine Thaleftris fe préfenta pour en avoir de la poftérité (1), fi nous en croyons Quinte-Curce (2), on obtient ainfi douze fiècles (3) pour la durée de cette bizarre inftitution (4).

Outre les Amazones habitant les rives du Thermodon, près du Pont-Euxin, Diodore de Sicile rapporte ce qui concerne les Amazones de la Libye qui avaient difparu plufieurs géné-

(1) Si elle mettait au monde une fille, elle devait l'élever ; fi c'était un garçon, elle le rendait à Alexandre.

(2) VI, 5. Voyez *Vie d'Alexandre*, par PLUTARQUE. Appien dément le fait. Arrien, efprit pratique, prétend qu'on préfenta de *fauffes Amazones* au grand Alexandre, c'eft-à-dire cent femmes barbares inftruites à monter à cheval & armées comme l'étaient les Amazones. Il appuie fon avis fur le témoignage de Xénophon qui, vivant avant Alexandre, ne cite pas les Amazones comme exiftant à l'époque de la retraite des Dix mille dans les pays traverfés par ces derniers. Sainte-Croix fe prononce en faveur des Amazones, & tient pour vraies celles qui fe font préfentées à Alexandre.

(3) Malgré cette durée, on a retrouvé récemment une ftatue d'Amazone contemporaine peut-être d'Alexandre, car elle eft évidemment d'un artifte grec; cette ftatue, la plus belle, prétend-on, de celles que l'on connaît fous ce type, a été découverte dans les premiers mois de 1869, fur l'emplacement des jardins de Sallufte.

(4) On trouve encore mentionnées, outre celles que nous avons citées, les Amazones *Iphione, Ocyale*.

rations avant la guerre de Troie, à laquelle les premières prirent part ; évidemment il y a dans l'hiſtoire, ou plutôt la fable de ces dernières, un fond de récit commun, & le royaume féminin & guerrier de l'Afrique reſſemble à s'y méprendre à la monarchie aſiatique dont nous venons d'expoſer l'organiſation & les hauts faits. L'origine de la tradition doit être la même & ſe perd dans la nuit des temps. Mais la narration de Diodore de Sicile comprend certains détails qu'il eſt bon de relever pour éclairer d'un jour nouveau pluſieurs points de la façon dont l'antiquité concevait l'organiſation militaire & la façon de combattre chez une nation excluſivement compoſée de femmes.

Tel eſt par exemple le rapport entre le nombre des fantaſſins & des cavaliers (nous devrions dire des *piétones* & des *cavalières*) dans une armée d'Amazones. Diodore (1) donne la proportion de 3,000 Amazones combattant à pied pour 20,000 combattants à cheval, c'eſt-à-dire que l'infanterie eût été le $\frac{1}{7}$ de la cavalerie ; il eſt vrai que ce texte a été mis en ſuſpicion & qu'une édition de l'auteur grec permet de traduire *trente mille combattants à pied & deux mille à cheval,* mais cette interprétation tombe devant la réflexion du texte : « Le ſervice de la

---

(1) Livre III, chap. LIV.

cavalerie eſt ambitionné parmi les Amazones comme le plus utile à la guerre (1). » Toujours eſt-il (le fait ſe trouve hors de doute par cette citation) que les Amazones ne combattaient pas excluſivement à cheval, comme on l'a prétendu.

Telle eſt encore la cruauté dont elles uſaient envers l'ennemi, paſſant au fil de l'épée tous les hommes, cruauté néceſſaire, car moins il exiſtait d'hommes, plus leur ſyſtème de gouvernement, leur monarchie excluſivement féminine, poſſédait des chances pour vivre & pour durer ; ainſi, les anciens voyaient à merveille que ces nations d'Amazones conſtituaient une anomalie ; & s'ils ne ſe gendarmaient pas davantage contre cette anomalie, c'eſt qu'elle ſe rattachait comme origine à leur mythologie, & qu'en fait de divinités ils acceptaient, ils amalgamaient les traditions les plus diverſes plutôt qu'ils ne retranchaient, & procédaient par voie de ſimplification.

Diodore de Sicile nous montre les Amazones de Libye ſurpriſes la nuit par leurs ennemies, les Gorgones, autre nation de femmes guerrières, & perdant beaucoup de monde, mais enſuite ſe ralliant, attaquant avec enſemble & fureur, *en-*

---

(1) Aux environs du Palus-Méotide, chez les Laxamathes, les femmes auſſi combattaient à cheval, en ſe ſervant d'un *laʒo* comme le fait remarquer *Alexander ab Alexandro*, livre VI, chap. XXII. Voici le texte : « *Circa Mœotim Laxamathæ viri pedibus, fœminæ equeſtri prelio*, non enſe, ſed laqueo, *depugnant.* » Edition de Paris, 1579, verſo du feuillet 375.

tourant leurs adverfaires & les maffacrant toutes. N'eft-ce pas là l'image morale de la femme? En dehors des foins de la maternité, elle peut manquer de vigilance; mais, une fois fa faute reconnue, elle fe corrige & fe tire d'affaire à force de perfpicacité & de paffion.

La plus célèbre des reines des Amazones africaines fe nommait Myrine, nom déjà connu du lecteur, car il figure dans les pages précédentes; cette fouveraine fit de grandes conquêtes jusqu'en Arabie & en Syrie, jufque même dans la grande Phrygie, fonda plufieurs villes dans ces diverfes contrées, atteignit les îles de la Grèce, & créa Mitylène dans l'île de Lesbos. Dans l'une de fes expéditions au milieu de cet archipel, une tempête la furprit, & elle n'en fortit vivante que par un vœu à la mère des dieux qui la jeta fur une île déferte qu'elle lui confacra; on voit que rien ne manque à fa gloire.

Diodore adopte une idée plus pratique relativement à la conftitution de la monarchie libyenne des Amazones; fuivant lui, les hommes ne s'en trouvaient pas exclus, mais, loin d'y obtenir aucun emploi, ils s'occupaient des foins domestiques & rempliffaient les fonctions ailleurs dévolues aux femmes, depuis l'allaitement des enfants, qui était, bien entendu, artificiel (1).

(1) III, 52.

CHAPITRE II

FEMMES MILITAIRES DE L'ÉGYPTE ET DES PREMIERS ROYAUMES ASIATIQUES

—

La race égyptienne a reçu de l'hiſtoire un reproche que l'on adreſſe ſouvent à la nation française, celui d'être plus belliqueuſe que guerrière; chez elle, en raiſon de l'exiſtence d'une caſte ſpéciale des guerriers, cela ſe comprend, car la routine finit par revêtir le ſemblant du métier & par ſubſtituer l'apparence à la réalité. Néanmoins on ne peut ſe diſſimuler que les Egyptiens n'aient entrepris de grandes guerres & ne s'y ſoient montrés de bons ſoldats; ne ſoyons donc pas ſurpris d'y trouver le goût des armes aſſez développé, d'y rencontrer même, par exception il eſt vrai & à de longs intervalles, des femmes guerrières.

Pour plus de clarté dans notre expoſé, nous ſéparerons l'Egypte des Pharaons de l'Egypte des Ptolémées.

La première, l'Egypte primitive, auffi grandiofe par fon antiquité réelle que par la conception de fes vaftes monuments, nous offre peu de femmes guerrières, & cela fe comprend chez un peuple dont le langage figuré & fymbolique (les colonnes & les façades de fes temples en font remplies) n'oublie jamais de repréfenter les peuples vaincus qui s'étaient mal défendus par le figne le plus caractériftique de la femme (1).

La reine Nitocris, appelée fur le trône après l'affaffinat de fon frère, ne voulut profiter du pouvoir que pour venger ce dernier. Elle fit inviter à un fplendide feftin les auteurs du crime, & les réunit dans ce but dans une vafte falle fouterraine où, par fes ordres, on laiffa les eaux du Nil faire irruption, puis elle eut le courage de s'enfermer dans une chambre remplie de cendres & de s'y laiffer mourir.

Dans l'Egypte des Ptolémées, nous rencontrons d'abord Cléopâtre, fille de Ptolémée Philometor (2). Cette reine, devenue veuve, écarta Lathyrus, fon fils aîné, pour mettre la couronne fur la tête d'Alexandre, fon fecond fils ; elle était

---

(1) Voyez Hérodote, II, 102. Diodore de Sicile nous apprend que fi les vaincus avaient lutté énergiquement, on les défignait fur les monuments par le figne inverfe.

(2) Celui qui, d'après la théorie de M. Vincent, aurait commencé à régner le 2 juin 181 avant l'ère chrétienne. Voyez, dans les *Comptes rendus de l'Académie des Infcriptions & Belles-Lettres*, la féance du 19 juillet 1867.

redoutée à la guerre, &, pour marquer sa force & son courage, se fit graver sur des monnaies avec la trompe & les dépouilles d'un éléphant.

Puis nous trouvons la reine Bérénice & son vœu, assez analogue à celui que prononça plus tard Isabelle la Catholique & dont nous dirons un mot dans un autre chapitre. Il s'agit de la femme de Ptolémée Evergète. Ce prince étant parti l'année qui suivit son mariage, l'an 246 avant J. C., pour une expédition, elle consacra ses cheveux à Vénus, promettant à la déesse de les faire couper & de les déposer dans son temple, si son époux revenait couronné par la victoire ; c'était prendre une part indirecte à la guerre & forcer aussi son époux à penser à elle pendant son absence. Stimulé sans doute par ce qu'il pouvait à bon droit considérer comme un présage heureux, le roi d'Egypte mit sous son sceptre une portion de la Perse, de la Médie, de la Babylonie, & rentra triomphant au palais où l'attendait la reine ; celle-ci suspendit sa chevelure dans le temple de Vénus. Cette chevelure fut enlevée la première nuit : était-ce jalousie du roi qui ne voulut pas laisser cette parure naturelle de la femme qu'il aimait exposée aux yeux des profanes ? était-ce le fait de quelque prêtre qui crut ainsi faire sa cour au monarque ? Toujours est-il qu'un astronome galant & courtisan prétendit avoir aperçu cette chevelure dans le firmament étoilé & appela *Chevelure de Bérénice* une constellation auquel ce nom est resté depuis vingt & un siècles. La pauvre Bérénice paya du reste fort cher son bonheur & la célébrité accordée à son vœu, car son propre fils, trouvant ses conseils trop fréquents, la fit plonger dans une chaudière d'eau bouillante.

Deux ans avant le trait susmentionné de Bérénice, femme de Ptolémée Evergète, une autre Bérénice propre sœur du même monarque & épouse du roi de Syrie Antiochus II, étant poursuivie par une ancienne rivale aussitôt son veuvage, s'enfermait dans Antioche & s'y défendait; mais elle ne tardait pas à voir son fils assassiné, à devenir elle-même prisonnière & à périr étranglée.

Hérodote nous parle de la reine d'Halicarnasse ou de Carie *Artémise* (1). Cette princesse, qui possédait, outre la ville dont elle portait le titre, plusieurs îles voisines (2), possédait une rare prudence & avait déjà fait preuve de courage ; elle avait suivi volontairement Xercès dans son ex-

---

(1) La même qui devint amoureuse de Dardanus d'Abydos, et, s'en voyant méprisée, lui creva les yeux pendant qu'il dormait, au dire de Ptolémée (*Hephœst. apud Photium*). L'habitude de la guerre avait inspiré une vengeance atroce à *Artémise*, si l'action citée par Ptolémée est véritable ; heureusement pour la mémoire d'une femme qui fit preuve d'une rare énergie, cet auteur a mêlé à ces récits plus d'une fable.

(2) Cos, Nisyros & Calydnes. Autour d'Halicarnasse, cette souveraine régnait sur une petite partie seulement de la Carie.

pédition contre la Grèce & prenait vis-à-vis de lui l'avis le plus franc & le plus net. Comme on délibérait si l'on attaquerait de nouveau la flotte des Grecs, & que la plupart des membres du conseil de guerre opinaient pour livrer une bataille navale, elle qui s'était distinguée dans les combats sur mer livrés pendant trois jours entre l'île d'Eubée & la terre ferme, après les deux tempêtes qui avaient assailli la flotte des Perses, prit ainsi la parole : « Rapportez à Xercès ce que je vais vous dire. Après ma conduite dans les derniers combats, on ne peut soupçonner ma lâcheté. Mon zèle m'oblige à lui donner un conseil salutaire. Ne hasardez point une bataille ; ses suites seraient inutiles ou funestes à votre gloire. Le but principal de votre expédition n'est-il pas rempli ? vous êtes maître d'Athènes. Laissez votre flotte dans l'inaction ; celle des ennemis se dissipera, car elle manque de vivres. Pour hâter ce moment, envoyez vos vaisseaux vers l'isthme de Corinthe, ceux des Grecs les suivront. Je crains une bataille qui exposerait vos deux armées (1), car je connais la supériorité de la marine des Grecs. Vous êtes, seigneur, le meilleur des maîtres, mais vous avez de mauvais serviteurs. » Xercès loua fort la reine d'Halicarnasse, &, pour concilier son avis avec l'opinion de la majorité, or-

---

(1) Celles de terre & de mer.

donna à fa flotte de s'avancer vers l'île de Salamine & à fon armée de marcher vers l'ifthme de Corinthe. Cette marche donna raifon à Artémife, car la plupart des généraux grecs demandèrent auffitôt qu'on marchât au fecours du Péloponèfe ; on connaît le ftratagème de Thémiftocle pour fauver Athènes malgré fes alliés ; il envoya le précepteur de fes enfants dire à l'ennemi que les Grecs font frappés de terreur & veulent fe retirer. Ce ftratagème réuffit, & Xercès ordonne les premières difpofitions du combat. Nous n'avons pas à raconter la bataille de Salamine. Artémife y prit une part brillante, & d'autant plus glorieufe que les Athéniens venaient de mettre fa tête à prix (1). A la fin de l'action, pourfuivie par Aminias qui ne la foupçonnait pas dans le bâtiment qu'il attaquait, & ferrée de très-près, elle n'héfita pas, &, affaillant une galère de l'armée perfane (2), la coula bas (3). A cette vue, Aminias ne douta plus qu'il s'acharnait après un vaiffeau ami & ceffa fa pourfuite. Suivant les uns, Xercès, en

---

(1) Pour 10,000 drachmes.

(2) Celle de Damafithymus, roi de Calinde.

(3) De là ce § de POLYEN (VIII, 53), qui la concerne : « Quand *Artémife* pourfuivait un navire grec, elle mettait le pavillon des barbares ; mais quand un navire grec lui donnait la chaffe, elle arborait le pavillon grec, afin que ceux qui la pourfuivaient, prenant fon vaiffeau pour grec, la laiffaffent paffer librement. » On voit la confiance que l'on doit accorder à un écrivain qui généralife ainfi.

voyant cet acte d'Artémife, penfa que le vaiffeau coulé était de nationalité grecque, & loua la reine en ces termes : « Aujourd'hui les hommes fe font conduits comme des femmes & les femmes comme des hommes. » Suivant d'autres, il aurait deviné l'artifice de l'héroïne, &, oubliant le tort qu'elle lui faifait, fe ferait borné à louer fa préfence d'efprit & fon adreffe [20 oct. 480 av. J. C.] (1).

Nous continuerons ce chapitre en citant Sémiramis & Rodogune qu'un même trait biographique réunit; on prétend que toutes deux partirent en guerre fans avoir eu le temps d'arranger leurs cheveux, ce qui eft évidemment une répétition ou une précaution oratoire : une précaution, parce qu'en effet on doit tout attendre d'une femme qui néglige les foins de fon ajuftement; une répétition, parce qu'une image femblable faifant bon effet dans le difcours, un hiftorien a dû l'emprunter à l'autre; dans ce cas, ce ferait l'hiftorien de Sémiramis qui aurait commencé.

Cette reine d'Affyrie, à laquelle Ammien-Marcellin fait remonter l'origine des eunuques, acheva comme on le fait de former la grande monarchie affyrienne, fuccédant en cela aux projets comme à la couronne de fon mari Ninus.

---

(1) *Voyage du jeune Anacharfis.* — *Hiftoire de la Grèce ancienne,* par THIRLWALL.

Elle réussit dans cette entreprise, parce qu'elle joignait, suivant l'expression de Bossuet (1), « à l'ambition assez ordinaire à son sexe un courage & une suite de conseils qu'on n'a pas accoutumé d'y trouver ». L'Egypte, une grande partie de la Libye, l'Ethiopie, devinrent rapidement la proie de ses armes. On peut concevoir une idée de sa puissance en songeant au chiffre de trois millions de soldats que Diodore de Sicile lui attribue pour son expédition de l'Inde, qui fut à sa gloire ce que fut l'expédition de Russie à la renommée de Napoléon Ier, car elle y échoua & ne ramena que le tiers de sa fameuse armée. On rapporte qu'elle fut blessée deux fois dans la grande bataille qui se livra un peu au-delà de l'Indus, & dut son salut uniquement à la vitesse de son cheval; ajoutons que son courage & son sang-froid y contribuèrent également, car peu de femmes, le bras percé d'une flèche & l'épaule entamée par un dard, s'en seraient ainsi tirées à leur honneur. Tous les actes de cette princesse nous apparaissent entourés d'un cachet grandiose. Abandonnée dans son enfance, elle doit son élévation à sa beauté, disons mieux, à son caractère, à son énergie, car Ninus fut frappé de son courage au siége de Bactres, alors qu'elle y accompagnait son premier mari, gouverneur de la

---

(1) *Discours sur l'Histoire universelle*, 3e partie, chap. IV.

Syrie. Parvenue au trône, elle embellit Babylone, en fit une des merveilles du monde ; chacun connaît les détails de conſtruction des deux palais qui ornaient cette luxueuſe capitale, chacun a entendu parler de ce lac carré de 21 lieues de tour qui ſervit à recevoir les eaux de l'Euphrate pendant l'élévation d'une voûte ſervant de communication ſouterraine & par-deſſous ce fleuve aux deux palais ; on prétend qu'elle employa deux millions d'ouvriers à ces travaux, mais ce qui peut dévoiler à nos yeux l'exagération & l'emphaſe orientales qui enflent ces récits, ce ſont les dimenſions du pont de Babylone, 10 mètres de large & 52 mètres de long, à peine les dimenſions de l'un des ponts ordinaires de nos villes modernes (1). Les routes laiſſées par notre héroïne couronnée accuſent un tout autre caractère de grandeur & de durée ; témoin celle que l'on ſuit encore aujourd'hui de Bagdad à Hamadan, & qui s'appelle comme jadis la voie de *Sémiramis*. Pendant ſon invaſion de l'Egypte cette ſouveraine avait été conſulter l'oracle du Jupiter Ammon. « Vous diſparaîtrez du milieu des hommes alors que votre fils menacera votre vie, & divers peuples aſiatiques vous décerneront

---

(1) Il eſt vrai qu'il ſervait de pont-levis, puiſque ſon plancher était mobile & qu'on interrompait la communication pendant la nuit, meſure néceſſitée par le peu de ſûreté qu'offrait alors le ſéjour des villes ; néanmoins ſa largeur ſeule indique combien peu il devait permettre le tranſit.

un immortel honneur. » Auffi, quand peu après fon retour de l'Inde elle faillit être affaffinée par un eunuque (1), inftrument de fon fils Ninias, au lieu de punir elle céda la place & fe réfugia dans une retraite fi profonde qu'on ignore le lieu & la date de fa mort : quelle foumiffion aux arrêts du deftin ! & ce dernier acte ne comporte-t-il pas auffi fa grandeur ?

Rodogune appartient à l'hiftoire des Perfes & vivait plufieurs fiècles après Sémiramis. Au dire de Polyen, qui ne précife rien relativement au fait qui réunit ces deux reines, & dont nous avons apprécié, deux pages plus haut, le rapprochement, elle fe nettoyait les cheveux & fe lavait quand on vint l'avertir du foulèvement d'une nation tributaire. Elle fixe fes cheveux par un fimple nœud, fait vœu de ne rien changer à fa coiffure qu'elle n'eût dompté les rebelles, puis monte à cheval & prend le commandement de fon armée. Après une longue guerre, elle obtient la victoire. Alors feulement, raconte le même écrivain, elle fe lave ; il veut dire fans doute dans fa naïveté qu'elle achève fa coiffure & la couvre comme elle en avait l'habitude. « De là vint, ajoute-t-il, que le fceau royal

---

(1) Voyez la vengeance célefte fe produire fimplement, naturellement, par un fait, s'il eft vrai que Sémiramis ait la première, comme nous l'avons dit à la page précédente, inventé ce produit contre nature qui s'eft depuis fi bien implanté en Orient.

des Perfes porte pour empreinte Rodogune avec des cheveux pendants & attachés d'un nœud (1). »

En Médie, nous ne rencontrons pas de femme guerrière : mais Zarine, reine de Scythie, fe rattache à l'hiftoire de Cyaxare, roi des Mèdes. Ce fouverain ayant fait égorger dans un feftin le roi fcythe Marmarès, elle fuccéda à ce dernier & fe mit fans délai à la tête de fon armée afin de venger fon prédéceffeur. Elle lutta deux ans contre les forces de Cyaxare, mais finit par être vaincue. Son vainqueur fe nommait Stryangée ; il était gendre du roi des Mèdes. Il paraît que Zarine poffédait une beauté redoutable, car il en tomba éperdument amoureux, &, n'en pouvant rien obtenir, fe tua de défefpoir. Cyaxare, fe conduifant avec générofité, rendit alors la liberté à fon ennemie qui civilifa fa nation, bâtit un grand nombre de villes, gouverna fagement & fit refpecter fa puiffance par fes fujets & par fes voifins.

Citons, relativement à la Lydie, la reine *Omphale* : nous pouvons en effet la confidérer comme une femme guerrière, foit que nous voyions en elle la veuve du roi Tmolus, laquelle acheta Hercule de Mercure & le fit ramper à fes pieds, conquête qui en vaut bien une autre, foit que nous défignions par ce nom cette efclave

---

(1) POLYEN, VIII, 27.

lydienne qui profita de la vie efféminée des Lydiens pour s'emparer chez eux du pouvoir fuprême & les punir de leurs diffolutions (1), acte énergique & qu'elle mena à bien en prenant l'épée. Les deux verfions appartiennent, il eft vrai, à l'hiftoire fabuleufe ou héroïque, mais elles fe rattachent trop au fujet de ce livre pour ne pas obtenir ici droit de cité.

L'hiftoire juive nous repréfente un fait de guerre de la prophéteffe Débora. Comme elle exhortait Barach (2) à marcher contre l'ennemi, il s'y refufa à moins qu'elle ne vînt avec lui : elle y confentit, marcha auffitôt, battit l'ennemi & chanta en action de grâces un cantique demeuré célèbre (1285 av. J. C.). Cet exploit ne paralyfa point fes moyens, puisqu'elle gouverna encore le peuple hébreu avec fageffe durant quarante ans. — La même hiftoire retrace le courage d'une femme d'Abéla, alors que le roi David, ou plutôt fon général Joab, affiégeait cette ville pour y faifir un des derniers lieutenants d'Abfalon ; comme la ville était aux abois, elle monta fur la muraille, &, s'adreffant à Joab, lui demanda de dire pourquoi l'armée de David ruinait fes fujets au lieu de les défendre. Le général des affiégeants, étonné, répondit que le roi ne faifait

---

(1) *Les Deipnofophiftes*, par ATHÉNÉE, XII, 3.
(2) Le 3ᵉ juge d'Ifraël.

pas la guerre à la cité d'Abéla, mais au traître qu'elle renfermait ; il promit de lever le fiége fi on livrait ce malheureux. Cette femme retourna auffitôt vers fes concitoyens & les détermina à faifir le coupable, à lui ôter la vie, à jeter fa tête dans le camp de Joab. La ville fut ainfi fauvée.
— Au fujet de David, n'oublions pas qu'antérieurement à fa royauté, alors que les officiers de Saül envahiffaient fon domicile pour l'arrêter, Michol fon époufe parvint à les tromper, à leur faire perdre du temps, & cacha ainfi fa fuite (1).

Les Ammonites infligeaient pour punition, aux femmes qui fe livraient à l'efpionnage, de raccourcir leurs jupes jufqu'au genou & de leur faire ainfi parcourir le camp au milieu des huées des foldats.

(1) La fainte Bible, Ier livre de Samuel, chap. xix.

CHAPITRE III

FEMMES GRECQUES

—

Nous ne remonterons pas au xv° siècle avant notre ère pour montrer dans Médufe la Gorgone tuée par Perfée, une femme fauvage, nous n'ofons dire une femme militaire, mais enfin une femme qui, fe fervant d'une forêt comme refuge, faifait des courfes jufqu'au lac Tritonis & ravageait la contrée avoifinante (1). Nous préférons nous borner aux temps hiftoriques.

Les femmes en Grèce pouvaient fe croire plus deftinées aux combats puifque le culte païen comprenait parfois des chœurs féminins qui *fe difaient des injures* (2). Quoi qu'il en foit de cette difpofition, elles ont, dans cette partie du monde antique, affirmé un véritable courage & juftifié de la forte Platon d'avoir propofé, dans

---

(1) Reportez-vous au chap. xxi du livre II (*Corinthiques*) de Pausanias.

(2) Chez les Eginètes (Hérodote, IV, 83).

son plan d'une République hypothétique, de les astreindre au service militaire.

Plutarque a composé un traité des *Actions courageuses des femmes* dans lequel il s'attache à retracer les traits « dignes d'être transmis à la postérité & omis par les auteurs qui ont composé avant lui des recueils historiques de ces sortes de faits ». Commençons par extraire ce que son écrit offre de plus saillant en ce qui concerne les femmes grecques & leur participation à la guerre ; nous exposerons ensuite les exploits des femmes grecques que la lecture des autres auteurs nous aura permis de glaner.

Les Phocéens, étant en guerre avec les Thessaliens, résolvent de ne pas laisser tomber leurs femmes & leurs enfants aux mains de l'ennemi : à cet effet ils projettent de rassembler les épouses & les héritiers de tous les combattants en un même lieu, d'entourer ce lieu d'un bûcher & d'y envoyer mettre le feu s'ils étaient vaincus. De l'avis de l'un d'eux, ils consultent auparavant les futures victimes ; celles-ci, même les enfants, *prétend-on,* approuvent la résolution. Une telle approbation anime les Phocéens qui livrent sans hésiter la bataille & remportent une victoire complète.

Les habitantes de Chios nous apportent le contingent de deux traits. Comme leurs maris avaient promis à un adversaire très-puissant de quitter leur ville en fe contentant d'emporter chacun une tunique & un manteau, leurs femmes leur font honte d'abandonner leurs armes & leur confeillent de défiler avec ces armes au travers des Erythréens, en affurant que la tunique d'un homme de cœur était fa lance, que fon bouclier lui fervait de manteau; on les vit enhardis, on les laiffa paffer. Il paraît que ces émigrés revinrent plus tard dans Chios ou que cette ville fe repeupla, car au fiége qu'en fit Philippe, le 15ᵉ roi de Macédoine depuis Alexandre le Grand, les femmes de Chios, entendant le roi appeler leurs efclaves & leur promettre avec la liberté la couche de leurs maîtres, coururent aux remparts, animèrent la défenfe, projetèrent elles-mêmes une telle quantité de dards & de pierres, que les Macédoniens durent renoncer à leur entreprife & fe retirer.

Après une grande défaite fubie par l'armée de leur patrie, les Argiennes répétèrent ce dernier trait contre Cléomène, roi de Sparte, & avec le même fuccès; la fameufe Telefilla, Tyrtée femelle, les conduifait (1). En fouvenir on inftitua une fête dans Argos; à cette époque les femmes revêtaient des habits d'hommes, & les hommes

---

(1) Elle avait armé fes *foldates* avec des armes enlevées à la hâte dans les temples & les maifons des particuliers. Paufanias, Polyen, Lucien, Clément d'Alexandrie, Suidas parlent également de *Telefilla*.

des habits de femmes. Puis les femmes fans époux furent mariées à des étrangers auxquels droit de cité fut accordé ; eſt-il vrai qu'elles mépriſèrent aſſez ces maris improviſés & firent une loi d'après laquelle toute nouvelle mariée devrait porter une barbe poſtiche pour conſommer le mariage ?

Les Perſes, ayant été battus par les Mèdes d'Aſtiage, fuyaient en déſordre, quand, au pourtour d'une ville, ils rencontrent les femmes qui leur crient en ſe découvrant le ſein : « Où allez-vous ? prétendez-vous rentrer dans ce ſein dont vous êtes ſortis ? » Honteux, les guerriers de Cyrus font volte-face, renouvellent la lutte, mettent à leur tour les Mèdes en déroute.

Les Méliennes ont porté chacune une épée ſous leurs vêtements & ainſi fourni à temps des armes à leurs époux menacés d'être maſſacrés, dans un grand repas que leur donnaient les Cariens qui les avaient d'abord bien accueillis & leur avaient permis de fonder une colonie près de leur ville de Cryaſſe.

Plutarque nous rapporte des Tyrrhéniennes que, leurs maris étant priſonniers des Spartiates, elles obtinrent de pénétrer dans leurs priſons, les firent changer d'habits & favoriſèrent ainſi leur évaſion à l'abri du coſtume féminin. Une fois dehors, les Tyrrhéniens firent appel aux Hilotes, &, fomentant la rébéllion de ces nombreux esclaves, effrayèrent les Lacédémoniens qui leur accordèrent la paix & leur rendirent leurs femmes. L'action des Tyrrhéniennes a souvent depuis été répétée, & de nos jours encore nous en avons vu des imitatrices (1).

Ces différents faits indiquent chez les femmes grecques une grande énergie, résultat de l'éducation, résultat aussi de la condition inférieure où on les laissait & de la façon rude dont on les traitait ; Plutarque s'en fait l'écho sans le vouloir, disant qu'Alexandre le Grand, au siège de Thèbes, touché du courage & du sang-froid montrés par Timoclée, ordonne qu'à l'avenir ses officiers ne commissent plus de pareilles violences *dans les maisons illustres* (2).

Dans un autre écrit (3), Plutarque nous montre les femmes peu propres aux travaux de Mars, mais il ajoute : « Quand l'amour les anime, elles sont capables d'entreprises au-dessus de leur sexe & même de braver la mort » ; il prétend aussi que les nations les plus sensibles à l'amour ont été les plus belliqueuses.

Polyen, à la fin du livre VIII de ses *Ruses de*

---

(1) Mme de Lavalette, par exemple, en 1814.

(2) Cette femme avait attiré le chef brutal qui avait abusé d'elle jusqu'au fond d'un puits, sous prétexte d'un trésor qui s'y trouvait caché, & là l'avait accablé sous une pluie de pierres projetée par elle & ses esclaves.

(3) Son traité *de l'Amour*.

guerre, reproduit plusieurs des traits cités par Plutarque avec peu d'exactitude & surtout moins d'autorité (1). Voici les principaux faits qu'il y ajoute (2) :

« Les Thasiens assiégés voulaient, dit-il, élever au dedans de leur ville des machines pour résister aux ennemis ; mais les cordages leur manquaient pour les lier. Les Thasiennes se rasèrent & donnèrent leurs cheveux, qui servirent de liens pour attacher & affermir les machines. » Le sacrifice de leur chevelure, de la part des femmes d'une ville assiégée, constitue l'une des actions les plus répétées parmi celles que rapporte l'histoire militaire ; le présent ouvrage en rapporte lui-même plusieurs exemples (3).

Pyrrhus, roi d'Epire, venait de pénétrer dans Argos, quand les Argiens se rassemblèrent en armes & le tinrent ainsi en échec sur la place publique ; durant ce temps les Argiennes montèrent sur les toits des maisons, lancèrent de là pierres & tuiles sur l'ennemi & l'obligèrent ainsi à se retirer. Dans cette occurrence Pyrrhus reçut une tuile à la tête & succomba, en sorte que les femmes argiennes eurent la gloire d'avoir vaincu & tué un guerrier de renom.

Les Acarnaniennes agirent de même quand

---

(1) Exemples : les Phocéennes, les Méliennes.
(2) Livre VIII, chap. LXVII à LXXX.
(3) Voyez notre mémoire sur les *Imitations militaires* pour les répétitions d'un même fait.

les Etoliens furent entrés dans leur ville, mais cette feconde fois l'événement tourna mal pour les défenfeurs; les maris ne purent réfifter à l'ennemi & périrent tous : les femmes, redefcendues du haut des bâtiments dont elles avaient jeté tout ce qui leur tombait fous la main, fe mirent près des cadavres de leurs époux ou frères & s'y laiffèrent maffacrer.

Pendant la guerre que les Cyrénéens foutenaient contre Ptolémée, les femmes cyrénéennes fervaient à l'armée; Polyen prétend qu'elles « dreffaient les paliffades, creufaient les tranchées, portaient les javelots, voituraient des pierres, panfaient les bleffés, préparaient à manger ».

Outre ces actes militaires collectifs accomplis par des femmes, Polyen nous cite des actes ifolés dont il nomme les auteurs; arrêtons-nous à ceux de ces actes qui font les moins connus.

La femme d'un roi des Sarmates, Amage était fon nom, fe fubftitua dans le gouvernement à fon mari très-adonné au vin. Elle adminiftra fans doute fagement, mais en tout cas protégea les habitants contre les invafions ennemies, plaçant elle-même des troupes fur les frontières. Elle étendit fa protection aux localités voifines. On raconte d'elle une prouesse. Les populations de la Cherfonèfe s'étant plaintes à elle d'un roi des Scythes, elle l'aurait invité à ceffer fes vexations, puis, fur fon refus, aurait pris 120 guerriers vigoureux & pleins de valeur, franchi avec eux 1,200 ftades (1) [222 kilomètres] en vingt-quatre heures, atteint le palais du monarque récalcitrant & tué ce dernier fans miféricorde; avant fon retour elle aurait donné le trône au fils du défunt fous condition de laiffer vivre en paix les Grecs de fon voifinage (2).

Citons feulement l'idée heureufe d'une prêtreffe de Minerve à Pellène, qui fortit de la citadelle de cette ville armée de toutes pièces, à l'approche des ennemis, &, regardant ceux-ci fans crainte, leur fit l'effet d'une apparition de la déeffe & les intimida au point qu'ils prirent la fuite (3).

Une fœur d'Alexandre le Grand mérite plus ample attention. Elle fe nommait Cynnane. Exercée aux armes dès fon enfance, elle apprit auffi l'art de conduire les armées. Polyen affure qu'elle livra bataille aux Illyriens & tua elle-même leur reine d'un coup fur la nuque; c'eft dans cette préfence de deux femmes combattant l'une contre l'autre, quoique reines, que femble réfider l'invraifemblance; une femme militaire à la fois, exceptionnellement, cela peut fe préfenter & s'eft vu de loin en loin,

---

(1) Nous fuppofons le ftade olympique de 185 mètres.
(2) POLYEN, VIII, 56.
(3) Idem, ibidem, 59.

comme en fait foi cette hiftoire ; mais deux femmes militaires placées en regard & commandant chacune une armée, on peut en douter. Quoi qu'il foit, Cynnane, devenue veuve du fils de Perdiccas, ne voulut pas fe remarier & accoutuma fa fille Eurydice au poids des armes. Après la mort d'Alexandre elle franchit le Strymon malgré Antipater, traverfa également l'Hellefpont, mais échoua contre l'armée macédonienne après avoir vainement effayé de la ramener, & mourut noblement en digne fœur du grand conquérant (1).

La veuve d'un prince des environs de Dardane, appelée Tanie, avait éprouvé un fort femblable. Avec l'aide de Pharnabaze, fa prife de poffeffion du pouvoir avait réuffi. « Elle allait elle-même au combat, montée fur un char, rapporte l'auteur des *Rufes de guerre;* elle donnait l'ordre aux combattants, les arrangeait elle-même, &, après la victoire, diftribuait des prix aux foldats felon leur mérite. Aucun de fes ennemis n'obtint de l'avantage fur elle (2). »

Ce que Polyen raconte de Thomyris, reine des Maffagètes, n'eft qu'une rufe; elle feignit de fuir, attira ainfi dans fon camp gorgé de vivres les troupes de Cyrus, revint les fürprendre dans

---

(1) POLYEN, VIII, 60.
(2) Idem, ibidem, 54.

le sommeil de l'ivresse & tua tous les guerriers qui en faisaient partie (1).

Tirgatao, princesse méotide, renfermée dans un fort par son mari qui voulait épouser une autre femme, parvint à s'échapper & à gagner après mille dangers le royaume des Ixomantes appartenant à son père. Elle ne trouva plus ce dernier qui venait de mourir, épousa son successeur, fit déclarer la guerre, &, rassemblant un grand nombre d'alliés, ravagea cruellement le pays du monarque qui voulait de son premier mari pour gendre. Le vaincu soudoya des assassins contre elle, mais elle sortit saine & sauve de cette embûche, fit mettre à mort par représailles le fils de son adversaire qu'on lui avait livré précédemment comme otage, continua vigoureusement la guerre & ne s'arrêta qu'à la mort de son ennemi. Certes voilà une prise d'armes de la part d'une femme grandement justifiée, car la princesse Tirgatao se trouvait doublement victime de l'infidélité de son mari & de la perfidie du père de sa rivale (2).

Après une épouse trompée, voici une mère qui venge son fils. Il s'agit de Phérétime, reine-mère de Cyrène, dont le fils Arcésilas perdit ses états par la révolte de ses sujets,

---

(1) POLYEN, VIII, 28.
(2) Idem, ibidem, 55.

les reprit enfuite, mais fut enfin tué par les barbares du voifinage, fans doute à l'inftigation de ceux qu'il venait de gouverner trop rudement après fa reftauration. Cette princeffe ne céda point à de fi cruelles épreuves, follicita & obtint des fecours du fatrape d'Egypte, à caufe de divers fervices qu'elle avait rendus à Cambyfe, revint dans le pays de Cyrène & y rétablit à la fois la mémoire de fon fils & la royauté dans fa famille.

Plutarque & Polyen ne font pas les feuls auteurs qui citent des femmes ayant pris en Grèce part à la guerre (1).

Ainfi Hérodote nous fournira plus d'un exemple à choifir.

Je ne vous rappellerai pas la femme de Candaules, roi de Lydie, laquelle fait affaffiner fon mari par Gygès, celui-là même qui a été contraint, par le fingulier caprice de fon maître, de la confidérer toute nue & d'examiner toutes fes beautés ; ce n'eft pas une femme qui combat, c'eft une époufe qui fe venge d'une aberration & d'une haute inconvenance (2).

---

(1) J'ai lu en quelque endroit les exploits d'une *reine* de Thrace, nommée Sitalcé : c'eft le réfultat d'une erreur, il s'agit d'un roi, appelé Sitalcès, en effet, & dont Diodore de Sicile parle au chap. L de fon livre XII, comme ayant attaqué les Macédoniens avec une puiffante armée.

(2) HÉRODOTE, I, VIII à XII. Cet écrivain ne cite pas le nom de la femme de Candaules ; des hiftoriens l'appellent les uns *Nyffia*, les

Je préfère citer la belle transfuge qui vint après la victoire de Platée se jeter aux genoux du roi de Sparte Pausanias & implorer son appui; elle se disait fille d'un Grec de Cos, enlevée de sa patrie par les barbares (1), devenue la maîtresse de l'un d'eux, & arrivait sur un char « toute brillante d'or, ainsi que ses suivantes, & vêtue des habits les plus superbes (2) ». Ce fait prouve que les chefs des troupes perses ne se faisaient pas défaut d'emmener leurs femmes & un attirail luxueux & embarrassant à la guerre, habitude commune à tous les chefs barbares, tels que nous les dépeignent les historiens grecs.

Pausanias (3) peut parfois compléter Hérodote. Ainsi quand ce dernier nous montre les Spartiates défaits, sous le règne de leur roi Charillus, par les Tégéates, il ne dit mot des femmes de ces derniers, & pourtant elles prirent les armes, se mirent en embuscade au pied du mont Phy-

---

autres *Clytia,* quelqu'un *Tudous* ou *Abro.* L'arrière-petit-fils de Gygès, qui se nommait Alyattes, & fut le père de Crésus, employa contre les Milésiens des flûtes *féminines* (Hérodote, I, xvii), mais il s'agit ici de flûtes percées d'un plus grand nombre de trous que les flûtes dites *masculines,* & non de femmes portant des flûtes & accompagnant une armée en qualité d'instrumentistes.

(1) On appelait alors ainsi en Grèce tous les peuples qui n'étaient pas d'origine grecque; nous disons de même par habitude, car nous sommes, au moins intellectuellement, les fils, les successeurs, si on l'aime mieux, des Grecs & des Romains.

(2) Hérodote, IX, lxxv.

(3) Livre VIII, chap. v & xlviii.

lactris, fondirent fur l'ennemi déjà aux prifes avec leurs maris & les mirent en déroute. C'eft bien là une action de guerre accomplie par les femmes; en nous l'apprenant, Paufanias ajoute qu'une ftatue du dieu Mars fut élevée fur la place de Tegée & furnommée le Gynœcothène ou le convive des femmes.

Le même auteur (1) relate un conte d'après lequel on entendait chaque nuit dans la plaine de Marathon, & depuis la célèbre bataille qui y fut livrée, des henniffements de chevaux & un bruit de combattants; la tradition veut encore que fur ces lieux on entende des voix de femmes gémiffant, mais cela ne fignifierait nullement que les femmes euffent pris part à cette action. Le dire de Paufanias ne peut donc être pris ici qu'à titre de renfeignement.

Trogue Pompée nous retrace l'activité énergique des femmes lacédémoniennes, difant : « Au fiége de Sparte (l'an de Rome 492) Pyrrhus fut reçu avec plus de rigueur par les femmes que par les hommes; les femmes accoururent en fi grand nombre pour défendre la ville qu'elles le forcèrent à fe retirer avec plus de honte encore que de dommage (2). » Décidément,

---

(1) Livre I, chap. XXXII.
(2) JUSTIN, *Hiftoires philippiques*, extraites de Trogue Pompée, XXV, IV.

Argiennes ou Lacédémoniennes, les femmes de la Grèce en voulaient à ce grand capitaine (1).

Diodore de Sicile (2), au chapitre LXVII de son dix-neuvième livre (3), nous montre, au milieu des luttes suscitées par la mort du grand Alexandre, une femme de tête, dans la personne de Cratésipolis, femme d'Alexandre, lui-même fils de Polysperchon (4). Cet Alexandre résistait à Cassandre &, en occupant l'isthme de Corinthe, l'avait empêché de pénétrer dans le Péloponèse; il partit ensuite de Sycione avec son corps de troupes, & fut assassiné en route. Aussitôt sa femme prit le commandement de ses troupes dont elle était très-aimée, & sa bienfaisance envers les soldats, rapporte notre auteur, les soulagements qu'elle apportait au sort des malheureux, les soins qu'elle prenait des indigents lui avaient concilié l'affection générale de l'armée : elle était de plus d'une grande habileté pour le

---

(1) Le siége de Sparte par Pyrrhus précède chronologiquement celui d'Argos, mais nous suivons dans le texte l'ordre des auteurs & non celui des temps.

(2) Cet écrivain admet des Amazones parmi ses contemporaines, mais sans rien préciser, se bornant à dire : « Les Amazones de la Lybie l'emportent en bravoure, dans un degré non moins élevé, sur toutes les femmes de nos jours auxquelles on puisse les comparer » (III, LII).

(3) Voyez préalablement le chap. LIV.

(4) Polysperchon, général d'Alexandre le Grand, remplaça comme régent Antipater, fut attaqué par Cassandre, fils de ce dernier, & réduit à la possession de quelques villes du Péloponèse.

gouvernement & douée d'un courage fort au-dessus de celui qu'on doit attendre d'une femme. Les Sycioniens essayèrent de secouer le joug ; elle marcha contre eux, livra bataille, leur tua beaucoup de monde ; aussitôt sa victoire, elle fit arrêter & mettre en croix une trentaine des plus séditieux, puis elle gouverna souverainement Sycione (315 avant J. C.) jusqu'à sa mort qui arriva l'année d'après, suivant les uns ; jusqu'à l'an 308, où elle livra la ville à Ptolémée (1), suivant les autres.

(1) Il s'agit du premier des Ptolémées, & non de Ptolémée Philometor, dont nous avons cité au chap. II la fille Cléopâtre.

CHAPITRE IV

FEMMES DE LA PÉRIODE ROMAINE

—

L'hiſtoire militaire des femmes romaines doit commencer par le trait de Clélie, qui montra une audace virile à la fin du ſiége mis devant Rome par Porſenna, roi de Cluſium & allié de Tarquin le Superbe, naguère expulſé de la ville éternelle; nous joindrons ſeulement à ſon nom celui de Valeria, fille du conſul Publicola. Voici le fait tel que le rapportent les hiſtoriens.

Tarquin le Superbe ayant froiſſé Porſenna que les Romains voulaient prendre pour arbitre entre eux & lui, ce monarque ne tarda pas à conclure la paix. On lui donna pour otages dix jeunes gens & dix jeunes filles ; Valeria, fille du conſul Publicola, & Clélie, ſe trouvaient au nombre de ces dernières. Au camp du roi de Cluſium ces jeunes filles jouirent d'une certaine liberté, car Porſenna était confiant dans la parole donnée & avait même renvoyé une partie de son armée. Un jour elles allèrent se baigner. Au milieu de leurs jeux aquatiques elles remarquèrent l'absence de toute surveillance à leur égard ; Clélie proposa de retourner à Rome. Elles le firent en franchissant le Tibre à la nage ; mais, à peine arrivées, le consul les blâma d'avoir manqué à la foi jurée, les fit reprendre & reconduire. Tarquin les attaqua en route ; heureusement elles possédaient une escorte. Une escarmouche s'engagea, au milieu de laquelle Valeria franchit bravement les rangs ennemis & regagna la première, accompagnée de trois servantes, son poste d'otage qu'elle n'aurait jamais dû quitter. Le fils de Porsenna vint au secours des jeunes Romaines, & toutes furent ainsi ramenées au camp de son père. A cette nouvelle, ce dernier les fit appeler & demanda laquelle avait donné l'exemple aux autres & déterminé leur fuite : son ton était sévère, on n'osait généralement répondre : « C'est moi », dit simplement Clélie. Le roi de Clusium, charmé de sa décision, lui fit don d'un cheval magnifiquement harnaché & la renvoya ainsi que toutes ses compagnes (1). Etait-ce simple hommage à des qualités viriles & surtout à une franchise louable & méritante, ou bien Clélie avait-elle accompli quelque action courageuse dont l'histoire ne nous

---

(1) PLUTARQUE, *Vie de Publicola* & *Actions courageuses des femmes*, § consacré à *Valeria* & *Clélie*.

a rien retracé? J'inclinerais volontiers vers cette seconde supposition.

Passons au récit qui concerne Camille & ses compagnes, récit imaginé ou tout au moins embelli par Virgile, mais qu'il nous faut placer ici à son ordre chronologique. Cette femme guerrière était fille du roi des Volsques Métabus. Adonnée dès son enfance aux exercices de la guerre & de la chasse, elle y avait contracté une grande légèreté à la course & de l'habileté au tir de l'arc. Elle vint, on le sait, au secours de Turnus contre Enée & fut tuée par trahison (1). Même considérée comme purement imaginaire, cette fable fait voir que l'on admettait alors la participation des femmes à la guerre (2).

Au temps d'Hannibal nous rencontrons en Espagne comme femmes guerrières les Salmantides. Plutarque raconte ainsi le fait dans son traité sur les *Actions courageuses des femmes* : « Hannibal assiégeait Salmantique, ville d'Espagne, lorsque les habitants lui offrirent 300 talents d'argent & 300 otages. Il se retira, mais la cité ne tenant pas ses promesses, il revint & promit le pillage à ses soldats. Cette fois, effrayée, la population livra toutes ses richesses, y compris les

---

(1) Voyez *Enéide*, livres VII & XI.

(2) Une autre Camille périt assassinée par son frère Horace, après le combat des Horaces & des Curiaces (667 av. J. C.), mais ce n'est pas une femme militaire.

esclaves, à condition que les personnes des citoyens seraient libres. En quittant leurs foyers, les femmes cachèrent des épées sous leur vêtement. Comme les Carthaginois pillaient la ville abandonnée, la garde massylienne chargée de veiller sur les prisonniers eut également envie de s'enrichir & déserta en partie son poste. Alors les Salmantides, profitant de l'occasion, armèrent leurs maris contre les Massyliens; plusieurs combattirent avec eux, & l'une d'elles blessa d'un coup de lance un interprète nommé Bannon. Après l'action, les habitants, hommes & femmes, s'enfuyaient, quand Hannibal les atteignit & en massacra un grand nombre. Les autres gagnèrent les montagnes; ils obtinrent plus tard du vainqueur de rentrer dans la ville. »

Nous trouvons mentionné, mais sans détail précis, des Amazones albaniennes lorsque Pompée défit ces peuples & tua leur roi; Plutarque en parle dans sa *Vie de Pompée*.

Au siége de Salone par Octave, les femmes de la ville intervinrent d'une façon inattendue. Formées en un corps de troupes, toutes vêtues de noir, armées d'un flambeau & les cheveux flottant au vent, elles sortirent la nuit hors des remparts & se présentèrent devant le camp romain. Les sentinelles, les regardant comme des fantômes, se prirent de panique & fuirent : profitant de cet abandon, elles mirent le feu aux travaux de l'affiégeant pendant que les hommes qui les fuivaient firent main baffe fur les fuyards.

C'eft au fujet des femmes de la première période romaine, ou fi l'on veut contemporaine de Rome République, que Machiavel, venant de raconter comment la ville d'Ardée avait été obligée d'appeler du fecours à la fuite d'une fédition caufée par un mariage, préfente la réflexion fuivante, qui fe lie à l'hiftoire militaire du fexe féminin, car les conjurations entraînent fouvent la guerre extérieure indépendamment de la lutte inteftine par laquelle le complot formé aboutit : « On peut remarquer que les femmes ont été la caufe d'une foule d'événements funeftes, l'occafion de grands malheurs pour ceux qui gouvernaient une cité, & qu'elles y ont fait naître de nombreufes divifions. Comme on a vu dans cette même hiftoire que l'outrage fait à Lucrèce renverfa du trône les Tarquins, de même celui que fubit Virginie précipita les décemvirs de leur puiffance. Auffi Ariftote regarde comme une des principales caufes de la ruine de la plupart des tyrans les outrages commis envers les femmes (1). » Dans un précédent chapitre le même auteur avait émis cette penfée énergique : « Un tyran ne peut tellement déshonorer un homme dans la perfonne de fa femme,

---

(1) *Difcours fur Tite-Live*, III, xxvi.

qu'il ne lui refte une âme acharnée à la vengeance (1). »

Parlons actuellement des femmes guerrières que nous préfente l'hiftoire de l'empire romain ; nous entendons feulement celles qui combattirent fur les champs de bataille contre l'ennemi, & non des femmes qui fervirent comme gladiateurs, car on ofa en employer à ce criminel métier, comme nous le rappelle Montaigne (2). Nous ne dirons rien non plus de l'aïeule & de la mère (3) d'Héliogabale, qui prirent part aux délibérations du fénat romain ; nous négligerons furtout le fénat de femmes créé par ce fouverain ; il n'y eut là, en effet, aucune fonction militaire, aucun acte de guerre.

Mais nous rappellerons qu'en l'an 9 de J. C., par conféquent à la fin du règne d'Augufte (4), lorfque Germanicus affiégeait la ville dalmate d'Arduba, les nombreux transfuges renfermés dans cette cité refufaient de fe rendre, n'efpérant aucun quartier, tandis que les habitants inclinaient à capituler. De la conteftation on en vint à une rixe, à un combat intérieur, et, fait à noter, les femmes, plus défireufes de conferver

---

(1) Même ouvrage, III, vi.

(2) II, xxiii. Sous l'empereur Sévère, on défendit aux femmes de prendre part aux combats de gladiateurs (Diodore, livre LXXV).

(3) Mefa & Soemis.

(4) Mort en l'an 12.

leur indépendance que les hommes, se déclarèrent pour le parti des transfuges. Les habitants l'emportèrent & ouvrirent leurs portes. Alors désespérées, les femmes se laissèrent aller à un parti extrême, &, pour ne pas souffrir la servitude, se jetèrent dans les bras de la mort, les unes en montant sur des bûchers allumés, les autres en s'abandonnant au cours de la rivière, toutes avec leurs enfants. L'histoire ne dit pas que les hommes se soient opposés à cet acte de désespoir, &, dans un cas semblable (1), elle ne se préoccupe pas, durant l'antiquité, de le dire.

Sous Néron apparaît une compagnie d'Amazones romaines.

L'an 239, l'empereur Maximin, déclaré déchu par le sénat, accourut de la Gaule où il combattait & vint en Italie avec le projet de tout mettre à feu & à sang. La ville d'Aquilée lui ferma ses portes. Pendant le siège les Aquiléennes soutinrent les défenseurs par leur énergie, &, voyant les cordes manquer pour le service des catapultes & autres machines de guerre, elles n'hésitèrent pas à couper leur chevelure, à les unir, à les tresser. En mémoire de ce trait, le sénat fit élever un temple à Vénus la Chauve.

Dans la seconde moitié du IIIe siècle de notre ère nous trouvons, sur les marches du trône,

---

(1) Voyez le chapitre suivant au sujet des femmes germaines prisonnières de Caracalla.

une femme furnommée la *Mère des Armées*. Nous voulons parler d'Aurelia Victorina, mère du tyran Victorin. Elle fe mit à la tête de plufieurs légions, les conduifit avec intelligence & devint redoutable pour Gallien. Après la mort de fon fils & de fon petit-fils, elle fit élire Marius, puis Tétricus (268 dep. J. C.), & quitta elle-même ce monde peu de mois après cette dernière nomination.

Le triomphateur de Tétricus, l'empereur Aurélien, avait époufé Ulpia Severina, l'une des defcendantes de Trajan, qui avait, comme ce fouverain & comme fon propre père, Ulpius Crinitus, les inclinations guerrières; elle accompagna Aurélien dans fes expéditions & s'occupa des foins à donner aux foldats au point de mériter leur affection (270 à 275).

Severina fe trouva donc en relations avec la reine de Palmyre Zénobie. On fait que cette dernière eft une des femmes guerrières les plus illuftres de l'antiquité. Iffue, difait-elle, de la race des Ptolémée, elle époufa un prince sarrazin, Odonat, & contribua aux victoires qu'il remporta fur les Perfes au profit de l'empire grec. A la fuite des fervices ainfi publiquement rendus, ce prince fut affocié à l'empire par Gallien & déclaré Augufte; fa femme partagea fa haute fortune qu'elle avait préparée par fes confeils & affermie par fes actes, voire même par fa participation aux combats. C'était le temps où Valérien, prifonnier de Sapor (1), vieilliffait chez les Perfes ; le nouvel Augufte fongea plufieurs fois à obtenir fa délivrance, &, aidé de fa femme, combattit avec énergie dans ce but ; mais il ne put s'y employer exclufivement, & fut détourné du fiége de Ctefiphon par les incurfions des Goths dans l'Afie Mineure. Après s'être porté contre ces derniers, il fut affaffiné dans un feftin (267 dep. J. C.). Sa veuve, malgré la fituation critique où cet événement la plaçait, gagna les troupes palmyréniennes, fit punir l'affaffin, raffembla des forces nombreufes, & vainquit avec elles, *viriliter imperante,* dit Pollion, une armée que Gallien envoya contre elle pour lui arracher, ainfi qu'à fes enfants, la part d'autorité qu'il avait précédemment concédée à cette famille. Cette victoire affermit la couronne d'Orient fur fa tête. Après la mort tragique de Gallien (tous ces empereurs finiffent violemment), fon fucceffeur, Claude II, jugea prudent de laiffer à Zénobie l'adminiftration de fes États ; cette dernière mit à profit cette trêve forcée, s'entourant d'un luxe mitigé par l'économie & d'une étiquette que tempérait l'affabilité ; elle fe ménagea des alliances & groupa plus d'un chef voifin autour d'elle. Ecoutons l'un de fes plus confciencieux

---

(1) Les armées de Sapor comprenaient quelques femmes guerrières. (Voyez les *Annales* de Jean ZONARAS.)

historiens (1) sur son mode de représentation dans ce période de sa vie : « Paroissoit-elle sur son tribunal pour haranguer ses troupes ou les habitants des villes ? c'étoit Sémiramis, c'étoit Didon ou Cléopâtre, qu'on croyoit entendre en l'écoutant. Aux grâces d'un extérieur qu'on n'ose décrire, crainte d'en ternir l'éclat, aux avantages d'une voix touchante & sonore, l'impératrice-reine de Palmyre joignoit encore les secours de l'art : *art mâle & guerrier;* il consistoit en partie à ne se montrer en public qu'avec la pourpre des empereurs, dont la frange & le nœud étoient enrichis de pierreries; le casque en tête, toujours ceint du diadème; le bras droit libre & découvert; dans l'attitude, en un mot, la plus capable d'exciter l'enthousiasme ou l'extase, d'inspirer à ses sujets, anciens ou nouveaux, militaires ou autres, un zèle ardent pour sa gloire qui lui promettoit les plus grands succès. » Elle adopta bientôt des visées plus sérieuses & moins d'apparat. Par suite d'une bonne administration, à laquelle elle avait participé du vivant de son époux, ses coffres se trouvaient remplis; elle utilisa cette ressource pour soumettre l'Egypte. Une première armée envoyée par elle réussit dans cette expédition & mit 5,000 hommes de garnison dans Alexandrie; cette garnison ayant été

---

(1) EUVOI DE HAUTEVILLE, *Histoire de Zénobie*, in-12. Paris, chez les frères Estienne, 1758, p. 184.

chaffée par le général romain Probatus, notre héroïne équipa une feconde armée, qui, d'abord vaincue, reprit le deffus & s'empara définitivement de l'Égypte. Pendant ce temps Zénobie conquérait elle-même l'Afie Mineure jufqu'à Ancyre, jufqu'à la Chalcédoine, jufqu'à l'Euphrate, où elle bâtit un fort qui fut trois fiècles plus tard réparé & augmenté par Juftinien; malheureufement les chroniqueurs ne nous ont laiffé aucun détail fur ces expéditions glorieufes dirigées en perfonne par cette femme célèbre. Son but, en s'agrandiffant de la forte & en augmentant fa réputation, était, non de fe féparer de l'Empire romain, mais d'obtenir pour fon fils une affociation à l'Empire & le rang d'Augufte; mais Aurélien, à peine proclamé empereur, ne voulut pas y confentir. Bientôt même il marcha contre elle jufque fous les murs d'Antioche, & là lui livra bataille. Zénobie, qui prenait part à toutes les fatigues du foldat, fut animer & engager habilement les fiens; elle allait vaincre, quand fa cavalerie, apercevant la cavalerie romaine qui s'arrêtait & femblait même fe retirer par rufe, ne fe donna pas le temps d'examiner cette manœuvre trompeufe, s'abandonna à fa fougue, s'avança trop, fe compromit en laiffant l'infanterie palmyrénienne à fes propres forces, & produifit un revirement funefte. Définitivement battue, Zénobie fe retira dans Antioche, y paffa une nuit, traverfa enfuite une grande étendue de pays & fe fixa aux environs d'Emèfe, où elle parvint à raffembler une armée de 70,000 hommes, palmyréniens, arméniens ou arabes. Une nouvelle bataille s'engagea fur ce point; malgré les recommandations de Zénobie à fes foldats de modérer leur ardeur, les mêmes faits qui avaient fignalé l'action fous Antioche fe reproduifirent, & notre héroïne eut la douleur d'être vaincue une feconde fois. Elle fe retira dans Palmyre. Cette place, forte par fon affiette, pourvue de machines, de vivres, occupée par une nombreufe garnifon, offrait un excellent refuge. Notre héroïne profita de cette fituation, anima les fiens, fe défendit longtemps. Aurélien ne fe découragea pourtant pas; il gagna du terrain & enfin recourut à des pourparlers; feulement, dans le but d'éviter la fingularité de demander la paix à une femme, il s'adreffa à la fois & à Zénobie & à fes principaux officiers, affectant de confidérer ceux-ci comme des affociés, difons mieux, des alliés de la reine de Palmyre. « Il vous fera libre, à vous Zénobie, difait-il, de vivre avec votre maifon là où j'aurai fixé votre réfidence, après avoir pris l'avis du fénat... Les Palmyréniens feront maintenus dans leurs anciens droits. » La reine, à laquelle il ne confentait à reconnaître aucun titre, lui répondit : « Zénobie, reine de l'Orient, à Augufte... Ignorez-vous donc que Cléopâtre aima mieux mourir avec le titre de reine que de furvivre à fa dignité ? Nous attendons les fecours des Perfes, des Arméniens, des Sarrazins. » Malgré la fierté de fa réponfe, le terme de la puiffance de notre héroïne approchait. Les fecours attendus par elle furent battus ou interceptés, & avec eux difparut pour la ville affiégée l'efpoir d'être ravitaillée. Alors Zénobie forme le projet d'aller chercher elle-même les vivres qui commencent à manquer; la miffion offre des périls, mais elle efpère les furmonter. A peine fortie de la ville, elle fe voit pourfuivie; elle gagne de viteffe, mais, rejointe près de l'Euphrate, elle devient prifonnière. On la ramène près d'Aurélien; queftionnée fur fa hardieffe à tenir tête à des empereurs romains : « J'ignorais qu'il y eût encore des hommes méritant ce titre, mais vos fuccès m'ont ouvert les yeux; vous m'avez vaincue, Aurélien, & je vois enfin un empereur. » Cette fière réponfe annonçait une grande dignité naturelle; c'eft que Zénobie n'était pas une femme ordinaire, & pourtant Aurélien ne fe laiffa pas prendre à l'éloge qu'elle lui décernait. Demeurant dans une froide réferve, fe retranchant derrière fon rang, le vainqueur fit conduire fa captive à Emèfe, & là mettre à mort fous fes yeux les principaux défenfeurs de Palmyre dont la reddition n'avait pas tardé. Plus tard il la produifit pendant fon triomphe au travers des rues de Rome (1), & la montra ſi chargée de perles & de bijoux, qu'elle ſuccombait ſous le faix, puis il lui concéda, dans Tivoli même, un domaine où elle finit ſes jours (2). Diſons en terminant ce qui concerne cette princeſſe, & à ſon éloge, que Boſſuet & Boileau lui ont rendu le meilleur témoignage. C'eſt d'elle que le premier a dit avec cette double autorité du talent & du caractère : « Elle ſe rendit célèbre par toute la terre pour avoir joint la chaſteté avec la beauté, & le ſçavoir (3) avec la valeur. » Boileau s'eſt exprimé en ces termes ſur les leçons d'éloquence qu'elle avait demandées au célèbre philoſophe Longin : « Il ſuffit, pour faire l'éloge de Longin, de dire qu'il fût conſidéré de Zénobie, cette fameuſe reine des Palmyréniens. Elle avoit appelé d'abord Longin auprès d'elle pour s'inſtruire dans la langue grecque ; mais de ſon maître en grec elle fit un de ſes principaux miniſtres (4). » Quant à ſes talents militaires, ils ſont

(1) Parmi les trophées de ce triomphe figuraient *dix femmes priſes les armes à la main* dans la dernière bataille gagnée par Aurélien contre les Goths, un peu avant le ſiége de Palmyre.

(2) Au XIXe ſiècle une autre femme a reçu parfois, preſque dans les mêmes pays que Zénobie, le nom de reine, mais c'était une ſorcière ou tout au moins une prophéteſſe aux yeux des Bédouins. Il s'agit de lady Eſther Stanhope.

(3) Elle aurait, dit-on, compoſé un ouvrage ſur l'hiſtoire d'Alexandrie & des principales monarchies de l'Orient.

(4) Préface de la traduction du *Traité du Sublime*, de LONGIN. Boileau répète enſuite l'aſſertion de l'écrivain Zoſime (du ve ſiècle),

hors de doute par le rôle qu'elle joua, furtout après la mort de fon mari, par les fuccès qu'elle obtint les armes en main, & auffi par le témoignage unanime des contemporains ; d'ailleurs, fi elle avait été peu redoutable fous ce rapport, Aurélien ferait-il venu en perfonne pour la combattre & principalement pour détruire une influence politique que fon prédéceffeur avait reconnue & qui croiffait fans ceffe (1) ?

Enfin la fille du patrice Pétrone, Annia Dominica, époufe de l'empereur Flavius Valens, douée d'un efprit opiniâtre, ainfi que d'un caractère violent & cruel, fe diftingua par fa défenfe de Conftantinople contre les Goths, qu'elle repouffa, alors qu'ils arrivaient glorieux d'avoir défait fon mari près d'Andrinople & de l'avoir brûlé dans une chaumière (378).

---

d'après lequel elle aurait rejeté fans générofité, vis-à-vis d'Aurélien, fa réfiftance fur fes miniftres & notamment fur Longin : ce fait cadre peu avec la nobleffe connue du caractère de cette fouveraine.

(1) L'abbé d'Aubignac a donné, vers 1658, une tragédie *en profe* (nous dirions aujourd'hui un *drame*) intitulée *Zénobie,* & qui n'a obtenu aucun fuccès.

CHAPITRE V

PÉRIODE BARBARE JUSQU'A CHARLEMAGNE

—

Sans nous fournir de femmes militaires proprement dites, la Gaule offre à nos yeux des exemples rares de vertu & d'énergie féminines. Afin de ne pas remonter aux druideffes, nous citerons, dans la Gaule afiatique ou Galatie, la chafte *Chiomara* & la fidèle *Camma,* dont la fermeté & le fang-froid ont fu tirer une digne vengeance de ceux qui avaient outragé ou tué leur époux. M. Amédée Thierry fait, dans fon *Hiftoire des Gaulois* (1), un récit de la conduite de ces deux dernières femmes, qui nous ôte toute velléité de lutter avec lui; nous renvoyons donc au texte même de cet excellent ouvrage.

Ce en quoi, finon les femmes gauloifes proprement dites, au moins les Liguriennes, c'eft-à-dire les femmes de ces pays qui avoifinaient le Rhône, principalement à l'occident, entre ce

(1) Livre III, chap. IV.

fleuve & les Pyrénées, ce en quoi elles jouent un rôle militaire, c'eſt que leurs maris les conſultent (1) parce qu'ils ont foi dans leur ſens éclairé & pratique, dans leur perſpicacité native, dans leur équité, dans la ſolidité de leur jugement ; ils les conſultent dans la guerre comme dans la paix. Les femmes devaient cette autorité morale à leur intervention heureuſe dans une grave diſſenſion, intervention qui avait empêché une guerre civile (2). Déjà en Ligurie, où cet uſage était plus marqué, lors de l'expédition d'Hannibal, il avait fallu que le conquérant ſe prêtât à l'examen de ſes demandes par les femmes liguriennes, & cela dans les conférences de Ruſcinon (3).

(1) Les Hurons, & en général les peuplades de l'Amérique, faiſaient de même. Voyez à ce ſujet les rapprochements préſentés par M. Guizot comme exiſtant entre les anciens Germains & les barbares modernes (*Hiſt. de la civiliſation en France*, 7e leçon).

(2) Le témoignage de Polyen eſt formel : « Il y avait, dit-il, parmi les Celtes, une ſédition inteſtine, & l'on armait déjà pour ſe faire la guerre. Leurs femmes, ſe préſentant au milieu des troupes armées, demandèrent quelles étaient les cauſes du différend, & les ayant entendues, elles en portèrent un jugement ſi ſain, qu'elles rendirent les hommes amis & établirent la paix dans les villes & les maiſons. Depuis ce temps-là, quand les Celtes avaient à délibérer ſur les affaires publiques, ſoit pour la paix ou la guerre, entre eux ou avec leurs alliés, les réſultats ſe formaient par l'avis des femmes. C'eſt d'où vient que l'on trouve écrit dans les traités d'Hannibal : « Si les Celtes portent leurs plaintes aux Carthaginois, les généraux de la cavalerie & de l'infanterie des Carthaginois jugeront le différend, mais ſi les Carthaginois portent leurs plaintes aux Celtes, ce feront les femmes des Celtes qui jugeront. » (Polyen, VII, l.)

(3) Sur l'emplacement de Caſtel-Rouſſillon, près Perpignan.

Les Germains, comme les Gaulois, penfaient que les femmes poffédaient quelque chofe de facré & l'infpiration néceffaire pour devenir les interprètes des dieux. Toujours quelque prophéteffe avait leur confiance &, fi elle réuffiffait dans fes prédictions, ils l'honoraient prefque comme une déeffe.

La plus célèbre eft Velléda (1), celle qui figure dans les guerres de Civilis (70 dep. J. C.) contre les Romains (2). Tacite nous rapporte qu'elle appartenait à la nation des Bructères. Son autorité grandit parce qu'elle avait prédit le triomphe des Germains & la deftruction des légions romaines (3). De tous côtés on lui envoyait des préfents, & ceux qui venaient la confulter étaient de véritables ambaffadeurs. En général, « il ne leur était permis ni de la voir, ni de l'entretenir; on les écartait de fa préfence, afin d'augmenter la vénération. Placée au haut d'une tour, elle confervait près d'elle un parent de fon choix, qui était comme le meffager de fa divinité, & portait fes réponfes à ceux qui la confultaient (4). »

(1) Chateaubriand introduit la druideffe *Velléda* dans fon poëme des *Martyrs*, & nous la montre au moment où elle cherche la mort, pouffant au milieu des rangs gaulois les chevaux qui traînent fon char.

(2) Après les fuccès des Romains, elle aida Cerealis dans la pacification du pays, mais, ayant enfuite excité une nouvelle infurrection, elle fut prife & conduite à Rome.

(3) *Hiftoire*, IV, LXI.
(4) TACITE, *Hiftoire*, IV, LXV.

Le tableau de la coopération des femmes germaines à la guerre a été tracé en ces termes par Crevier (1) : « Tous les Germains d'une même famille, d'une même parenté, s'affemblaient en compagnies, en efcadrons (2), en bataillons ; leurs femmes & leurs enfants les accompagnaient à la guerre. Les cris des unes, les pleurs des autres, entendus des combattants, les foutenaient dans les périls. C'étaient là pour eux les témoins les plus refpectables, les panégyriftes les plus flatteurs. Ils allaient préfenter à leurs époufes, à leurs mères, les bleffures qu'ils avaient reçues, & celles-ci ne craignaient pas de compter ces bleffures, de les fucer. Elles leur portaient des rafraîchiffements au combat, elles les animaient par leurs exhortations. Souvent on les a vues relever le courage des troupes déjà confternées, & les faire retourner à l'ennemi par des prières tendres & preffantes, par leur fermeté à fe préfenter devant les fuyards pour les arrêter, ou par les reproches qu'elles leur faifaient fur la captivité à laquelle elles allaient être expofées & dont elles leur mettaient l'image fous les yeux. »

Le règne de l'empereur Caracalla nous fournit

---

(1) *Hiftoire des Empereurs romains*. Paris, in-12, 1766, chez Saillant & Defaint, tome I, p. 230, 231.

(2) Les efcadrons étaient rares chez les Germains, & c'eft d'eux que Tacite a dit : *Omne robur in pedite*.

un trait intereſſant ſur les femmes germaines. Ce prince, n'ayant pas trop réuſſi contre ces peuples, acheta d'eux la paix ; pourtant il obtint du ſuccès dans pluſieurs rencontres & fit des priſonnières. Comme il leur laiſſait le choix d'être tuées ou vendues, elles préférèrent la mort, montrant de la ſorte autant de fierté que de courage. On les vendit néanmoins comme eſclaves; alors presque toutes ſe donnèrent la mort qu'on leur avait refuſée, & pluſieurs tuèrent leurs enfants avant elles ou avec elles (1).

Chez les races ſcandinaves il exiſtait une tradition née, ſemble-t-il, du ſouvenir d'anciennes femmes guerrières : au-deſſous du dieu de la guerre, *Tyr*, ou plutôt de ſa femme *Hilda* (2), la mythologie de ces peuples repréſentait un bataillon ſpécial de vierges chargées, durant les batailles, non-ſeulement des ſoins à donner aux bleſſés & du port des boucliers des principaux guerriers, mais auſſi de prendre elles-mêmes part à la lutte & de ſeconder l'action des combattants.

Nous trouvons des guerrières chez les Scots, les Pictes & les Bretons.

---

(1) Quelle ſauvage énergie! Des dernières nous ferions tentés de dire aujourd'hui : étaient-ce des mères ? Mais alors la vie humaine comptait pour ſi peu de choſe!

(2) La racine *Hild* reſtée en honneur forme le commencement de pluſieurs noms propres.

Celles des Scots portent une lance & ceignent un fabre à mi-hauteur de leur corps nu.

Celles des Pictes paraiffent en outre armées d'un certain nombre de javelots qu'elles font habiles à lancer.

Dès l'an 61 de notre ère, Suetonius Paulinus combat dans l'île de la Bretagne & a pour adverfaire, à la tête des ennemis, une femme ; chez les Bretons, en effet, les deux fexes étaient admis au commandement. On appelait cette reine Boadicée ou Boudicea. Montée fur un char, avec fes deux filles, elle parcourait les rangs & exhortait les fiens à bien faire. D'une grande taille, rehauffée par une longue chevelure déliée & flottant fur fes épaules, ainfi que par une cafaque militaire attachée fur le devant du cou avec une agrafe, elle avait le regard fier, l'air martial. Tacite met dans fa bouche les paroles fuivantes (1) : « Les Bretons font habitués à combattre fous la conduite des femmes ; mais dans ce moment, pour moi, defcendante de tant de perfonnages illuftres, il ne s'agit pas de recouvrer mon royaume & mes richeffes, il s'agit de lutter comme un particulier pour venger ma liberté perdue, mon corps accablé de coups, la pudicité de mes filles perdue. La brutalité des Romains eft telle, que l'âge n'exempte pas de leurs ou-

---

(1) *Annales*, XIV, xxxv, traduction La Baftide, 1812.

trages. Les dieux feconderont notre vengeance… une légion a déjà été battue… les autres n'ofent s'échapper de leur camp… Le nombre des combattants, les motifs de cette guerre nous indiquent notre conduite : vaincre dans cette bataille ou périr. Telle eft ma détermination; à vous hommes de voir fi vous voulez imiter une femme ou fi vous préférez vivre efclaves. » Malgré des fentiments auffi énergiques mis réfolûment en pratique, Boadicée fut vaincue; cette héroïne (on peut lui donner ce nom, malgré fa défaite) était reine des Icéniens, mais elle avait foulevé avec fon peuple les Trinobantes (1) & d'autres voifins, en forte qu'au temps d'Agricola qui avait été, tout jeune encore, l'un des officiers de Suetonius, & avait dû la voir, c'eft à elle que le chef breton Galgacus faifait allufion en difant aux fiens : « Les Trinobantes, fous la conduite d'une femme, ont pu brûler une colonie, forcer un camp, &, *s'ils ne s'étaient pas endormis dans leurs fuccès* (voilà pour la juftification de Boadicée), ils auraient pu fe délivrer du joug; & nous, encore intacts & invaincus, & pour qui la liberté n'eft pas un bien nouveau, ne montrerons-nous pas, dès le premier combat, quels font les hommes que la Calédonie tenait en réferve (2)? »

(1) *Annales*, XIV, xxxi.
(2) C'eft Tacite qui met ce difcours dans la bouche de Galgacus. Voyez *Vie d'Agricola*, xxxi.

Dans un combat fur la glace, livré en l'an 172 de notre ère par les Romains, contre le peuple farmate des Jazyges, fur le Danube, les femmes de ces barbares fe déguifaient en guerriers & combattaient pour l'indépendance & la profpérité de leur nation.

L'impératrice du Japon Singukogu, dont l'avénement remonte à l'année 201 de l'ère chrétienne, & qui régna glorieufement durant foixante-dix années, fit la guerre aux Coréens, à la tête d'une nombreufe armée.

A la bataille d'Yermuk, livrée en l'année 636 en Syrie, les femmes arabes occupent la dernière ligne; elles favent manier l'arc & la lance. Trois fois les Arabes fe retirent en défordre, trois fois, employant les reproches & les coups, les femmes les ramènent à la charge (1).

Au VIII° fiècle, la Bohême nous offre une Amazone, Ulafta. En 735, à la mort de la reine ou ducheffe Libuffa, qui avait fuccédé à fon père Cracus & avait gouverné fagement & glorieufement, elle ne put fupporter de voir le pouvoir fuprême paffer aux hommes. Méprifant, fans doute, le duc Przémiflas, payfan, que fa regrettée maîtreffe avait époufé par hafard (2), & dont la

---

(1) GIBBON, Hift. de la décadence de l'Empire romain.

(2) Preffée par fes fujets de fe marier, Libuffa avait dit : « J'épouferai celui chez lequel mon cheval me conduira »; ce fut Przémiflas. On raconte le fait autrement : Livrés à l'anarchie, les Bohémiens dé-

confiance de la défunte lui avait révélé la faibleffe, elle conçut le projet, non-feulement de reffaifir la puiffance & de remplacer Libuffa, mais encore de fonder un état exclufivement gouverné par les femmes, analogue à celui des anciennes Amazones. A cet effet, réuniffant les filles attachées de fon vivant à la reine Libuffa, & des femmes mécontentes de leurs maris, elle leur dit : « Libuffa a pu affervir les hommes; le courage de notre fexe ferait-il éteint avec elle ? Vous êtes fes fidèles élèves, avec vous je rentrerai dans la lice & appliquerai l'art du gouvernement qu'elle nous a enfeigné. Przémiflas, tiré de la charrue, eft incapable de régner; fi vous me fecondez, nous reprendrons rapidement notre prépondérance. » Ses paroles enflamment l'imagination & le zèle de fes compagnes; un grand nombre de filles accourt fous fa bannière, elle forme un corps d'infanterie & un corps de cavalerie, les habitue aux exercices militaires. Les hommes s'alarment, preffent Przémiflas de fe mettre à leur tête pour réprimer cette révolte; fur fon refus, ils courent aux armes & marchent contre Ulafta, mais fans ordre. Notre héroïne les bat & en tue, affure la légende, jufqu'à fept

---

cidèrent qu'on lâcherait dans la plaine un cheval fans frein & qu'on reconnaîtrait pour monarque celui chez lequel il s'arrêterait : Przémiflas, ainfi défigné, rendit de bonnes lois & fortifia Prague; la décifion, le courage lui faifaient fans doute défaut, furtout à l'origine de fon règne.

de sa main. Après sa victoire elle se retire sur le mont Vidlové, y bâtit un fort, & de cette retraite sûre, descend fréquemment sur la contrée & la dévaste. Ce brigandage se prolongea huit ans; cette longue durée s'explique par le fait que Ulasta avait attiré la plus grande partie des jeunes hommes sur la promesse écrite de rendez-vous amoureux, les avait attirés, dis-je, dans l'intérieur de sa citadelle, & là les avait impitoyablement mis à mort. Après cet acte cruel, Ulasta eut un moment de puissance suprême & régna véritablement. Elle promulgua un code, dont la principale prescription défendait aux hommes de porter les armes *sous peine de mort;* on voit donc qu'elle ne voulait pas la destruction complète de l'espèce masculine, &, en effet, elle se contentait vis-à-vis des garçons nouvellement nés de leur faire crever l'œil droit & de leur faire enlever le pouce de la main droite, afin qu'ils se trouvassent dans l'impossibilité de manier l'arc. Ces cruautés, moins graves cependant que l'usage fondamental des premières Amazones, s'il est vrai que celles-ci massacraient tous les enfants mâles, irritèrent les Bohémiens & firent que Przémislas marcha définitivement, soit de gré, soit de force, contre Ulasta. Au moment où il l'attaqua, elle venait d'instituer un ordre de la *vertu militaire* pour récompenser les exploits & les services de ses meilleures guerrières. Une grande bataille s'engagea; les hommes étaient réfolus à vaincre, Ulafta & fes compagnes à ne pas furvivre à la deftruction de leur prééminence fociale, à la fin de leur république féminine; aucun ne voulut fe rendre, aucune ne s'échappa, toutes fuccombèrent vaillamment, &, quand elles furent abattues par la fupériorité de force & fans doute de nombre de leurs adverfaires, le vifage de chacune regardait & défiait encore l'ennemi. C'eft le cas de répéter avec le poète (1), au moins pour leur chef, pour Ulafta :

........Aftilli folvuntur frigore membra
Vitaque cum gemitu fugit indignata fub umbras.
Virgile, fin de l'*Énéide*.

Rapprochons d'Ulafta, ou plutôt de Libuffa, la reine de Pologne Wanda, puifqu'on donne également à cette dernière pour père *Cracus,* le fondateur de Krakau ou Cracovie. Cette Wanda, qui fuccéda au pouvoir paternel, était une héroïne; virilement élevée, elle conduifit une armée contre un prince germain, nommé Ritiger, qui prétendait lui ravir à la fois fa royauté & fa main. La chronique veut que Ritiger fut abandonné de fes guerriers, honteux d'avoir à combattre une femme, & fe donna la mort : une ver-

(1) Des poètes contemporains ont chanté les exploits de ces héroïnes. Voyez auffi *Chronica Bohemorum*, de Cosme de Prague.

sion prétend que ce fut seulement après deux combats, pour lui deux défaites, actions dans lesquelles Wanda combattit l'épée en main, à la tête de ses troupes, & les anima tant de la voix que de l'exemple. Toujours est-il que Wanda rassembla son peuple, lui fit jurer de ne jamais se laisser asservir, déclara que la pureté de son cœur était le gage de son indépendance, & aussitôt, pour conserver ce gage intact, se précipita dans la Vistule, d'où il fut impossible de la retirer vivante. Carnot (1) a convenablement représenté cette scène digne de la peinture; il la fait parler ainsi :

« Généreux Polonais! dit alors l'héroïne,
Quel que soit l'avenir que le ciel vous destine,
Comment mon faible bras peut-il vous protéger
Contre tant d'ennemis? Pourrais-je vous venger,
S'ils osaient se montrer aux traités infidèles?
Soutiendrons-nous contre eux des guerres éternelles?
Votre reine est l'objet de leur prétention,
Pour établir sur vous leur domination.
L'audacieux projet d'un prince téméraire
Fut, quoique sans succès, un avis salutaire
Donné par le ciel même; & j'ai dû pressentir

---

(1) *Opuscules poétiques du général* L.-N.-M. CARNOT. Paris, 1820, chez Baudouin frères, in-8º, p. 27. — Relativement à Carnot, chargé de la conduite des opérations militaires de la France au Comité de salut public, puis comme membre & président du Directoire, reportez-vous à mes *Portraits militaires* & à une note insérée au tome II de ma traduction de l'*Histoire de la fortification permanente*, de M. de Zastrow.

Qu'il faut rendre un fardeau qu'on ne peut foutenir.
Le ciel m'appelle à lui ; j'ai rempli ma carrière :
Il ordonne à Wanda de rejoindre fon père.
Les derniers de mes vœux font pour votre bonheur :
Il eft tout dans vos dieux, la patrie & l'honneur. »

Puis il ajoute pour terminer fa pièce de vers :

Wanda defcend alors ; tranquillement arrive
Au bord du monument ; s'arrête fur la rive,
Lève les bras au ciel, s'élance dans les flots,
Et paffe de la vie à l'éternel repos.
C'eft en vain qu'on accourt, qu'on gémit, qu'on efpère :
L'héroïne n'eft plus ; elle a rejoint fon père.
Mais les lois du trépas n'effaceront jamais
Les vertus de Wanda du cœur des Polonais.

CHAPITRE VI

MOYEN AGE (1)

—

Le moyen âge procède des temps barbares & poſſède ſon caractère propre. Il tient des peuples encore barbares quand ils vinrent conquérir le ſol européen & s'y implanter; il en tient par un reſte, je n'oſe dire de férocité, mais au moins de manque de culture, de défaut de civiliſation; la rudeſſe ſauvage, les inſtincts ſanguinaires y ſubſiſtent & ſe perpétuent vivaces encore, quoique fort amoindris. Il poſſède ſon caractère propre, en ce ſens que de nouvelles coutumes s'y introduiſent, le ſervage & la galanterie par exemple : le ſervage qui abaiſſe & enchaîne la plus grande partie de la population vis-à-vis d'une minorité toute-puiſſante, la galanterie qui crée une eſpèce de culte, celui de la femme, & lui délègue ſinon un pouvoir, au moins une grande influence, en tant, bien entendu, qu'elle appartient à la race

(1) Environ de 800 à 1453, c'eſt-à-dire de Charlemagne à la priſe de Conſtantinople.

prépondérante, qu'elle eſt noble ſuivant l'expreſſion du temps.

De cette double ſituation il reſſort pour la femme un rôle ſinon nouveau, du moins très-modifié : elle aura encore de l'énergie, de la vigueur, celles de la barbarie & de la vie dure qui en découle; elle tendra à s'amollir ſous le courant qui ſe produit en ſa faveur, & les hommages dépoſés à ſes pieds deviendront une pente gliſſante pour ſon caractère, parfois pour ſes mœurs.

Si donc il ſe montre encore des femmes ayant le goût des combats & y prenant part, leur nombre tendra à diminuer; pourtant, comme en général la femme ne manie l'épée que dans des cas exceptionnels, il pourra ſurgir tels événements qui lui en faſſent une néceſſité & rétabliſſent ainſi l'équilibre par rapport aux périodes précédentes. Les croiſades compteront au premier rang parmi ces événements.

Le préſent chapitre prend l'hiſtoire militaire des femmes au règne de Charlemagne; nous ne voulons néanmoins rejeter à nos pages antérieures ce qui concerne la création de la religion muſulmane & comprendre parmi les temps barbares les années où Mahomet tentait la grande entrepriſe d'établir une religion, ou plutôt de fondre en une ſeule trois religions : le ſabéiſme (1),

---

(1) Culte rendu aux corps céleſtes & profeſſé par les Sabéens, peuple de l'Arabie heureuſe.

le judaïfme & l'idolâtrie. Parlons donc, & pour ouvrir ce chapitre, de l'une des femmes du prophète arabe, la charmante *Ayéfha*.

Elle le mérite, puifque les mufulmans lui ont décerné le titre d'*Incomparable*, récompenfe dont quatre femmes feulement fe font montrées dignes à leurs yeux. Fille d'Abou-Beker, époufée à dix ans par Mahomet (1), très-aimée de lui (2), ayant eu la fatisfaction de le voir fe retirer dans fa propre maifon vers la fin de fa carrière, l'ayant foigné jufqu'à fa mort, elle devint dès fon veuvage (632) l'ennemie d'Ali & fit oppofition à fon élévation au califat. Retirée d'abord à la Mecque, elle en partit promptement à la tête d'une armée, s'empara de Baffora, préfenta réfolûment la ba-

(1) En 623 : en Orient les filles font nubiles de très-bonne heure.

(2) Malgré le grand nombre de fes rivales. Le comte de Boulainvilliers reproche à Mahomet d'avoir eu trop de femmes (vingt & une fuivant les uns, dit-il, quinze fuivant les autres), & s'étonne que ce grand homme, toujours occupé de vaftes deffeins, ait pu fuffire aux troubles, aux tracas qui devaient inévitablement furgir de fi nombreux ménages. Voyez fon *Hiftoire des Arabes* avec la *Vie de Mahomet*, Amfterdam, 1731, in-12, chez Pierre Humbert, t. II, p. 248 à 250. M. Barthélemy Saint-Hilaire (recourez à fa *Vie de Mahomet*, 1864, travail remarquable & d'une pondération digne du doyen de nos philofophes) avoue que la pratique de la polygamie par lui-même (cet auteur lui compte neuf femmes légitimes, fans comprendre dans ce nombre les efclaves), & la permiffion donnée par le Coran à fes fectateurs de la pratiquer jufqu'à concurrence de quatre femmes légitimes, eft « la faute la plus grave qu'ait commife le prophète ». La *Vie de Mahomet* de M. Barthélemy Saint-Hilaire a été lue à l'Académie des Sciences morales & politiques, puis inférée dans les *Comptes rendus* des féances & travaux de cette Académie, publiés par M. Charles Vergé ; le paffage auquel nous faifons allufion fe trouve compris dans la livraifon de mai 1864 dudit recueil.

taille à son adversaire. Vaincue, malgré son courage & son activité dans la mêlée, elle devint prisonnière. Les bons traitements du vainqueur qui l'entoura de respects, lui accorda cinquante femmes pour la servir & la fit reconduire à la Mecque, ne purent effacer de son esprit le mobile de son animosité contre lui ; c'est qu'en effet une femme ne peut guère pardonner qu'on soupçonne publiquement sa fidélité, surtout quand il s'agit d'un époux aussi puissant que Mahomet.

En ces mêmes temps, sous Abou-Beker, successeur de Mahomet, la ville de Damas fut assiégée & prise par les Arabes (juillet 634). A ce siége se rattache le souvenir de deux guerrières. Voltaire nous raconte ce qui concerne la première (1), Gibbon nous parle de la seconde (2). La première se nommait Caulah ou Khawlah & était sœur de Dérar, l'un des compagnons de l'infatigable Caled, le conquérant de cette cité : au nombre des captives faites dans différentes courses par le gouverneur de Damas, & menacée plus qu'une autre en raison de sa beauté de devenir la proie de ce chef chrétien, elle résolut de se soustraire à ce sort & proposa chemin faisant à ses compagnes de secouer le joug & de fuir avant d'être enfermées dans Damas, vers laquelle on les me-

---

(1) *Dict. philosophique,* au mot *Amazones.*
(2) *Décadence de l'Empire romain,* chap. LI.

nait. Saisissant les piquets ferrés de leurs tentes & le petit poignard attaché à leur ceinture, ces femmes, enthousiasmées par son appel, se forment en cercle, non comme des vaches, cette comparaison de Voltaire manque de noblesse, mais comme des guerriers sur la défensive, & menacent les soldats de leur escorte. Ces derniers sourient d'abord d'une pareille révolte, & parlementent, puis, voyant que la conciliation était inutile, ils tirent leurs sabres & combattent. On prévoit que les femmes vont être massacrées, lorsque Dérar arrive à propos, disperse les Grecs, délivre sa sœur & ses compagnes. Il s'agit d'un fait réel; ces femmes, en effet, appartenant à la tribu des Hamyarites, fils des Amalécites, ne répugnaient pas à la lutte armée, sachant déjà monter à cheval, manier l'arc & la lance; la sœur de Dérar avait déjà commandé une troupe de ces Amazones, elle assista plus tard à d'autres luttes guerrières, & cela explique au mieux son action. Venons au récit de Gibbon. Après leur victoire d'Aiznadin, les mahométans serrèrent Damas de plus près; dans cette dernière lutte un archer grec se distingua par sa dextérité & tua nombre d'ennemis. Aban comptait parmi ces tués. Sa femme était présente; elle se pencha sur le corps de son mari &, croyant qu'il l'entendait encore, lui dit : « Tu es heureux d'avoir rejoint ton maître. Je vengerai ta mort & m'efforcerai de gagner le lieu que tu habites, car je t'aime, & jufqu'à mon trépas, Dieu feul aura mon fervice. » Puis elle lava le corps de fon époux & l'enterra : on affure qu'en lui rendant ce dernier devoir, les pleurs de fes yeux étaient déjà taris, elle fongeait à fa réfolution. Se faififfant des armes reftées à terre & qu'elle favait manier, comme tant d'autres femmes de ce temps, elle courut dans la mêlée & chercha fon meurtrier; l'ayant trouvé, elle écarta ceux qui le défendaient &, d'un coup affuré, le bleffa près de l'œil.

Après l'Arabie, nous rencontrons dans un pays voifin, à deux fiècles & demi de diftance, une princeffe guerrière, de la famille perfane des Bouides : celle-ci eft pouffée à prendre les armes par l'ingratitude de fon fils, Madj-Eddaulah, qui la dépouille dès fon avénement de toute autorité, de toute influence, alors qu'elle avait gouverné en fon nom, avec fageffe & gloire, pendant fa minorité. Irritée par cette ingratitude, que beaucoup de mères euffent cependant pardonnée, car les facrifices font doux quand on les accomplit pour le bonheur de fes enfants, Seidah-Khatoun fe retira de la cour, raffembla une armée & vint à fa tête demander raifon de l'oubli où on la plongeait. Une bataille eut lieu; notre héroïne y combattit & vainquit, fit fon fils prifonnier & remonta fur le trône. Plus tard elle rendit au vaincu fes états & la liberté, mais en fe réfervant la direction des affaires. L'hiftoire doit la juftifier par la règle fuprême, *falux populi;* en effet, tant qu'elle vécut, fes fujets furent heureux & tranquilles; à fa mort, arrivée en 1024, Mahmoud-le-Gaznévide, auquel elle avait refufé de payer tribut, revint attaquer Madj-Eddaulah, ravit la couronne à ce prince, dénué de talent & de courage comme d'amour filial, & impofa de nouvelles charges aux habitants conquis.

Nous ne chercherons pas s'il y eut en Europe, au moyen âge, des *chevalereffes,* c'eft-à-dire des femmes honorées de l'ordre de chevalerie (1), parce qu'évidemment un pareil fait ne put fe produire que par exception, mais nous rappellerons le noble rôle joué par les femmes féodales qui venaient fur le champ de bataille animer les combattants & foigner les bleffés comme le faifaient cinq ou fix fiècles plus tôt les femmes des barbares : à cet effet, plufieurs dames & damoifelles apprenaient l'art de la chirurgie, fi nous en croyons La Curne Sainte-Palaye.

Mais nous continuerons à chercher des femmes militaires, & en trouverons dans le récit des guerres qui enfanglantent le xe fiècle. En 931, le comte de Vermandois confie en vain à fa

---

(1) Le P. Lobineau affure que plufieurs dames reçurent le collier de l'ordre des ducs de Bretagne; en fait d'ornements les femmes peuvent prétendre à tout, mais ici l'hiftorien de la Bretagne entend furtout une dignité, un rang hiérarchique.

femme la défense de Laon contre le roi de France, ce dernier laisse sortir sa belle ennemie dès qu'elle le demande. Six ans plus tard Louis d'Outremer (1) remet le commandement de la même ville à sa mère Ethgive (2) : quant à sa femme, Gerberge, fille de Henri l'Oiseleur, elle fut présente à plusieurs des combats qu'il livra & reçut la mission de défendre Reims, quand cette cité eut été reprise par les siens, aidés des troupes des rois de Germanie & de Bourgogne (3). Cette même princesse Gerberge, devenue veuve en 954, se met à la tête d'une armée en faveur de son fils Lothaire, âgé de douze ans, & qui succédait aux droits de son père, puis fait le siége de Poitiers ; en 960, elle reprend la ville & la citadelle de Dijon, qui venaient d'être surprises & enlevées par Robert de Trèves.

Rappelons que la fille du douzième empereur, d'Othon Ier, successeur de Henri l'Oiseleur, joue également un rôle quasi militaire en ce sens qu'elle avertit, en dansant, le comte d'Eberstein que son père vient de l'attirer à Spire, au milieu d'une fête brillante, pour s'emparer de son manoir. Le comte retourne incontinent, se défend

---

(1) Louis IV, dit d'*Outre-mer*, roi de France, fils de Charles le Simple.

(2) Dans plusieurs livres de l'histoire de France, ce nom est écrit à tort *Ogive*.

(3) En souvenir sans doute de cette défense, la reine Gerberge est inhumée dans le chœur de l'église Saint-Remi, à Reims.

avec une incroyable vigueur, tellement que l'empereur, touché de fon courage, lui accorde fa fille en mariage. C'eft une légende; il faut le dire ainfi brufquement, quitte à ôter une illufion au lecteur. Il s'agit du château d'Eberfteinburg, lieu d'excurfion près Bade.

Emma, femme de Lothaire, fils de Louis d'Outre-mer, & roi de France également, Emma, difons-nous, fe diftingua dans la défenfe de Verdun; enfermée en cette ville & affaillie par des forces nombreufes, elle réfifta fuffifamment pour donner à fon mari le temps d'accourir (985).

En l'an 1000, *Sigrid la Superbe,* femme divorcée d'Erik, roi de Suède, & reftée malgré lui dans le pays, époufa Suénon *à la double barbe,* & fit rendre à ce dernier monarque fon royaume de Danemark, que fon premier mari lui avait enlevé. Elle combattit encore le roi de Norwége, avec l'appui des mécontents de ce pays, & détruifit fa flotte.

La bataille de Dyrrachium (1) livrée en 1041 nous offre l'exemple d'une princeffe portant la lance & ramenant vaillamment au combat les troupes de fon époux malmenées par les Grecs. Il s'agit de Gaëte, femme de Robert Guifcart, & l'on peut croire ce fait, car il eft rapporté par

---

(1) Aujourd'hui Durazzo.

Anne Commène, parente de l'empereur Alexis, vaincu dans cette journée.

Un historien du xıı⁰ siècle (1) nous cite la fille du comte de Montfort, Isabelle, mariée à Raoul de Conches, qui, à la guerre, montait à cheval, & ne le cédait à perſonne en intrépidité.

En février 1139, Julienne de Breteuil, fille naturelle de Henri I⁰ʳ, roi d'Angleterre, défendait le château de Breteuil contre ſon père, & ce par ordre de ſon mari. Outrée contre le roi qui venait de livrer ſes deux fils à l'un de ſes ennemis, lequel avait eu la cruauté de leur mutiler le viſage, elle eut recours à une ruſe pour ſe garantir des ſuites d'un affaut qui eût tourné contre elle, attira ſon père à une entrevue &, comme il venait, tendit elle-même une baliſte & projeta un trait ſur lui. Le roi Henri eut le bonheur d'échapper; il intercepta toute communication & obligea ſa fille à ſe rendre. Pour punition il ſe borna à la contraindre à ſortir du fort en ſe laiſſant gliſſer ſans aucun ſoutien du haut des créneaux le long du talus de la muraille; elle tomba dans l'eau glacée du foſſé, mais ſans ſe faire de mal, & parvint à s'échapper.

La vicomteſſe Ermengarde de Narbonne remariée à Bernard d'Anduſe, conduit en 1148, trois ans après ſon ſecond mariage, ſes troupes

---

(1) Orderic VITAL, livre XII. Traduction de M. Guizot.

au siége de Tortose, contre les Sarrazins, &, une fois l'épée déposée, administre virilement la vicomté de Narbonne, durant quarante-quatre ans, y rendant justice elle-même, quoique femme & en dépit des lois romaines suivies dans sa province, & ce par une honorable exception accordée par Louis le Jeune (1).

L'histoire des luttes multipliées dont l'Italie fut le théâtre durant la période qui nous occupe en ce chapitre, nous fournira plus d'un exemple de courage parmi les femmes.

Le premier aura trait à Pise. En 1005, un roi sarrazin tentait d'enlever par surprise cette ville, dont une flotte était venue menacer ses possessions; un quartier brûlait déjà, en pleine nuit, tandis que le reste de la population dormait encore. *Chiuzica Sismondi* s'élance au travers des bandes de pillards qui profitaient du désordre, franchit les amas de fugitifs qui encombraient les rues, parvient au pont de la ville, le franchit, atteint le palais des Consuls & donne l'alarme. Le tocsin vole, les Pisans courent aux armes, les musulmans vivement attaqués se rembarquent. Depuis cet acte d'audace & d'intelligent courage, le faubourg incendié porte le nom de l'héroïne qui sut l'accomplir.

---

(1) L'autorisation royale date de 1156. Ermengarde se démit de son autorité dans la vicomté de Narbonne en 1192, en faveur de Pierre de Lara, son neveu.

Le second exemple concernera la comtesse Aldrude. Devenue, jeune encore, veuve du comte de Bertinoro, dans la Romagne, elle gouverna sagement ses états &, se portant elle-même à la tête de ses troupes, secourut Ancône assiégée par les Impériaux, que commandait l'archevêque de Mayence, & força ce dernier, archichancelier de l'empereur Frédéric, de lever le siége de ladite ville (1172). Elle adressa sous les murs de la place, aux soldats abrités par sa bannière, une allocution où elle chercha à enflammer leur courage, « en faveur des citoyens, & surtout des dames d'Ancône qui craignaient de tomber entre les mains des assiégeants, parce que ces derniers feraient de leurs corps un objet d'opprobre éternel ». Et elle ajouta dans cette harangue prononcée *contre l'usage général des femmes,* ou du moins Buon-Compagnon, l'historien de ce siége, lui fait ajouter en forme de péroraison : « Soyez sous les armes à la pointe du jour, afin que le soleil éclaire, en se levant, la victoire que le Très-Haut promet à votre zèle pour le malheureux peuple d'Ancône. Que mes prières puissent donc quelque chose sur vous, & que la vue de ces belles personnes qui m'accompagnent anime votre courage ! Si les gens de guerre donnent volontiers des tournois où, déployant leur force & leur courage dans de cruels combats, ils exposent leur vie en l'honneur des belles, quelle doit être leur ardeur quand la beauté les appelle au falut de la patrie ! » N'oublions pas, pour mieux comprendre ce réfonnant appel, que l'enthoufiafme était alors de mife ; voyons-y également, afin de ne pas être dupe, l'arrangement d'un écrivain qui appartient à la poétique Italie & embellit fon fujet.

De l'Italie paffons en Efpagne. Là, Bérengère de Barcelone, femme d'Alphonfe VIII, roi de Léon, de Caftille & de Tolède, imagine, pendant que fon époux attaquait Oréjà & que les mahométans viennent l'affiéger dans Tolède (1139), de faire dire aux chefs des infidèles que s'ils avaient de l'honneur & du courage ils iraient combattre le roi, au lieu de s'en prendre à une reine. On lui répond galamment & on lui demande de fe faire voir pour qu'on puiffe la faluer. Elle y confent & paraît au milieu de fa fuite, avec tout l'éclat d'une cour fomptueufe. Frappés comme le font les Orientaux, quand ils admirent un objet qui parle à leurs fens, les Maures lui témoignent refpect & prévenance, puis s'éloignent. Il n'était plus temps pour eux de fecourir Oréjà. Ce fait témoigne d'une grande beauté & d'une rare fermeté chez la jeune princeffe (elle avait alors vingt-huit ans à peine) qui l'accomplit.

Un an après, fous les murs de Weinsberg, dans le Wurtemberg, a lieu un combat entre Guelfe III & l'empereur Conrad, dans lequel les femmes, ayant obtenu de ce dernier la faveur de fortir du château avec leurs tréfors les plus précieux, emportent chacune leur mari; de là le nom qui eft demeuré au château & fubfifte encore, *Weibertreue* (fidélité des femmes). Si nous en croyons La Popelinière (1), Laurent de Médicis aurait été « fans aucune ayde de medecins, bien que fort mallade, auffi toft guery qu'il eut leu ce faict notable ».

Dans les croifades les femmes ont leur part d'héroïfme; il ne pouvait en être autrement au milieu de ce courant focial qui entraînait chacun à facrifier fon repos, fa fortune, fa vie terreftre même, pour aller reconquérir le tombeau de Jéfus & mériter ainfi une place meilleure pendant l'exiftence future, pendant l'exiftence célefte promife aux bons. Cette part n'eft pas plus confidérable pour les femmes que pour les hommes, même proportion gardée de ce que leur fexe n'eft pas fait pour les travaux de Mars, & cela parce que la fociété de ce temps n'offre pas, comme la nôtre, plus de foi dans les mères de famille que chez leurs époux; néanmoins elle eft impofante & digne de l'objet, comme nous allons le voir.

En général on peut dire que les femmes ayant accompagné les croifés ne craignaient pas de fe

---

(1) Début du tome II de fon *Hiftoire de France* (1581).

mêler aux batailles, portaient de l'eau aux chevaliers pour les rafraîchir & les repofer, & doublaient leur courage & leur force par l'effet de leur préfence. Plufieurs avant le départ connaiffaient déjà le maniement des armes & s'y étaient exercées au milieu de la vie monotone des châteaux féodaux.

Chronologiquement la lifte des femmes ayant déployé du courage pendant les croifades fe déroule dans l'ordre fuivant.

Dans la première croifade (1097), Marguerite de Hainaut courait au milieu d'un terrain jonché de cadavres pour découvrir fon mari tué par les Turcs; Florine, fille du duc de Bourgogne, combattait à côté de fon fiancé Suénon, fils du roi de Danemark, & mourait comme lui fous les coups des infidèles, après avoir vu périr autour d'elle un nombre infini de chevaliers. Le Taffe a célébré la mort de Suénon en ces termes : « Nous étions deux mille; à peine nous reftons cent. A la vue de tant de fang répandu, de tant de morts entaffés, je ne fais fi le cœur du héros fe troubla, mais fon front n'en fut point altéré. Compagnons, nous dit-il, en élevant la voix, fuivons ces généreux guerriers, marchons comme eux au bonheur & à la gloire par la route que notre fang nous a tracée.

« Il dit, &, fouriant à la mort qui s'approche, il oppofe au torrent débordé fur lui une conftance

& un courage intrépides ; il n'est point d'armure, fût-elle de l'acier, du diamant le plus impénétrable, qui puisse résister aux coups que frappe son bras. Bientôt tout son corps n'est plus qu'une plaie.

« Cadavre indompté, ce n'est plus la vie, c'est la valeur seule qui le soutient & l'anime encore. Sans se ralentir il rend coup pour coup ; plus il est blessé, plus il devient terrible. Enfin un guerrier, à l'œil farouche, au maintien formidable, fond sur lui avec fureur, &, secondé d'une foule des siens, après un combat long & opiniâtre, renverse le héros (1). »

Dans la seconde croisade l'empereur d'Allemagne Conrad se rend en Syrie suivi par une troupe de femmes armées comme des chevaliers ; le chef de cette troupe portait un surnom, celui de la *dame aux jambes d'or,* à cause des éperons dorés & sans doute aussi des autres dorures qui ornaient la culotte qu'elle portait ; on ignore son nom véritable. Le comte de Poitiers avait également emmené un essaim de jeunes filles.

Au siége de Jérusalem par Saladin, une femme s'astreignit à remplir les fonctions de soldat ; elle portait un vase de cuivre en guise de casque, lançait des pierres avec la fronde, donnait à boire

(1) *La Jérusalem délivrée*, chant 8, traduction du prince *Le Brun*.

aux foldats fatigués ; elle avoue avoir été remplie de crainte, mais elle réuffit à diffimuler fa frayeur & fa faibleffe (1).

Dans la troifième croifade, au fiége de Ptolémaïs (Saint-Jean-d'Acre), une femme occupée à combler le foffé fe fentit étreinte par la mort, déplora de ne pouvoir coopérer plus longtemps à la délivrance de la terre fainte, & trouva affez d'énergie pour dire à fon époux : « Jette-moi dans le foffé, au moins mon cadavre fera-t-il fonction de matière encombrante & aura-t-il fon utilité. » Propos viril qui dénote chez celle qui le tint auffi peu de répugnance à parler de fa mort qu'à rifquer fa vie dans la lutte livrée chaque jour aux affiégés. L'hiftoire rapporte encore au fujet de ce fiége que, parmi les captifs tombés aux mains des mufulmans, il fe trouvait trois femmes qui avaient combattu à cheval.

Si ce n'était un perfonnage d'invention, nous citerions auffi Clorinde, l'héroïne de la *Jérufalem délivrée,* née en Ethiopie, devenue mufulmane par la négligence de l'eunuque Arfès chargé de l'élever en cachette, devenue également une guerrière glorieufe & riche, par fon intrépidité & fon caractère viril, Clorinde qui périt dans un combat fingulier, après avoir incendié la tour des affiégeants, & demandé à fon

---

(1) C'était la fœur d'un moine de Beauvais.

vainqueur, le fameux Tancrède, de rendre à son âme prête à s'envoler, le calme & l'innocence capables de lui mériter le ciel, & de les lui rendre par un baptême improvisé; on sait que, dans le poëme, Tancrède suspend sa douleur & rend à son amante, dont il délie le casque, le service qu'elle vient d'implorer en lui pardonnant & en lui tendant la main.

Aux croisades qui se passent en Asie, joignons la croisade ou guerre contre les Albigeois, afin de citer les Toulousaines qui tuent du haut de leurs remparts le chef de cette croisade, Simon de Montfort. Ce rude guerrier avait déjà, sinon combattu, au moins traité avec les Sarrazins, dans la Palestine, en 1198, alors que les croisés allemands l'abandonnèrent en dépit de ses instances; il avait ensuite dirigé la longue guerre contre les Albigeois, à la suite de laquelle la papauté favorisa ses ambitieux projets de conquête & d'agrandissement. Pourtant, dès 1217, les commissaires du pape durent l'arrêter, & ce fut malgré eux qu'il s'empara du château de Montgrenier, appartenant au comte de Foix. Continuant ses succès, il soumit une grande étendue de pays, puis courut sous Toulouse qui venait de se donner à l'un de ses adversaires. En vain multiplia-t-il ses efforts, cette cité l'arrêta dix mois. Le 25 juin 1218, comme il refoulait une sortie, la mort le prit, mais laissons la parole à Guillaume de Tudèle, auteur d'un poëme hiſtorique ſur cette croiſade : « Il y a, dit-il, dans la ville, un pierrier, œuvre d'un charpentier qui de Saint-Sernin, de là où eſt le cormier, va tirer ſa pierre. *Il eſt tendu par les femmes, les filles & les épouſes.* La pierre part, elle vient tout droit où il fallait; elle frappe le comte ſur ſon heaume d'un tel coup que les yeux, la cervelle, le haut du crâne, le front & les mâchoires en ſont écraſés & mis en pièces; le comte tombe à terre, mort, ſanglant & noir. »

Plaçons en regard des Amazones des armées chrétiennes les Amazones qui ſe trouvaient au milieu des Sarrazins. Guibert de Nogent nous repréſente, avant la bataille d'Antioche, ces dernières, armées de l'arc & portant des flèches, mais il ajoute que beaucoup d'entre elles eurent la cruauté d'abandonner leurs enfants, lorſqu'elles ſe mirent à fuir pour éviter la pourſuite des Francs, & cela parce qu'elles craignaient plus encore pour elles-mêmes que pour ces pauvres petites créatures.

Si, aux XIIe & XIIIe ſiècles, les femmes prenaient, en terre ſainte, part aux luttes militaires, elles ne ceſſaient pas pour cela de ſe montrer énergiques & promptes dans les guerres qui ſe livraient ſur d'autres points de l'univers, en Europe particulièrement, car l'Amérique & l'Océanie étaient alors inconnues, l'Afrique & l'Asie orientale comptaient peu.

Citons-en, pour commencer, un exemple touchant. Bianca Porta, épouse d'un habitant de Padoue, qui exerçait les fonctions de gouverneur de Bassano, perdit son mari durant le siége de cette ville; elle continua elle-même la défense & par son intrépidité la prolongea longtemps (1233). Enfin, cité & héroïne tombèrent au pouvoir du tyran Acciolino. Le vainqueur, remarquant les beautés de sa prisonnière, voulut abuser d'elle; elle lui échappa en se jetant par la fenêtre. Blessée seulement, elle ne tarda pas à se remettre & dut enfin céder à la force. Désespérée, elle n'en laissa rien paraître, demanda comme faveur la permission de visiter le tombeau de son époux, & à peine la cavité sépulcrale ouverte, s'y précipita vivante en attirant sur elle la pierre de recouvrement, laquelle l'engloutit & l'écrasa en partie. C'est ce beau trait dont Legouvé a dit :

> Elle attire sur soi, de ses mains assurées,
> La pierre qui couvrait des dépouilles sacrées;
> Et, s'écrasant du poids sur sa tête abattu,
> Du tombeau d'un époux protége sa vertu.
> Que ne peut le devoir sur ces âmes fidèles (1) ?

(1) *Le Mérite des femmes.* Le poète embellit son sujet en supposant que Bianca n'a pas succombé, qu'elle a seulement promis son amour, sous condition qu'on lui laisserait visiter le tombeau ouvert de son mari & y demeurer seule pour le pleurer à son aise. — Dans les notes du poème, cette héroïne est désignée sous le nom de Mme de La Porte.

Vers le milieu du XIII° siècle figure dans les Indes une reine de Dehly, nommée Radhiat-Eddyn, laquelle, proclamée souveraine lors de la déposition de son frère (en 1236), se mit à combattre successivement les rebelles qui s'opposaient à l'établissement d'un pouvoir central & fort. Elle les vainquit presque tous; à la fin cependant elle échoua contre les troupes d'un monarque voisin dont elle devint prisonnière, mais son vainqueur, rempli d'admiration pour elle, ne tarda pas à la délivrer & à l'épouser.

Marco Polo nous signale une autre Amazone, la fille du roi Caidu en la grande Turkie (1), & les faits qu'il retrace doivent remonter à l'année 1250 environ. Nous emploierons à peu près ses termes : « Cette damoiselle, dit-il (2), était si forte qu'en tout le royaume, il n'y avait damoiseau ou écuyer qui la pût vaincre. Elle fit publier, du consentement de son père, que si aucun seigneur voulait se mesurer avec elle & la vaincre en combat singulier, elle se reconnaîtrait pour sa femme... Nul ne réussit; la jeune princesse, exigeant au moins cent chevaux de chaque vaincu, en vint à posséder ainsi plus de dix mille chevaux... Ce n'était pas étonnant, car elle était si bien taillée, si grande & si membrue, que c'était

---

(1) Turkarie.
(2) Recourez à la belle édition publiée par M. Pauthier.

prefque une géante... *Souvent le roi Caidu mena fa fille au combat,* &, parmi tous les chevaliers, il n'y en avait pas un qui l'égalât. *Souvent elle allait au milieu des ennemis,* prenait un chevalier par force & l'amenait à fes gens. »

A la bataille de Monte-Aperto (1260), livrée par les Siennois aux Florentins & où les premiers furent vainqueurs, la déroute devint telle, qu'une pauvre fruitière, nommée *Ufiglia,* qui fe trouvait au camp où elle portait des provifions, put, à la vue de ce défaftre, fe rendre fur le champ de bataille, y faire trente prifonniers, tous appartenant au corps de la ville de Florence, les attacher avec des ceintures & les ramener triomphante. Tous les hiftoriens & chroniqueurs mentionnant la particularité relative à cette fruitière, il n'eft guère permis d'en douter (1). Ufiglia partagea la couronne & les récompenfes octroyées pour fon exploit avec fon mari Geppo, fendeur de bois.

Nous retrouvons en ce XIIIe fiècle un acte militaire accompli par une femme italienne. Nous voulons parler de Cia, époufe du tyran de Forli, qui défendit longtemps Céfène, & cela contre les troupes du légat, pendant que fon mari combattait dans Forli. Elle avait répondu de la place

---

(1) C'eft l'opinion de M. le duc de Dino. Reportez-vous à fa traduction des *Chroniques fiennoifes*. Paris, 1846, chez Curmer, p. 114 & 150.

qu'elle gardait, mais fans pouvoir tenir fa promeffe, même en renfermant avec elle dans la citadelle les notables de la ville, ceux furtout qui lui étaient hoftiles, afin d'engager l'adverfaire à ne pas détruire par fon feu la tour qui les renfermait.

La reine de France Jeanne, femme de Philippe le Bel, fille unique & héritière du comte de Champagne, défendit la Champagne envahie (en 1297) par le comte de Bar; il lui fuffit pour cela d'accourir à la tête d'une petite armée, fon audace & fa réfolution déterminèrent fon adverfaire à pofer les armes.

Au début du XIVe fiècle, une légende nous montre une fille du roi de Ceylan, mariée à Ratan, roi de Chitor, mêlée aux luttes militaires foutenues contre Ala-Uddin, & fe rendant au milieu du camp de ce dernier, fuivie de neuf palanquins, en apparence inoffenfifs, mais remplis de guerriers; de la forte elle furprend les adverfaires de fon mari & fait main baffe fur eux (1).

La Bretagne nous préfente pour cette période une héroïne d'une nature particulière, Jeanne de Flandre, comteffe de Montfort, devenue ducheffe de Bretagne par la rivalité de fon mari avec

---

(1) M. GARCIN DE TASSY nous raconte une autre légende fuivant laquelle cette héroïne aurait volontairement péri dans les flammes pour ne pas tomber aux mains du vainqueur. Voyez fon écrit *Les auteurs hindouſtans & leurs ouvrages*, 2e édition, 1868, p. 88.

Charles de Blois. Elle montait à merveille à cheval, avait *courage d'homme & cœur de lion* & frappait dans la mêlée des coups du plus vigoureux effet. « Elle étoit en la cité de Rennes, raconte Froiſſart (1), quand elle entendit que ſon ſire (époux) étoit pris. Si elle fut dolente & courroucée, ce peut chacun & doit ſavoir & penſer; car elle penſa mieux que on dut mettre ſon ſeigneur à mort que en priſon; & combien qu'elle eut grand deuil au cœur, ſi ne fit-elle mie comme femme déconfortée, mais *comme homme fier & hardi*, en réconfortant vaillamment ſes amis & ſes ſoudoyers; & leur montroit un petit fils qu'elle avoit, qu'on appeloit Jean, ainſi que le père, & leur diſoit : « Ha ſeigneurs, ne vous déconfortez mie, ni ébahiſſez pour monſeigneur que nous avons perdu; ce n'étoit qu'un ſeul homme; véez (voyez) ci mon petit enfant qui ſera, ſi Dieu plaît, ſon reſtorier (vengeur) & qui vous fera des biens aſſez (2). Et je ai de l'avoir en plenté (abondance) : ſi vous en donnerai aſſez, & vous pourchaſſerai tel capitaine & tel maimbour (gouverneur), par qui vous ſerez tous réconfortés. » Jeanne de Montfort parcourut enſuite ſes autres villes & forthereſſes, menant ſon jeune fils avec elle, & releva partout le courage de ſes partiſans comme

---

(1) Livre Iᵉʳ, chap. CLVIII. Edition Buchon, in-8º, 1824.

(2) Cette ſcène rappelle Marie-Théréſe devant les Hongrois, en 1741; reportez-vous à notre chap. XI.

à Rennes, augmenta les garnisons, pourvut les places d'approvisionnements, puis vint s'enfermer pendant l'hiver dans le port d'Hennebon, grande ville fortifiée & défendue par un important château. La guerre contre elle commença par le siége de Rennes; cette cité prise, son adversaire, Charles de Blois, vint devant Hennebon afin de finir la lutte d'un seul coup en la prenant (1342). Elle avait fait appel au roi d'Angleterre, mais ce secours tardant, elle prescrivit de sonner la baricloche (cloche du beffroi), afin que chacun s'armât. Les assiégeants se présentèrent aux barrières pour *paleter* (combattre aux palissades) & escarmoucher; elle envoya une sortie contre eux. Les assiégeants repoussés assaillirent vigoureusement les barrières le lendemain *à l'aube;* cette fois la lutte dura jusqu'à midi, avec *foison de morts* pour le côté de l'attaque. Les chefs des assiégeants « firent recommencer l'assaut plus fort que devant [c'est encore Froissart qui parle (1)]; & aussi ceux de Hennebon s'efforcèrent d'eux très bien défendre ; & la comtesse qui étoit armée de corps & étoit montée sur un bon coursier, chevauchoit de rue en rue par la ville, & semonoit (avertissait) ses gens de bien défendre, & faisoit les femmes, dames, damoiselles & autres (2),

---

(1) Livre Ier, chap. CLXXIII.

(2) Le mot *dames* signifie les femmes nobles, le mot *damoiselles*

défaire les chauffées & porter les pierres aux créneaux pour jeter aux ennemis, & faifoit apporter bombardes & pots pleins de chaux vive pour jeter fur les affaillants. » Peu après, notre héroïne, montée fur une tour, s'aperçut que les tentes fe trouvaient abandonnées, chacun étant accouru pour voir l'affaut qui fe donnait. Auffitôt pour détourner le danger, car déjà la brèche était praticable, elle monta fur fon courfier, *armée comme elle étoit,* prit avec elle 300 gendarmes à cheval, lefquels *gardoient une porte que l'on n'affailloit point;* fortant brufquement par cette porte ou poterne, elle fe jeta fur les tentes des ennemis, mit facilement en fuite les *garçons & varlets* qui s'y trouvaient & les incendia. Mais à la vue des flammes les affiégeants fe réunirent & lui coururent fus; vivement preffée, elle ne perdit point courage & chevaucha fi bien qu'elle gagna un château voifin, celui d'Auray probablement. Pendant fon abfence la garnifon d'Hennebon s'inquiétait, ignorant ce qu'elle était devenue & alarmée des moqueries des affiégeants qui lui criaient : « Votre comteffe eft perdue; vous ne la trouverez mie en pièce. » Mais elle reparut fubitement un jour au foleil levant à la tête de 500 combattants, &, après une action qui dura jufqu'après midi, parvint à fe faire ou-

les demoifelles nobles, & le terme *autres* les femmes ou filles des fimples bourgeois.

vrir une porte & à rentrer dans le château qui dominait la ville. Cet exploit décida les affiégeants à partager leurs efforts entre Hennebon & Auray ; ils firent donc de leurs forces deux armées & entreprirent deux fiéges. Néanmoins un émiffaire vint dans Hennebon pour tenter un accommodement, & déjà les feigneurs qui s'y trouvaient fe laiffaient gagner, quand Jeanne les pria de furfeoir à leurs réfolutions, annonçant un fecours fous trois jours. Et bientôt, en effet, regardant la mer, elle s'écria : « Je vois venir le fecours que tant ai défiré. » Les navires apparurent amenant des renforts fous la conduite d'Amaury de Cliffon, après foixante jours de retard occafionnés par des vents contraires. Le lendemain, Gautier de Mauny, chef des Anglais, voulut effectuer une fortie dans le but de détruire les machines des affiégeants ; il fut fuivi de la plupart des chevaliers & de 300 archers. Le choc fut impétueux &, de la machine qui fut détruite, fe dirigea fur le camp qui fut renverfé ; alors l'ennemi tint tête & une mêlée s'engagea. Les affiégés réfiftèrent à merveille, fe retirant peu à peu, & comme au feuil de la ville fe trouvaient de leurs archers adroitement embufqués, & que les chevaliers d'Hennebon fe mirent de cette dernière partie, la fortie rentra fans avoir effuyé des pertes trop fenfibles & reçut de la comteffe Jeanne l'accueil le plus cordial : « Qui adonc, rapporte Froiffard, vit la comtesse descendre du châtel à grand'chère, & baiser messire Gautier de Mauny & ses compagnons les uns après les autres deux ou trois fois, *bien put dire que c'étoit une vaillant dame* (1). » Cette *vaillant dame* reçut encore de son mieux les mêmes guerriers lorsqu'ils revinrent dans Hennebon après une course militaire dans laquelle ils avaient battu l'un des généraux ennemis, essayé de prendre La Rocheperiou & Faouet, & enlevé le château de Goy-la-Forest. La lutte tournant ensuite moins bien pour elle, Jeanne s'embarqua pour l'Angleterre dans le dessein de solliciter le roi Edouard, alors amoureux de la comtesse de Salisbury, comme nous le dirons dans un instant. Comme elle revenait avec une flotte & des secours, elle rencontra, à la hauteur de Guernesey (1343), la flotte génoise dont disposait Charles de Blois, & n'hésita pas à livrer une bataille navale qui fut *dure & crueuse* (cruelle), suivant l'expression d'un contemporain; elle y prit part & y « valut bien un homme, car elle avoit cœur de lion & tenoit un glaive moult roide & bien tranchant, & trop bien se combattoit & de grand courage ». Après cette bataille, terminée par une tempête, les Anglais débarquèrent près de Vannes, prirent cette ville & plusieurs autres; leur roi même vint se mettre de la partie. Quant à Jeanne, notre héroïne, elle

(1) Livre Ier, chap. CLXXVII.

lutta juſqu'au traité de 1343, par lequel les rois de France & d'Angleterre ſe retirèrent de la querelle, & même enſuite contre Charles de Blois, laiſſé à ſes propres forces. Telle eſt cette femme guerrière, dont les hauts faits ont excité l'enthouſiaſme des chevaliers ſes contemporains, pour qui la victoire s'eſt finalement déclarée, & dont la célébrité a fait dire qu'elle ſemblait le type de la femme féodale, voulant, à force de qualités viriles, ſe relever de l'incapacité prononcée contre elle par la loi ſalique.

Charles de Blois ayant été également fait priſonnier, ſa femme Jeanne la Boiteuſe prit à ſon tour les armes, & Jeanne de Flandre eut une rivale d'héroïſme pendant cette guerre interminable de la ſucceſſion de Bretagne. Cette ſeconde Jeanne diſait réſolûment à ſon mari partant pour la bataille d'Auray, où il devait périr : « Monſeigneur, vous en allez défendre & garder mon héritage & le vôtre; car ce qui eſt mien eſt vôtre; lequel monſeigneur Jean de Montfort nous empêche & a empêché un grand temps à tort & ſans cauſe; ce ſait Dieu & auſſi les barons de Bretagne qui ci ſont comment j'en ſuis droicte héritière : ſi vous prie chèrement quelle nulle ordonnance, ni compoſition de traité, ni d'accord ne veuillez faire ni deſcendre que le corps de la duché de Bretagne ne nous demeure (1). »

(1) Les *Chroniques* de FROISSART, livre Ier, chap. DII.

C'eſt juſtement à cette guerre de la ſucceſſion de Bretagne que nous devons rattacher la perſonnalité de la comteſſe de Salisbury, puiſque c'eſt le roi d'Angleterre Edouard III, l'un des acteurs de cette lutte, qui l'immortaliſa par ſon amour. Cette comteſſe, aſſiégée dans ſon château, en l'abſence de ſon mari (1), par le roi d'Ecoſſe, David Bruce, à la ſuite d'une eſcarmouche livrée ſous les murs de cette forsereſſe & où les ſiens avaient été vainqueurs, fut prendre la direction morale de la défenſe, réconforter ſes chevaliers, archers & ſerviteurs. On la tenait, dit Froiſſart, *pour la plus belle & la plus noble d'Angleterre,* & ce chroniqueur ajoute : « *Par le regard d'une telle dame & ſon doux admonneſtement, un homme doit en valoir deux au beſoin.* » C'eſt d'un mot, & en conteur naïf, peindre au mieux l'influence d'une femme préſente & active au milieu des guerriers. Mais, après un premier aſſaut repouſſé, la ſituation de la garniſon du château devint critique & il fut décidé d'envoyer vers Edouard III ; Guillaume de Montaigu ſe chargea de cette miſſion périlleuſe. Le roi d'Angleterre acquieſça à ſa demande & marcha immédiatement avec 6,000 armures de fer (2), 10,000 archers & plus de 60,000 piétons ; à ſon approche

---

(1) Fait priſonnier devant Lille, il ſe trouvait encore priſonnier au Châtelet de Paris.

(2) 6,000 cavaliers bardés.

le roi d'Ecoffe leva le fiége. Dès l'arrivée d'Edouard III, la comteffe de Salisbury vint le recevoir à la porte du château, vêtue de riches habits & avec le plus gracieux maintien; elle s'inclina jufqu'à terre, le remercia de la grâce & du fecours qu'il lui avait faits, & l'emmena dans fes appartements pour le fêter & l'honorer. Alors furvint un incident, mais laiffons parler Froiffart. « Chacun la regardoit à merveille & le roi même ne s'en pouvoit tenir... Si le ferit (frappa) tantôt une étincelle de fine amour au cœur que madame Vénus lui envoya par Cupido, le dieu d'amour & qui lui dura par longtemps, car bien lui fembloit que au monde n'avoit dame qui tant fut à aimer comme elle... Le roi devint penfif... « Cher fire, pourquoi penfez-vous fi fort? dit la comteffe. — Ha, chère dame, un fonge m'eft furvenu. — Venez en la falle faire bonne chère pour vos gens conforter, reprit-elle. — Autre chofe me touche & git en mon cœur, continua le fouverain, car certainement la douce attitude, le parfait fens, la grande nobleffe, la grâce & la beauté que j'ai vu & trouvé en vous m'ont fi furpris & entrepris, qu'il convient que je fois de vous aimé. — Ha très cher fire, ne me veuillez moquer, effayer, ni tenter... je dois refter loyale à mon mari. » Que dites-vous de ces ébats amoureux qui fe paffent en tout honneur entre une guerrière & un roi guerrier? N'en fort-il pas un parfum suave de pure chevalerie ? Quoi qu'il en soit, rappelons que pour la comtesse, Edouard III donna les plus belles fêtes & institua l'ordre de la Jarretière (1).

En 1345 on tortura Cabane dite la Catanoise, ancienne nourrice du fils de la duchesse de Calabre (2), devenue, à la suite d'intrigues & d'événements divers, dame d'honneur & sénéchale ; on la tortura, & si fort qu'elle en mourut ; ce fut pour sa participation au meurtre d'André de Hongrie, époux de Jeanne Ire, l'une des filles de sa souveraine & de sa protectrice. On la signale souvent comme une guerrière.

Dans l'escarmouche qui eut lieu le 14 août 1366 (3) sous les murs de Montauban, entre les Français commandés par le sénéchal de Toulouse & le comte de Narbonne & les grandes compagnies, escarmouches où ces dernières eurent le dessus, les habitants de la ville se mirent du côté des compagnies, &, comme les Français se trouvaient près des murailles, « les femmes de Montauban », raconte Froissart, « montèrent en leur logis & en leurs soliers (greniers), pourvues de pierres & de cailloux, & commen-

---

(1) Les *Chroniques* de Jean Froissart, livre Ier, chapitres CLXII à CLXVIII & CLXXXXI.

(2) Catherine d'Autriche.

(3) La vigile Notre-Dame en août l'an de grâce MCCCLXVI, dit Froissart, livre Ier, chap. DXXIX.

çèrent à jeter fur eux fi fort & fi roidement qu'ils étoient tout enbefognés de eux targier (abriter) pour le jet des pierres ; & en bleffèrent plufieurs qui reculèrent par force ».

Pétrarque cite une de fes contemporaines nommée Marie de Pouzzoles, de la ville habitée par fa famille. Cette Napolitaine, douée d'une force prodigieufe, avait dès fon enfance dédaigné les occupations féminines & manié prefque exclufivement des armes ; elle était d'une grande fobriété & favait fupporter les fatigues & les intempéries. Elle prit part à un grand nombre de combats & y fit preuve non-feulement du courage, mais du talent de conduire la troupe ; elle excellait dans les coups de main. On la voyait diriger fes foldats foit à pied, foit à cheval. Suivant l'ufage de ce temps, elle acceptait des défis & livrait, en préfence du peuple, de ces combats finguliers dits combats d'honneur ou tournois. On affure qu'au milieu des camps elle mena toujours une vie régulière, & cela fe peut croire d'une femme qui avait un bras affez fort pour fe faire refpecter. Elle mourut d'une bleffure reçue dans une bataille.

Le duc de Berry pouvait l'an 1373 fe rendre maître du château Achart, mais la dame de Pleumartin étant feule lui demande une trêve jufqu'au retour de fon époux, difant : « Je fuis une femme de nulle défenfe » ; & il l'accorde fous condition qu'elle n'en profiterait pas pour accroître la garnison & les ressources de son château.

En 1378 les Anglais se présentèrent devant Alsuro, place de la Navarre, espérant en avoir bon marché en l'absence de la garnison, mais les femmes occupèrent les remparts & firent si bonne contenance que le chef ennemi s'écria : « Voilà de braves femmes; allons-nous-en, nous n'avons rien à tenter ici. » A côté de ce trait qui fait aussi honneur aux Anglais, rappelons que le captal de Buch, revenant de la croisade de Prusse (1) avec soixante chevaliers, s'était jeté dans Meaux, avait fait une sortie impétueuse, tué sept cents Jacques & délivré ainsi trois cents dames & demoiselles assiégées dans cette ville.

La sœur du fameux Tamerlan doit figurer en ces pages, parce que c'est elle qui releva son courage abattu par la perte de sa fille unique (1381) & le porta à reprendre les armes contre l'ennemi qui déjà envahissait ses états.

En l'année 1383, alors que François Ackermann & quatre cents Gantois vinrent de nuit assaillir la place d'Audenarde, ils durent afin de s'embusquer traverser des marais & furent aperçus, munis de leurs échelles, par une femme qui coupait de l'herbe pour ses vaches. Toute ébahie

---

(1) Contre les Prussiens, avec l'ordre teutonique.

d'abord, cette pauvre femme reprit courage, puis courut sous les murs de la forteresse faire du bruit & contraindre à l'écouter : « Soyez sur vos gardes, dit-elle, quantité de Gantois sont près d'ici, je les ai vus & ouïs; ils portent une grande quantité d'échelles & enlèveront Audenarde s'ils peuvent. Je m'en vais, car s'ils me rencontraient, je serais morte. » Elle rencontre, en effet, Ackermann une seconde fois, se blottit, écoute ses projets; devinant que l'entreprise se continue, que le danger grandit, elle retourne au point de la muraille où elle avait parlé & avertit une seconde fois. L'homme du guet avertit à son tour les hommes de garde à la porte de Gand, lesquels jouaient aux dés; mais ceux-ci se mettent à rire & prétendent que la femme a pris pour l'ennemi des veaux qui étaient déliés. On sait le reste; une heure après la place était escaladée & plus d'un de ses défenseurs payait sa négligence de sa vie.

Jacqueline de Bavière, cette princesse née avec le xve siècle & qui, morte à trente-six ans, fut mariée quatre fois, parut dans le Hainaut à la tête d'une armée & s'empara de ce pays que son second mari avait eu la faiblesse de céder pour douze années à l'évêque de Liége. Livrée ensuite à l'un de ses ennemis, elle est enfermée à Gand, mais s'échappe, reprend les armes, lutte courageusement. Ses cruautés envers de prétendus adversaires excitent un soulèvement contre elle;

elle cède alors au nombre & tranſige en acceptant le duc de Bourgogne, ſon principal adverſaire, pour ſon lieutenant.

Vers 1400 une conſpiration s'ourdit dans Forli (1) : le comte Girolamo, ſeigneur de cette ville, fut maſſacré, ſa femme & ſes fils faits priſonniers. Cependant les conjurés, afin d'aſſurer leur indépendance, voulaient devenir maîtres de la citadelle; le gouverneur refuſait de la leur livrer; alors la comteſſe *Caterina,* femme du ſeigneur tué, promit aux meurtriers de ſon mari de leur faire rendre la citadelle ſi on lui permettait d'y pénétrer, &, comme les plus influents héſitaient : « Gardez mes enfants en otage », leur dit-elle. Sur cette offre extrême on la laiſſe ſe réfugier dans la fortereſſe. Alors elle leur reproche du haut des remparts & d'un ton de maître la mort de ſon mari, elle les menace de ſa vengeance; on aſſure même que par un geste peu convenable elle leur fit voir qu'elle pouvait encore eſpérer des enfants & par conſéquent ſe ſouciait peu du ſort des ſiens reſtés entre leurs mains. Une pareille énergie produiſit ſon effet, la conjuration ſe vit réduite à l'impuiſſance, les plus compromis s'exilèrent d'eux-mêmes à perpétuité.

Abordons maintenant & avec plus de détail

(1) Quatorze pages plus haut il a été queſtion de la femme du tyran de Forli, un des prédéceſſeurs du comte Girolamo.

les femmes françaises qui se sont illustrées de la fin du xiv⁰ siècle au commencement du xv⁰, depuis la sœur de du Guesclin jusqu'à Jeanne d'Arc, car pour la dame de Clisson, dont le mari avait eu la tête tranchée en 1343, il suffit de dire qu'elle prit les armes, arma des vaisseaux, effectua des descentes en Normandie & força plusieurs châteaux à se rendre : il suffit aussi de rappeler que la femme du sire de la Roche-Guyon, devenue veuve, défendit son château à outrance en 1418 (1).

Julienne du Guesclin, sœur de Bertrand du Guesclin (2), repoussa en 1361 une surprise contre le château de Pontorson, habitation de son frère, mais qu'il avait momentanément abandonné pour aller en Poitou faire le siége du château d'Essay. Cette surprise était tentée par un capitaine anglais du nom de Felleton, récemment battu & fait prisonnier par du Guesclin, & laissé par lui dans son château de Pontorson gardé seulement par quelques archers & ses domestiques; mais Felleton, ayant reçu la somme exigée pour sa rançon, venait d'être mis en liberté par la dame du Guesclin qui exerçait le

---

(1) Jacques-Auguste de Thou possédait un manuscrit intitulé : *Faits d'armes & de chevalerie de dame Christine qui vivoit sous Charles VI*, in-4⁰; nous n'avons pu nous le procurer ni le consulter.

(2) On attribue souvent cet exploit à Julienne Raguenel, sœur puînée de Tiphaine Raguenel, femme de du Guesclin.

commandement dans la forterefſe en l'abſence de ſon mari. Connaiſſant le fort & le faible du château, ſachant le peu de monde qui le gardait, ayant une connivence dans la place par une jolie chambrière devenue ſon affidée pendant ſa captivité & qui lui avait promis de lui en faciliter l'accès, il ſemblait poſſéder toutes les chances en ſa faveur, & comptait même ſur la frayeur que ſa tentative exercerait ſur la châtelaine & ſa famille. A peine ſes deux cents hommes, raſſemblés à la hâte, ſe diſpoſaient-ils à ſuivre ſur l'échelle apportée en lieu ſûr les trois plus audacieux d'entre eux qui ſe trouvaient près du ſommet du mur prêts à pénétrer ſur le rempart, qu'une main ferme & hardie ſaiſit le haut de l'échelle, l'éloigna vivement de la muraille &, la faiſant tournoyer, lança dans l'eſpace nos trois téméraires. C'était la main de Julienne du Gueſclin, qui, ayant entendu quelque bruit, s'était levée & habillée à la hâte; elle ſonna la cloche d'alarme, les habitants accoururent aux créneaux, & Felleton à cette vue fut obligé de renoncer à ſon coup de main & de ſe retirer. Comme il ſe retirait, il rencontra du Gueſclin qui revenait d'Eſſay, & ſubit un nouvel échec. Ramené priſonnier dans ce château de Pontorſon dont il eſpérait naguère ſe rendre maître, il reçut ce compliment de Tiphaine Raguenel : « Ah! ſeigneur, c'eſt trop d'avoir été vaincu deux fois en douze heures, une fois par la sœur, une fois par le frère, & votre bravoure a été cette nuit cruellement mise en défaut. — Dame, que veulent dire ces paroles? reprit du Guesclin. — Que votre sœur Julienne, réveillée en sursaut cette nuit, a eu le courage & l'adresse de s'opposer la première à l'escalade essayée par la troupe de Jean Felleton. — Ah! capitaine, dit alors le futur connétable de France, je vous croyais plus courtois & surtout plus discret envers les dames; quoi! venir sans leur aveu les visiter la nuit, c'est la conduite d'un amant à bout plus que celle d'un chevalier. Et avoir eu la disgrâce d'être battu par elle, dans le château, puis en rase campagne par mes hommes d'armes... je ne puis m'empêcher de vous plaindre sincèrement. » Devant cette moquerie, qui ne faisait d'ailleurs qu'exprimer les coups du sort, il fallut que Felleton dévorât son humiliation & cachât son dépit.

— Julienne du Guesclin dont il est ici question était, au moment de son exploit, religieuse de Saint-Sulpice de Rennes, & devint plus tard supérieure ou abbesse de Saint-Georges dans la même ville. Un auteur, & c'est ici que la légende intervient, prétend qu'un songe inspiré l'avertit à temps de l'entreprise du capitaine anglais contre le château de Pontorson; en plein XIVe siècle l'apparition de la légende est encore de mise.

Au début du XVe siècle l'Italie nous offre une

femme guerrière dans la perſonne de la comteſſe Orſina Viſconti Torelli. Devenue en 1422 régente de Guaſtalla, pendant que ſon mari commandait à Gênes, puis à Naples, elle ſe conduiſit avec ſageſſe dans ces fonctions difficiles. Quatre ans plus tard, les Vénitiens, trouvant les bords du Pô dégarnis, le remontèrent & vinrent aſſiéger Guaſtalla. Orſina ſe trouvait à une faible diſtance; elle accourt, revêt la cuiraſſe & le caſque, raſſemble ſes troupes, les enflamme d'un mot, leur promettant de ne pas quitter les armes que l'ennemi ne ſoit battu, & engage réſolûment l'action. Montée ſur un cheval blanc, elle ſuit les péripéties de la journée, devine les points faibles, &, ſuivant le beſoin, y envoie les renforts néceſſaires; là elle combat de ſa perſonne & abat pluſieurs ennemis, ici elle fait de nombreux priſonniers; partout ſon élan gagne les troupes & une grande victoire s'enſuit. Une peinture exiſtant encore ſur les murs de l'égliſe Saint-Barthélemy à Guaſtalla même rappelle cette vigueur, cette habileté d'une femme improviſée général en chef & gagnant une bataille (1).

Un pareil réſultat nous permet de parler de

---

(1) La fille d'Orſina Viſconti Torelli, Antonia, comteſſe Roſſi, reprit Milan ſur les habitants révoltés contre François Sforza & la reſtitua à ce dernier. Sa petite-fille, Donella Roſſi, ſe diſtingua également les armes à la main, comme nous le dirons dans le chapitre ſuivant. Trois générations ſucceſſives de femmes guerrières, fait rare, unique peut-être?

Jeanne d'Arc (1) & de ſes talents militaires, car elle auſſi poſſédait l'aptitude des armes (2) & ſavait donner naiſſance au ſuccès. La narration de ſes faits de guerre ſera d'autant mieux à ſa place qu'elle eſt ſans conteſte la plus grande individualité féminine qui ait jamais porté les armes, non qu'elle ait figuré longtemps ſur la ſcène guerrière, mais par la ſingularité des circonſtances, la grandeur des réſultats atteints, la célébrité qui depuis quatre ſiècles entoure ſon nom.

Au mois d'avril 1429 la ville d'Orléans ſe trouvait aſſiégée par les Anglais, quatre baſtilles l'enſerraient; ſon ſort devenait douteux. Tout d'un coup, le 29 avril, un convoi ſe préſente, il paſſe au travers des Anglais, il entre triomphalement dans la ville. Qui vient d'accomplir ce miracle ? La réſolution ſuccédant à la nonchalance. Qui a opéré ce revirement, qui a tiré Charles VII de ſon ſommeil léthargique, qui l'a rendu à la France ? Le dévouement d'une jeune fille de dix-

---

(1) Nous écrivons d'Arc & non *Darc*. Cette dernière forme a été adoptée par M. Vallet (de Viriville), mais elle ne porte avec elle aucune ſignification particulière & n'indique pas plus que l'autre que la Pucelle ſoit ſortie du peuple & de la campagne. En effet, la forme *d'Arc*, conſacrée par l'uſage, n'exprime pas la qualité nobiliaire, pour une famille qui a été anoblie en 1429 ſeulement, pendant les exploits de la Pucelle & ſous un nouveau nom (du Lis). Conſultez à ce ſujet l'écrit de M. *Paulin Paris* lu à l'Académie de Reims, le 31 juillet 1861, ſous ce titre : *De la particule dite nobiliaire*.

(2) Nous l'avons démontré au tome II de nos *Portraits militaires*.

huit ans (1) qui s'eſt dit : « Volons aux combats, agiſſons, oſons ; la France s'eſt toujours relevée quand elle l'a voulu. »

Une fois la cour féduite par ſon grand ſens & ſon éloquence, une fois qu'une fonction militaire lui eſt accordée, cette jeune fille habituée dès ſon enfance à manier un cheval, au milieu d'un pays (2) où l'on s'occupe de l'élevage de la race chevaline, rompue à l'exercice de la lance par des jeux fréquents au milieu des guerres civiles, arrive ſous les murs d'Orléans avec un convoi que les Anglais laiſſent paſſer, nous venons de le dire, & s'enferme dans la ville. Elle écrit au duc de Bethfort : « Duc, vous qui vous dites régent de France par le roi d'Angleterre, la Pucelle vous prie & requiert que vous vous faciez deſtruire. Se vous ne faictes raiſon, aux yeux pourrez veoir qu'en ſa compagnée les François firent le plus beau fait qui oncques fut faict en la chrétienté. » Puis elle ſe réſout à paſſer de la défenſive à l'offenſive ; malgré une délibération contraire du conſeil de guerre, au lieu de laiſſer l'ennemi continuer ſes progrès, elle ſort de la cité entraînant ſur ſes pas chevaliers & ſoldats, s'acharne après

---

(1) Elle s'en donne elle-même *dix-neuf,* un an après, lors de ſon premier interrogatoire, le 21 février 1430. Hume ſe fait l'écho d'un bruit qui attribuait vingt-ſept ans à notre héroïne.

(2) Elle eſt née à Domremy, près de la frontière de Champagne & de Vaucouleurs.

la baſtille de Saint-Loup, la preſſe ſi bien qu'elle ſe rend; les trois autres baſtilles éprouvent le même ſort & les Anglais lèvent le ſiége. Quel exemple plus probant de l'utilité d'*animer la dé-fenſe* & d'oppoſer à l'aſſaillant ſes propres armes, celles de l'audace, de la volonté, de la conquête ſucceſſive & pas à pas, en un mot de chercher à renverſer les rôles?

Orléans délivrée, Jeanne propoſe ſans héſiter de procéder à l'acte le plus ſignificatif & le plus eſſentiel, mais auſſi le plus difficile, celui du couronnement du roi de France dans Reims. La marche eſt malaiſée, & traverſe les provinces occupées par les Anglais; mais, outre la portée du couronnement, véritable témoignage de délivrance, la poſſeſſion de Reims augmentera ce noyau du beau royaume de France qu'il faut conſerver avant tout & d'où, fortifiés & concentrés, nous pourrons rayonner vers nos frontières pour les purger à leur tour de la préſence de l'ennemi. Charles VII héſite longtemps, mais Jeanne inſiſte & le monarque finit par promettre de marcher ſur Reims, mais à une condition, c'eſt que les places voiſines de la capitale de l'Orléanais feraient repriſes. La Pucelle ſe rend donc ſous Gergeau, ville très-fortifiée, dont la garniſon montait à douze cents hommes & contre laquelle les Français venaient d'échouer dans une tentative récente; d'après ſon conſeil on donne l'affaut. Elle fe montre au premier rang, & plante fa bannière au pied des remparts, fous une grêle de traits; une pierre l'atteint & la renverfe dans le foffé, mais de là elle crie aux Français : « Amis, Notre-Seigneur a condamné les Anglais, *ils font à vous,* bon courage! » & ce mot enflamme tellement les cœurs que la ville eft emportée. La Ferté-Hubert eft évacuée & Beaugency ne tarde pas à fe rendre. Le lendemain de la prife du château de cette dernière place, les Anglais, qui viennent d'opérer leur jonction, fe trouvent à Pathay, non loin de Rouvrai où l'un de leurs chefs, Faftol, a naguère été victorieux; ils font en nombre, mais les temps font changés, & exhortés par Jeanne, les Français attaquent non-feulement fans fe former, mais même fans fe reconnaître; heureufement c'était le moment de l'enthoufiafme dans fa nouveauté & fa vigueur entière. Cet enthoufiafme produit fon effet & en peu d'inftants la victoire fe déclare pour le drapeau que défend la Pucelle. Faftol lui-même s'enfuit; l'autre chef anglais, Talbot, demeure au nombre des prifonniers. A la fuite de ce fuccès, Janville, place d'approvifionnement des Anglais, fe rend. De tels fuccès déterminent chez l'indécis Charles VII la réfolution d'accomplir fa promeffe; il fe met en route pour Reims, & en dix-huit jours franchit l'intervalle entre Gien & la ville du facre, malgré plufieurs rivières, malgré plufieurs places fortes; le 17 juillet 1429 il eft facré & acquiert une force morale importante aux yeux des populations. A ce réfultat s'en joint un autre dû à l'influence de Jeanne; on accourt plus volontiers fous les drapeaux & l'armée s'accroît. Si le roi de France eût été moins dénué d'argent, tout aurait bien été, au moins tant qu'il ne ferait pas retombé dans fa funefte apathie. Le témoignage d'un contemporain (1) eft formel, la renommée de notre héroïne attirait les combattants : « Plufieurs feigneurs, capitaines & gens d'armes, dit-il, venoient de toutes parts au fervice du roy; & plufieurs gentilshommes, non ayans de quoy en armer & monter, y alloient comme archers & couftiliers, montez fur petits chevaulx (2); car chafcun avoit grande attente que par le moyen d'icelle Jehanne il adviendroit beaucoup de bien au royaume de France; fi défiroient & convoitoient à la fervir & congnoiftre fes faits, comme une chofe venue de par de Dieu. » Le même auteur, Coufinot de Montreuil, dépeint enfuite la Pucelle en des lignes que nous ne pouvons laiffer échapper, tant elles repréfentent au vif celle

---

(1) Il était né vers 1400.

(2) Sur chevaux ordinaires, par oppofition aux *grands chevaux*, qui fervaient aux chevaliers les jours d'action, d'où l'expreffion *monter fur fes grands chevaux* pour *fe fâcher*. Reportez-vous à la note 1 de la page 136 ci-après.

dont nous devons ici retracer rapidement la carrière : « Elle chevauchoit tousjours armée de toutes pièces, & en habillement de guerre, autant & plus que capitaine de guerre qui y fuſt; & quand on parloit de guerre ou qu'il falloit mettre gens en ordonnance, il la faiſoit bel oùyr & veoir faire les diligences; & ſi on crioit aucunes fois à l'arme, elle eſtoit la plus diligente & première, fuſt à pied ou à cheval; & eſtoit une très grande admiration aux capitaines & gens de guerre, de l'entendement qu'elle avoit en ces choſes, veu que en autres elle eſtoit la plus ſimple villageoiſe que on veid oncques (1). »

Après le couronnement vint l'expédition de l'Ile-de-France. Un grand nombre de places cèdent aux Français : deux fois ces derniers offrent la bataille (2), deux fois Bedfort la refuſe & ſe retire de Dammartin, ville près de laquelle devait s'engager la ſeconde action; l'armée royale chemine par Compiègne, Beauvais, Lagny, Saint-Denis, localités dont elle s'empare, atteint la Chapelle, près Paris, & fait l'attaque de cette capitale, attaque dans laquelle Jeanne eſt bleſſée.

Voici comment ce fait arriva. Il paraît que Jeanne, ſuivant ſa coutume, conſeillait vivement

---

(1) *Chronique de la Pucelle*, par Cousinot de Montreuil (neveu du chancelier Couſinot), chap. LV.

(2) A la Motte de Nangis, château près de Nangis & entre Dammartin & Mitry.

d'en venir à un affaut, ignorant la grande profondeur de l'eau dans les foffés. Dans le confeil elle éprouva une vive oppofition, car déjà on l'enviait & beaucoup n'euffent pas été fâchés qu'il lui arrivât mal. Néanmoins elle vint contre la ville avec un gros de gendarmes & en compagnie du feigneur de Rais, maréchal de France, defcendit en l'arrière-foffé, très-accompagnée encore, monta fur un *dos-d'âne,* c'eft-à-dire fur une dame (1), comme nous dirions aujourd'hui, &, s'aidant d'une lance, fonda l'eau du foffé. Pendant qu'elle fe livrait à cet examen des lieux, un trait lui perça la cuiffe. Malgré cette bleffure, elle demeura fur ce point, fit apporter force fafcines & bois de toute efpèce, &, les jetant à l'eau, effaya de combler le foffé. Son intention était de marcher droit à la muraille par-deffus ce comblement; mais la chofe était des plus difficiles, & il eût fallu des approvifionnements de bois plus confidérables. La nuit venue, elle perfiftait encore; en vain on l'envoyait chercher, & il fallut que le duc d'Alençon vînt lui-même pour l'arracher à fon projet & furtout au danger qu'elle courait. Déjà, en effet, fa perfonnalité était devenue importante, & l'on fongeait à veiller à fa confervation (2).

(1) Gros mur qui fépare deux portions de foffé.
(2) Plus tard il en fut ainfi de Vauban.

La campagne suivante, celle de 1430, s'annonçait néanmoins sous d'heureux auspices ; elle débute bien. Jeanne, rassemblant les garnisons des alentours, y défait elle-même, agissant pour ainsi dire comme chef de guerre (1), le partisan bourguignon Franquet d'Arras, « courageux homme & de riens esbahy que véist », & le fait prisonnier. Elle revient alors à Lagny, puis à Soissons, Crépy & Compiègne. Nous touchons à la catastrophe qui termine sa carrière militaire. Toutefois, de Compiègne qui lui sert presque de centre pour rayonner dans les alentours de cette place, elle court à Pont-l'Évêque, bourg situé à 300 mètres au sud de Noyon, & par lequel Philippe de Bourgogne recevait ses approvisionnements tirés de Noyon & de la Picardie. En vain Chabannes & Xaintrailles l'accompagnent, en vain deux mille hommes la suivent, en vain même la garnison anglaise de Pont-l'Évêque est sur le point de céder ; les Bourguignons postés à Noyon paraissent sur nos derrières, nous prennent entre deux feux, nous obligent à nous replier (mai 1430). Qu'on ne s'étonne pas de voir Jeanne céder ainsi à la nécessité, car, si cette expédition lui fait

---

(1) Sans en avoir le titre, si nous en croyons ses réponses dans son *Procès*. Voyez à ce sujet la p. 209 du t. II des *Portraits militaires*. Cependant dans sa lettre au roi d'Angleterre écrite au début de sa carrière, elle dit : *Je suis chef de guerre*, mais c'est une manière d'avertir qu'elle va prendre les armes.

honneur, elle ne pouvait s'accomplir qu'à la condition de réuſſir promptement; en la tentant, en effet, on s'expoſait à être coupé par l'armée bourguignonne occupée au blocus de Gournay (1).

Quand Jeanne revint à Compiègne, cette dernière ville ſe trouvait déjà *un peu à l'eſtroit*. Elle voulut la dégager, eſpérant, ſi elle parvenait à rendre ſes alentours plus libres, pouvoir enſuite y batailler aſſez pour forcer l'ennemi à lever le ſiége. C'était un grand coup à frapper; ſuivant ſon habitude, elle le déſira définitif, retentiſſant & ſurtout immédiat. Sortant donc peu d'inſtants après ſa rentrée dans la cité compiégnoiſe, elle courut à l'un des deux camps bourguignons pendant que le gouverneur de la ville ſe chargeait du camp anglais; elle réuſſit à bouleverſer les deux camps bourguignons, mais, une fois ralliées, les troupes de ces camps revinrent enſemble à la charge; la lutte recommença. Les Anglais, ayant échappé à l'attaque qui les menaçait, ſe montrèrent à leur tour ſur les derrières de la troupe de la Pucelle; une terreur panique ſe déclara, les efforts de notre héroïne devinrent inutiles, & en voulant, non continuer la lutte,

(1) Reportez-vous, relativement à cette expédition ſur Pont-l'Evêque, à un travail d'érudition conſciencieuſement exécuté & rédigé fort ſobrement; nous voulons parler de *Jeanne d'Arc, ou Coup-d'œil ſur les révolutions de France au temps de Charles VI & de Charles VII & ſurtout de la Pucelle d'Orléans*, par M. BERRIAT SAINT-PRIX, 1 vol. in-8º. Paris, 1817, chez Pillet, p. 269.

mais couvrir la retraite jufqu'au pont [les Français revenaient de Margny & de Clairoi(1)], elle fut entourée & devint prifonnière (28 mai 1430).

En préfence de ce malheur on eft tenté de croire à la trahifon. Certes il exiftait au cœur de plus d'un chevalier une jaloufie fecrète contre cette jeune fille qui venait de s'improvifer chef de guerre, qui montrait l'entente du métier des armes & femblait infpirée, au point d'ébranler les plus incrédules fur la réalité de fa miffion providentielle; il en était en cette occafion, & en particulier fous les murs de Compiègne comme dans tous les moments, en tous les lieux où furgit une perfonne de talent, on nie fes mérites, on l'accufe, on l'abat. En outre, Jeanne d'Arc était animée d'une volonté de fer, & cherchait à réuffir par des moyens nouveaux; donc impofant avec ténacité ce qu'elle voulait, donnant aux plus grands des ordres contraires à la routine, elle femme & très-jeune, ou bien fe paffant de leur concours, elle dut irriter plus d'un efprit & faire naître contre elle des défirs de vengeance. Pourtant le jour même où elle tombe en captivité, affez de caufes contraires fe réuniffent pour juftifier un accident fatal, pour écarter l'idée de l'intervention d'un traître. En effet, il y a lieu de

(1) Villages fitués fur la rive droite de l'Oife; Compiègne occupe la rive gauche.

ſuppoſer que ce jour-là, venant de Pont-l'Évêque, elle ne put pénétrer dans Compiègne ſans un combat. Or, un combat livré le matin, après une route ſuccédant elle-même à un engagement, formait un mauvais prélude pour une ſortie auſſi importante que celle dirigée contre les trois camps ennemis; ſi Jeanne, qui réſiſtait à tout, n'était pas fatiguée (& cela n'eſt pas démontré), ſon entourage l'était, & certes les conditions dans leſquelles s'accompliſſait cette ſortie devenaient mauvaiſes. Ainſi la témérité de la Pucelle peut avoir été cauſe indirecte de ſa captivité. Nous cherchons à jeter du jour ſur ces événements, & point à accuſer Jeanne, car il nous ſemble que cette fin cruelle de ſa vie militaire, infligée par les Anglais, manquerait à ſa mémoire, que ſon auréole de gloire ſerait moins grande, ſi elle avait fini tranquillement, même après l'expulſion entière de nos ennemis du ſol national.

Et pour compenſer ce ſemblant de reproches nous réſumerons les *états de ſervice* de Jeanne; nul tableau ne ſaurait être plus éloquent. En quinze mois de guerre continuelle, elle a parcouru *douze cents lieues;* voilà pour ſon activité qu'aucune autre femme guerrière n'a dépaſſée. Dans le même intervalle de temps elle a pris part à plus de vingt batailles ou combats, ou ſiéges ou levées de ſiéges, & elle a été bleſſée quatre fois; voilà pour ſon courage. Quant au résultat final, c'est son influence qui a sauvé la France, & malgré sa disparition de la scène, Charles VII, grâce à elle, vit sa puissance grandir, ses alliances s'augmenter, sa capitale lui ouvrir ses portes; encouragé par le succès, il jeta de côté les lisières que sa maîtresse ou ses favoris lui avaient imposées, administra sagement, rendit de bonnes lois, créa le premier des troupes permanentes, en un mot régna, & non sans gloire.

Jeanne d'Arc a-t-elle eu des compagnes? d'autres femmes ou filles ont-elles combattu près d'elle & sous sa direction? c'est probable, au moins dans les défenses de villes, au moins à Orléans; mais à ce sujet nous manquons de preuves positives (nous savons seulement que durant l'assaut plusieurs repoussèrent les Anglais à coups de lance). Nous n'avons rencontré aucun nom, & force nous est de nous en tenir à une simple indication, confirmée du reste par l'auteur du *Mistère du siége d'Orléans* (1). C'est regrettable, car nulle *pléiade* ne montre mieux

---

(1) Poëme du xve siècle, publié intégralement en 1862 par MM. Guessard & de Certain dans les *Documents inédits sur l'Histoire de France*. On y lit en effet:

        Que les dames & les bourgeoises   (vers 2300)
        Facent boullir huilles & chaulx,
        Pour les gecter sur les murailles,

&

        Sachez, sire, que ceulx d'Orleans   (vers 14744)
        Y ont fait grandement devoir;
        Tant hommes, femmes & enffans
        Vous ont servy de bon vôloir.

comment l'emploi des femmes à la guerre eſt poſſible, profitable, comment il ſtimule par l'exemple les hommes, alors qu'ils en ſont venus à cette apathie qui ſignale les commencements du règne de Charles VII.

Il nous reſte à raconter les épreuves & la mort de la Pucelle d'Orléans ; dans ce récit le courage, le caractère de cette femme extraordinaire brilleront encore.

La première épreuve de Jeanne fut d'être vendue. Le ſeigneur entre les mains duquel elle fut obligée de rendre ſon épée la céda à Jean de Luxembourg, l'un des chefs bourguignons ; celui-ci n'héſita pas à la livrer à ſon tour, pour une ſomme d'argent(1), à Pierre Cauchon, évêque de Beauvais.

La deuxième épreuve conſiſte dans ce procès bizarre où l'on chercha à la trouver en faute & où finalement on la condamne pour des révélations, des apparitions, preſque comme ſorcière, ſi le reſpect qu'on doit témoigner à ſa gloire ne nous empêchait à ſon égard d'employer ce mot, & de terminer cette penſée dont le tribunal qui la jugeait n'eut pas honte.

Sa troiſième épreuve réſide dans les tentatives faites dans ſa priſon pour lui faire violence, elle

---

(1) Dix mille francs environ.

dont la pureté de mœurs eſt reconnue par les auteurs anglais eux-mêmes.

La quatrième épreuve, c'eſt l'abandon de ſon monarque, de Charles VII ; elle venait de ſauver ſa couronne, de lui préparer une fin de règne louable, glorieuſe même, & ce ſouverain, ſatisfait ſans doute de lui avoir fait délivrer des lettres de nobleſſe (1), ne ſonge ni à l'échanger, ni à obtenir par des menaces de repréſailles la ceſſation de ſon procès.

Et pourtant Jeanne, qui s'eſt dévouée, ne ſe plaint pas ; il ne lui arrive pas même de penſer, ou plutôt de murmurer, comme tant d'autres victimes illuſtres : *ingrat comme un roi.* Non, elle ſe réſigne, & ſa ſoumiſſion ſe manifeſte non-ſeulement envers l'Égliſe, mais envers ſes juges. Liſez plutôt ſon procès. Au vingt-deuxième interrogatoire, le 22 mai 1431, elle répond qu'on ne lui a pas tenu promeſſe : « c'eſt à ſcavoir : qu'elle iroit à la meſſe, qu'elle recepvroit le *corpus Domini*, qu'elle feroit miſe hors de fers ; & qu'elle aimeroit mieux mourir que eſtre ès dits fers ; mais ſe on lui permet aller à la meſſe, & qu'elle ſoit miſe hors de fers, *elle fera tout ce que l'égliſe ordonnera & voudra* ». Puis comme on lui demande pourquoi elle portait ordinairement des habits d'homme, elle dit avec ſens : « Il me ſem-

---

(1) A Mehun, le 29 déc. 1429.

bloit plus licite & convenable avoir habits d'homme autant que je ferois avec les hommes »; & comme on infifte pour qu'elle n'en porte plus, elle fe foumet (malgré les tentatives faites fur fon honneur & dont nous venons de parler), articulant ces fimples mots : « Se les juges veulent, je reprendrai l'habit de femme. »

La mort de cette héroïne eft à la fois grande & fimple comme fa vie entière. Conduite dans une charrette fur la place du Vieux-Marché de Rouen, fous la garde de fept cents foldats anglais, & montée fur une plate-forme avec les prélats, elle entendit contre elle, contre fes actes, un fermon violent, puis fe mit en prières publiquement, hautement, demandant à tous merci, requérant qu'on priât pour elle, & arrachant ainfi par fa parole des larmes à un grand nombre. Alors le bailli prefcrivit au bourreau de s'emparer de fa perfonne & de la conduire au bûcher; comme l'inquifition l'avait condamnée, la juftice féculière ne pouvait intervenir que de la forte pour l'exécution. Elle defcendit de la plate-forme où elle venait d'être expofée, falua les affiftants & monta fur le bûcher; quand les flammes montèrent, ce fut elle qui eut la préfence d'efprit d'avertir fon confeffeur afin qu'il fe retirât; reftée feule, elle invoqua les faints & les faintes du paradis & mourut en proférant le nom de Jéfus. Cette mort cruelle n'affouvit pas encore la haine de fes ennemis, la haine plutôt des ennemis de la

France; le jour même le cardinal d'Angleterre ordonna au bourreau, qui le fit fans délai, de raffembler fes reftes & de les jeter dans la Seine.

La mémoire de cette touchante victime fut réhabilitée le 7 juillet 1456 feulement. Charles VII était mort, mort de faim, par la crainte d'être empoifonné par fon fils; l'Angleterre tremblait encore devant fon fouvenir, du moins ceux de fes foldats enrôlés pour fervir en France défertaient au moment de l'embarquement; l'évêque Pierre Cauchon, qui l'avait jugée le voulant bien, puifqu'elle n'appartenait pas à fon diocèfe & n'avait pas été prife fur fon territoire, était mort excommunié & fon corps avait été jeté à la voirie par la populace; ne dirait-on pas le jugement de Dieu?

Jeanne d'Arc, relatons-le pour terminer, menait une vie fobre, fans laquelle on accomplit rarement de grandes chofes; elle buvait, mangeait & dormait peu. Elle préférait l'entretien des hommes à celui des femmes, trouvant fans doute celui-ci futile, & cela s'explique par le fait qu'elle ne prenait point part à leurs occupations habituelles; même avec les hommes l'exubérance de paroles la fâchait : « Si l'on parle trop, remarque un étranger, on la fâche, & tout mot fuperflu ne fait aucune impreffion fur elle (1). » Elle fe tenait

---

(1) Lettre adreffée au duc de Milan par Perceval.

bien à cheval (1), & fupportait facilement la fatigue; on la vit une fois refter fous les armes, fans fe repofer, durant fix jours & fix nuits. Son humanité envers les foldats malades ou bleffés a été fouvent célébrée. Enfin, particularité effentielle, imitée plus tard par la Tour d'Auvergne, le *premier grenadier,* elle ne tuait pas; auffi ne fe fervait-elle pas de fon épée ornée de cinq croix (2), & c'eft pour cela qu'elle portait une bannière.

On ne peut dire que la Pucelle fût jolie, mais elle avait une *phyfionomie agréable;* le mot fe trouve dans les contemporains, & le portrait placé à l'hôtel de ville d'Orléans, s'il eft authentique, en fait foi.

Une payfanne de la Valteline mérite de terminer ce chapitre en prenant place à côté de la gloire pure & renommée de Jeanne d'Arc. Il s'agit de la bergère Bonne qui, rencontrée un jour par Pierre Brunoro, officier parmefan dif-

---

(1) « Interrogée fe elle avoit un cheval quand elle fut prinfe, & s'il eftoit courfier ou haquenée, refpond qu'elle eftoit à cheval fur un *demi-courfier* » (interrogatoire du 10 mars), c'eft-à-dire ni fur un *grand cheval,* ni fur un *courtaud.* Voyez la note 2 de la page 124 ci-deffus, & auffi, à la page 519 du tome Ier de l'*Hiftoire de France* de MM. Bordier & Charton, la reproduction d'une ftatue en bronze repréfentant la Pucelle d'Orléans à cheval.

(2) Cette épée fe trouvait enfouie dans le tréfor de fainte Catherine du Fierbois, à Poitiers, fans que perfonne connût fon exiftence lorfqu'elle la demanda; on alla la quérir, on la fourbit & nettoya, on lui fit faire un fourreau parfemé de fleurs de lis.

tingué, fut enlevée par lui. Il la faifait habiller en homme & elle le fuivait à la chaffe, à la guerre. Après avoir ainfi figuré dans les troupes de François Sforza & dans celles du roi de Naples, Alphonfe, elle acquit de l'influence & fit donner à fon amant par le fénat de Venife le commandement des troupes de la féréniffime république. Touché de fon dévouement & de fon adreffe, Brunoro époufa notre héroïne qui fe diftingua par fon courage dans la lutte (1453) entre Venife & François Sforza, le premier fouverain qu'elle eût fervi. C'eft elle qui dirigea, les armes à la main, l'affaut du château de Parano, près Brefcia, & le fit réuffir. En récompenfe de cette honorable conduite, le fénat vénitien la chargea, conjointement avec fon mari, de la défenfe de l'île de Négrepont, en Grèce, miffion dont elle s'acquitta à merveille, car les Turcs n'entreprirent rien tant qu'elle fut préfente. Ce fut le dernier acte de fa vie & de fa carrière militaire; fon mari fuccomba & fut enterré à Négrepont; comme elle revenait veuve & trifte, la Parque cruelle coupa également le fil de fes jours dans une ville de Morée (1466).

CHAPITRE VII

FEMMES DE LA RENAISSANCE
(1453 à 1562)

Nous ouvrirons ce chapitre par un nom devenu français, celui de Marguerite d'Anjou. Fille de René d'Anjou, dit le *bon roi René,* qui portait le titre de roi de Sicile, & nièce de la reine de France, femme de Charles VII, elle époufa Henri VI d'Angleterre, prince incapable, & prit dès l'année fuivante, en 1445, un grand afcendant fur ce monarque par fon efprit vif, hardi, réfolu. Sa carrière prête au roman, le livre écrit fur elle par l'abbé Prévoft (1) le fait bien voir, mais ce qui eft certain, c'eft qu'elle prit part à douze batailles rangées pour défendre les droits de fon mari pendant les guerres célèbres de la

---

(1) L'auteur de *Manon Lefcaut* : c'eft un des plus faibles ouvrages de cet écrivain doué d'une grande facilité, mais qui compofait trop vite.

rofe blanche & de la rofe rouge. Chacun fait comment ces guerres furvinrent. On était déjà mécontent de l'afcendant pris par la reine, quand les droits du duc d'York à la couronne furent à nouveau rappelés & foutenus. La chambre des communes accufa le premier miniftre qui fut banni, & bientôt la lieutenance générale du royaume fut accordée au prince, mais prefque auffitôt il fut révoqué de fes fonctions & pouvoirs. Alors celui-ci prit les armes, attaqua le roi, le battit, le fit prifonnier; puis il gouverna en fon nom. En 1456, Marguerite, profitant d'une abfence du duc, conduifit Henri VI à la chambre des lords, & les pouvoirs du vainqueur furent annulés à nouveau; de là le renouvellement de la guerre civile. Battu à Northampton, Henri VI tomba de nouveau en captivité. Marguerite fe réfugia avec fon fils dans l'Angleterre feptentrionale, fut infpirer la compaffion, faire naître l'enthoufiafme, attirer jufqu'à vingt mille hommes fous fes drapeaux. Enveloppé à Wakefield, le duc d'York fut vaincu, tué. Marguerite défit enfuite le duc de Warwick à Saint-Albans (1461), & délivra fon époux; mais elle s'abandonna à des exécutions inutiles & ne put empêcher le fils du duc d'York d'être proclamé roi à Londres, fous le nom d'Édouard IV. Malgré un effectif de foixante mille foldats, elle fut défaite dans la journée de Towtown, &, profcrite, fe réfugia en

Écoffe, puis en France. Revenue de ce dernier pays avec un fecours de vingt mille hommes, elle fubit une nouvelle déroute à Exham (1464). C'eft alors que la chronique place une fcène fingulière. Cachée dans une forêt avec fon fils, elle eft dépouillée & parvient à s'échapper, mais d'un piége elle tombe dans l'autre, & un voleur formidable s'avance contre elle, l'épée à la main ; la promptitude d'efprit la fauve, elle marche au voleur, & lui préfentant le prince enfant : « Je vous confie, lui dit-elle, le fils de votre monarque. » Ce mot heureux, cet appel plein de confiance lui vaut un partifan qui la cache & lui fournit les moyens de paffer en Flandre. Pendant qu'elle raffemble une armée, un retour de fortune rend à Henri VI la liberté & le trône qu'il perd peu après avec la même facilité. Ses partifans s'agitent cependant ; ils font défaits à Barnet. A ce moment Marguerite débarque à Weymouth avec fon fils, devenu un homme, car il compte dix-huit ans. Des forces impofantes fe rallient encore autour d'elle, mais Edouard VI les atteint promptement & les anéantit à Tewkesbury. Les malheurs de Marguerite d'Anjou atteignent alors le comble ; elle voit poignarder fon fils fous fes yeux, elle eft renfermée dans la tour de Londres où fon mari fuccombe peu de jours après fous les coups d'un affaffin. Après quatre ans d'une dure captivité, elle fut échangée par le traité de Picquigny (1475), moyennant une rançon de 50,000 écus payée par Louis XI (1).

Pendant le déclin de l'étoile de Marguerite d'Anjou, une jeune fille du nom de Jeanne Foucquet, & que les souvenirs populaires ont appelée *Jeanne Hachette,* se distinguait au siége de Beauvais par le duc de Bourgogne; elle contribuait à repousser les assauts de l'ennemi, en renversant, à coups de hache, plusieurs hommes d'armes parvenus aux derniers degrés de l'échelle & en s'emparant ainsi d'un étendard qu'elle déposa ensuite dans l'église des Jacobins (2). Louis XI n'alla pas jusqu'à l'anoblir, mais il l'exempta de payer la taille, elle & ses descendants; c'était à la fois une distinction & un allégement. Le même monarque accorda aux femmes de Beauvais, par lettres patentes datées de 1473, le privilége de prendre le pas sur les hommes à la procession & à l'offrande du 10 juillet, pendant la fête établie en souvenir de la levée du siége (3). Un des historiens officiels du temps, Pierre Mathieu, commente & justifie ce privilége, quand il dit de la conduite virile de Jeanne Hachette :

(1) Elle vécut depuis lors en France & y mourut le 25 août 1482, âgée de cinquante-neuf ans.

(2) A la révolution cet étendard fut enlevé de l'église & déposé dans les archives de la mairie.

(3) Cette fête existe encore : elle rappelle celle instituée dans Argos après les exploits de Téléfilla. (Voyez notre chap. III.)

« C'eſtoit bien pour faire connoiſtre que la vertu ne diſtingue ny le cens, ny le ſexe, & que l'on trouve des femmes qui peuvent apprendre aux hommes à vivre & à mourir. » Un homme politique de la France du xixe ſiècle, le comte de Vaublanc, poëte à ſes heures, a dit de Jeanne Hachette & du triomphe annuel qu'elle conquit pour les femmes de Beauvais :

Triomphante trois fois dans ce terrible ſiége,
Elle obtient de ſon roi le plus beau privilége :
Les hommes, par ſon ſexe en pompe précédés,
S'avancent après lui, *ſans être dégradés* (1).

Vers ce même temps vivait en Caſtille une reine demeurée célèbre par ſes actes & comme aïeule de Charles-Quint, Iſabelle la Catholique. Elle était ſœur du roi de Caſtille & ſon héritière, car il ne poſſédait pas d'enfant légitime, mais ce

---

(1) *Diſcours en vers ſur le courage des Françaiſes*, in-8º, Paris, 1834, imprimerie de Firmin Didot. Opuſcule tiré à petit nombre, non mis dans le commerce & fort rare. Je poſſède un exemplaire de ce petit poëme, fort bien relié & précédé de cet *envoi* à une dame, écrit de la main de l'auteur : « Les Françaiſes ont étonné l'Europe par leur courage pendant les exécrables jours (ceux de la Révolution françaiſe). Jamais le ſoleil n'avait éclairé tant d'atrocités exercées ſur les femmes dans aucune contrée. Elles allaient à la mort avec intrépidité; elles ont atteint le ciel. D'autres Françaiſes leur en avaient donné l'exemple dans d'autres temps; j'ai eſſayé de les peindre : j'offre cet eſſai à l'indulgence de celle qui eſt digne d'apprécier ce qui eſt noble, courageux & dévoué. » Le comte de Vaublanc fut miniſtre de l'intérieur ſous Louis XVIII; il a laiſſé des mémoires intéreſſants.

prince voulait laisser son trône à la princesse Jeanne qui n'était, au su de tous, son enfant qu'en apparence. Les qualités d'Isabelle lui attiraient de nombreux partisans ; elle en eut encore plus quand elle eut épousé, de son propre choix, Ferdinand, fils du roi d'Aragon ; aussi, après avoir été dégradée de tous ses droits à la couronne de Castille, elle se vit réintégrée dans ses honneurs par son frère qui fut effrayé de la puissance de son parti. Isabelle demanda sans délai que tous les ordres du royaume prêtassent entre ses mains le serment de fidélité, comme à l'héritière présomptive de la couronne, promettant de se dévouer elle & son mari aux intérêts du roi, offrant de donner en otage sa fille unique. Ces prétentions irritèrent ses adversaires, & elle fut assiégée dans Avila, ville qu'elle considérait comme importante en raison du trésor royal qui s'y trouvait déposé, & qu'elle ne voulut pas quitter malgré toutes les instances de son mari. La mort du roi son frère (1474) vint la délivrer. En vain ce monarque avait-il déclaré la princesse Jeanne son héritière. Ferdinand & Isabelle furent déclarés rois de Castille, & reçurent le serment des principaux habitants, mais avec des restrictions vis-à-vis de Ferdinand qui était considéré par beaucoup de Castillans comme le mari de la reine plutôt que comme le roi ; ainsi les gouverneurs des villes & citadelles devaient être nommés au nom d'Isabelle. Le tréfor royal tomba promptement au pouvoir des nouveaux souverains, grâce à l'habileté d'Isabelle qui amena le garde de ce tréfor à son parti en achetant sa soumission moyennant le don d'un marquisat & d'un comté. Cet argent fervit à foutenir la guerre contre Jeanne & fon parti, contre les Portugais, contre les Français. Isabelle y prit part autant que fon époux. Elle dirigeait la levée des troupes, les exerçait, les paffait en revue, excellait à leur adreffer des paroles d'encouragement. Elle fuivait l'armée, partageant les fatigues & les dangers des combattants : on la voyait dans les camps choifir un détachement & aller à fa tête reconnaître la fituation exacte de l'adverfaire. Elle parcourait les différentes provinces de l'Efpagne, afin d'affurer les approvifionnements de fon armée. Un jour de bataille (1) elle paraiffait à la tête de fa cavalerie, excitait chacun à faire fon devoir & donnait l'exemple. Tant d'activité, un tel héroïfme fixa la victoire fous fes étendards; Jeanne, vaincue, prit le voile (1479), les Portugais & les Français firent la paix. Depuis cette époque Isabelle & Ferdinand gouvernèrent avec talent & gloire. Parmi leurs actes remarquables il faut citer la réduction de la fameufe ville de Grenade, riche de fon millier de tours,

---

(1) Le roi de Portugal fut défait en 1476, à Toro, par Isabelle & Ferdinand.

de ſes 400,000 habitants & de ſes fabriques de ſoierie, & auſſi la protection accordée à l'explorateur Chriſtophe Colomb. Iſabelle mourut en 1504 d'une maladie grave contractée pour avoir été trop ſouvent à cheval; depuis ſa première participation aux luttes armées, elle n'avait pas eu d'autre monture, & c'était imprudent pour une femme.

Nous nommerons en paſſant Donella Roſſi, fille de Torelli Antonia, petite-fille d'Orſina Viſconti (1), laquelle, aſſiégée en 1483, en l'abſence de ſon mari Gibert Sanvitale, par ſon propre père & ſon couſin, dans le château de Sala, qui devint plus tard la réſidence des ducs de Parme, y ſoutint un aſſaut, défendit vigoureuſement la brèche, repouſſa finalement l'ennemi & tua, dit-on, ſon couſin, d'un coup d'arquebuſe. Arrivons ſans retard à ce que nous avons à dire des guerres du nouveau monde, de ce monde découvert grâce à la confiance qu'Iſabelle de Caſtille eut dans les promeſſes de Colomb, & de la part priſe à ces guerres ſoit par les femmes eſpagnoles, ſoit par les femmes indigènes : le ſujet ſe préſente en effet plus neuf & ne peut manquer d'intéreſſer le lecteur.

Pendant le long ſiége que Fernand Cortez, le vainqueur de Montezuma, fit de la ville de

---

(1) Reportez-vous à notre chapitre intitulé *Moyen âge*.

Mexico en 1521, il eut à fubir un affaut infructueux & l'abandon de fes alliés. Il ne fe laiffa pas abattre & fut ranimer l'énergie de fes foldats. Ceux-ci, fi le courage leur avait manqué, auraient rougi devant leurs femmes. Plufieurs de ces femmes reftèrent dans le camp & méritent que l'hiftoire redife leur héroïfme. L'une d'elles montait la garde pour fon mari fatigué, & pour accomplir ce devoir endoffait fon armure. Une autre, munie d'une épée & d'une lance, fe donnait pour miffion de fe jeter au-devant de fes compatriotes quand ils cédaient du terrain, les ralliait, les ramenait au combat. En vain Cortez repréfenta à ces guerrières de demeurer à Tlafcala. « Une femme caftillane », lui fut-il répondu, « doit partager les périls de fon mari & mourir avec lui s'il le faut. » L'hiftorien Herrera (1) nous a confervé le nom de cinq de ces héroïnes : Beatrix de Palacios, Maria de Eftrada, la plus fouvent citée, Juana Martin, Ifabel Rodriguez & Beatrix Bermudez. Suivant Torquemada, l'héroïne Maria de Eftrada maniait l'épée & le bouclier comme aurait pu le faire le meilleur homme d'armes; elle époufa plus tard Pedro Sanchez Farfan & reçut en récompenfe de fa bravoure le village de Tetela (2).

---

(1) *Hift. general*, dec. 3, lib. I, cap. XXII.
(2) *Monarquica India*, IV, 72.

La dernière période du même fiége révèle les femmes aztèques comme partageant les fatigues de leurs époux, d'autant plus valeureux qu'ils défefpéraient du fuccès. Auffi conftantes que les femmes de l'ancienne Carthage ou que l'Amazone des Ouollos qui lutta contre le négus d'Abyffinie, Théodore II (1), elles prodiguaient leurs foins aux malades & aux bleffés, approvifionnaient les guerriers de pierres & de flèches, préparaient même leurs frondes ou tendaient leurs arcs (2).

Outre le courage inné chez certaines femmes, il faut conclure des faits précités relatifs au fiége de Mexico, que la femme s'attache à l'homme aimé comme le lierre, s'habitue comme lui au danger, l'imite, prend les armes pour le foulager & auffi pour contribuer à l'augmentation du gain & du bien-être du ménage (3).

Précifément à la même date, 1521, un autre fiége fameux intéreffait & inquiétait l'Europe chrétienne. Nous voulons parler du fiége de Rhodes, fous le grand maître Pierre d'Aubuffon. Là toutes les femmes, chrétiennes ou juives, menacées de l'efclavage au fond d'un harem,

---

(1) Elle fe nommait *Oarkèt* : lifez *Théodore II*, par Lejean, p. 54.

(2) Sur le fiége de Mexico, confultez *Hiftoire de la conquête du Mexique*, par M. Prescott, trad. françaife par M. Amédée Pichot, 1846, livre VI, chap. VI & VII, t. III, p. 115, 129.

(3) Chimène elle-même, la bien-aimée du Cid, ne refte pas indifférente à ce bien-être. Reportez-vous à la fin de mon petit écrit: *La gloire des armes chez Corneille*, 1867.

&, ce qui eſt pis, du déshonneur, prirent part comme les hommes aux travaux du ſiége ; les religieuſes elles-mêmes déſertèrent leurs couvents & ſervirent avec zèle les ouvriers qui travaillaient à réparer les fortifications de la place (1).

Revenons à l'Amérique; nous y trouvons, préciſément vers la même année (1540), deux faits à noter, à ſavoir l'exiſtence ſimultanée de femmes armées le long de la rivière des Amazones & en Floride, c'eſt-à-dire dans l'une & l'autre des Amériques.

L'exiſtence d'une république de guerrières américaines, analogue à celle qui floriſſait durant l'antiquité ſur les rives du Thermodon, ſe trouve indiquée par le P. Chriſtophe d'Acugna, de l'ordre des Jéſuites, dans ſa *Relation de la rivière des Amazones*, ouvrage traduit & par l'académicien de Gomberville & par le comte de Pagan, maréchal de camp connu dans l'hiſtoire de la fortification (2). Le P. d'Acugna prétend parler ſuivant le récit d'Indiens qui auraient vu ces amazones & l'état formé par elles. Habitant de hautes montagnes, n'admettant d'hommes

---

(1) *Hiſt. des chevaliers de Saint-Jean de Jéruſalem* (appelés depuis chevaliers de Rhodes ou de Malte), par VERTOT, 1772, t. III, p. 86. Voyez ſur *une Grecque*, le *Dict. des batailles*, ſiége de Rhodes, p. 329.

(2) Reportez-vous à ma note, p. 208 du tome II de la 2ᵉ édition (1866), de ma traduction de l'*Hiſtoire de la fortification permanente*, de M. le général en chef de ZASTROW. On doit à Pagan l'*Aſtrologie naturelle*, in-12, 1659.

dans leurs maifons qu'une fois par an, élevant pour la profeffion des armes les filles dont elles font mères, tuant probablement les garçons, poffédant de grands tréfors, elles nous apparaiffent dès 1541. Du moins à cette époque, les Efpagnols, qui firent la conquête du pays, en virent au premier rang parmi les Indiens riverains leurs adverfaires; on cite même une jeune fille de la province de Bogore qui tua cinq Efpagnols à coups de flèches avant de fuccomber elle-même au plus fort du combat. On peut admettre ces derniers faits, puifque l'*Hiftoire militaire des femmes* en contient d'autres analogues & plus certains; mais à conclure de là l'exiftence d'une nation d'amazones américaines, à rattacher furtout cette nation à celle des Amazones afiatiques de l'antiquité, comme le tente l'abbé Guyon (1), il fe trouve un intervalle immenfe. Le royaume des Amazones africaines dont parle le même auteur ne peut infpirer plus de créance, & il faut nous borner fous ce rapport à rappeler qu'en Ethiopie il y eut au XVIe fiècle, comme dans l'antiquité, plufieurs reines célèbres.

Les femmes de la Floride ne forment pas une troupe guerrière fpéciale, mais elles n'héfitent à fecourir leurs maris, quand le fort des armes leur devient contraire, & à courir au-devant de

---

(1) *Hift. des Amazones*, 1741, p. 202, ouvrage déjà cité au chap. 1er du préfent ouvrage.

la mort. Le témoignage de Garcilaſſo de la Vega (1) eſt formel; il s'agit de la bataille de Mauvila livrée par Ferdinand de Soto aux habitants de la Floride (1540) & de la fin de l'action, lorſque les Indiens, après avoir perdu beaucoup de monde, implorent leurs femmes. « Quand on appela les femmes au ſecours, dit-il, quelques-unes combattoient déjà au côté de leurs maris, mais ſitôt qu'elles furent commandées, elles accoururent en foule, les unes avec des arcs & des flèches, les autres avec des épées, des pertuiſanes & des lances, que les Eſpagnols avoient laiſſé tomber dans les rues & dont elles ſe ſervirent adroitement. Elles ſe mirent toutes à la tête des Indiens, &, pleines de colère & de dépit, affrontèrent le péril & firent voir un courage au-deſſus de leur ſexe. Mais comme les Eſpagnols s'aperçurent qu'ils ne ſe battoient preſque plus que contre des femmes, & que ces braves Indiennes ſongeoient plutôt à mourir qu'à vaincre, ils les eſpargnèrent tellement qu'ils n'en bleſſèrent pas une (2). »

On pourrait rattacher au récit qui concerne

---

(1) Cet hiſtorien eſpagnol deſcendait des Incas par ſa mère.

(2) *Hiſtoire de la conquête de la Floride*, par Garcilasso de la Vega, traduction Richelet, 2ᵉ partie, chap. viii, édit. de 1709, t. II, p. 32; édition de 1731, publiée à Leyde, p. 326. A la ſuite de cette action, au chap. x, l'auteur montre combien la chirurgie militaire était mauvaiſe & combien ces expéditions eſpagnoles, deſtinées à des conquêtes improviſées, ſe trouvaient dépourvues de moyens.

les femmes militaires de l'Amérique pendant le xvɪᵉ siècle, le fait extraordinaire d'une Espagnole, habitant Buenos-Ayres, & nommée *Maldonata,* laquelle sortit de cette ville assiégée par les indigènes, malgré les défenses du gouverneur, dans le but de se soustraire à la famine, & une fois dehors n'eut plus d'autre ressource que de se réfugier dans une caverne où elle eût infailliblement péri sans l'assistance d'une lionne qui la prit, dit-on, en affection (1).

Si nous considérons à nouveau l'Europe, les faits militaires accomplis par les femmes ne nous feront pas défaut.

Au siége de Perpignan, en 1542, une jeune fille, du nom de *Louise Labé,* connue par ses poésies, parut en compagnie de son père, &, entraînée par son imagination hardie & romanesque, prit part aux opérations de la défense, & mérita par ses courageux exploits le surnom de *capitaine Loys.* Elle avait pris pour combattre des habits d'homme. Un anonyme du temps a célébré ses prouesses :

> Là sa force elle déploye,
> Là de sa lance elle ploye
> Le plus hardi assaillant.

(1) Nous ne faisons qu'indiquer ce trait; on le trouvera raconté, avec des détails intéressants, dans les recueils consacrés aux *Animaux célèbres.*

Peu après elle se maria dans la ville de Lyon & renonça aux armes; sa conduite ultérieure paraît avoir laissé à désirer. Elle mourut vingt-quatre ans après la défense de Perpignan, son unique action de guerre.

Catherine d'Erauso, religieuse espagnole, appartient à la même époque; elle quitta son couvent, servit comme mousse sur les navires qui se rendaient en Amérique, s'y engagea dans les troupes de terre, fit la guerre contre les Indiens, se distingua, & devint officier; à la suite d'un duel qui dévoila son sexe, elle revint en Europe & reçut une pension de Philippe II. Nous la citons sous toutes réserves; le récit de ses aventures pourrait bien être apocryphe (1).

Les femmes hongroises se distinguèrent au milieu du XVIᵉ siècle par leur résistance aux armes des Turcs qui cherchaient alors à conquérir leur pays. On vit d'abord les effets de leur courage au siége d'Albe (2) (Stuhlweissembourg), capitale de ce royaume; plusieurs se portèrent sur les remparts, afin de venger la mort de leurs maris, & frappèrent d'étonnement l'armée ottomane; on rapporte que l'une d'elles, placée à l'endroit le plus périlleux, abattit avec une faulx la tête de deux Turcs qui se montrèrent successivement pour

---

(1) *Historia de la monja-alferez*, Paris, 1829.

(2) D'où leur désignation fréquente, pour ce fait particulier, sous le nom d'*Albaines*.

escalader la muraille. La ville de Valpon fut défendue, pendant cette même guerre, trois mois durant par une femme. La place d'Agrin montra encore la valeur des Hongroises; elles secondèrent les combattants, en leur portant tous les projectiles possibles. Comme l'une d'elles, armée d'une grosse pierre, eut la tête emportée par un boulet, sa fille, ivre de fureur, ramassa la pierre, la lança contre les ennemis, puis se jeta au milieu d'eux, sacrifiant sa vie pour en blesser plusieurs : à deux pas de cette scène, une autre femme refusait d'emporter le cadavre de son mari abattu par un coup de feu & restait à son poste sur le rempart, disant : « Défendons la patrie, avant de rendre les devoirs aux morts. » Au siége de Szigeth, une femme donna un exemple mémorable; son mari, pour la souftraire aux outrages, voulait la tuer avant d'aller combattre, mais elle : « Attends, cher époux, qu'au moins la perte de ma vie soit nuisible à nos adversaires. » Elle dit, prend un habit d'homme, des armes, un cheval, court au champ de carnage, se mêle aux officiers, combat avec bravoure, jonche la terre de Turcs, anime son mari par sa présence & ses exploits, jusqu'au moment où elle tombe épuisée sur le corps de celui-ci déjà terrassé.

A côté des Rhodiennes, dont nous avons loué le courage, en ce chapitre même, plaçons les Maltaises; là encore ce sont des femmes qui, quarante ans plus tard, combattent fous la direction du même ordre de chevalerie. On vit, en effet, l'an 1565, au fiége de la Cité-Valette, capitale de l'île de Malte, par Soliman, fous le grand maître Jean de la Valette-Parifot, on vit les femmes, non-feulement préparer les projectiles incendiaires, mais monter elles-mêmes fur les remparts & accabler les mufulmans de pierres & de traits. Certes, à les voir ainfi animées, plus d'un Turc dut fe promettre une cruelle vengeance, fi la place cédait à un affaut ou bien acceptait une capitulation; mais il n'en fut rien, & l'île de Malte conferva fièrement, pendant plus de deux fiècles encore, le drapeau de l'ordre puiffant auquel Charles-Quint l'avait cédé en 1530, alors que les chevaliers avaient dû abandonner Rhodes devant les attaques du même Soliman (1).

Citons comme appartenant à ce temps la reine douairière d'Ecoffe, Marie de Guife, mère de Marie Stuart, laquelle dirige les affaires de fon pays durant la minorité de fa fille. Sœur de

---

(1) Soliman II, dit Soliman *le Magnifique*, né en 1520, mort en 1566, après fon échec devant la Cité-Valette, & devant la place même de Szigeth, que les femmes hongroifes contribuèrent à défendre contre fes armes, comme nous venons de le dire; on affure qu'il fuccomba à une attaque d'apoplexie caufée par une violente colère dont la réfiftance de cette ville fut l'origine. Les fiéges auxquels coopérèrent les femmes font donc les plus graves, & cela doit être, leur coopération même annonçant que la population recourt à fes moyens exceptionnels, à fon degré fuprême de défenfe.

François de Guise, elle paraît avoir eu des aptitudes militaires. Au moins la voit-on adresser un discours à ses soldats avant la bataille d'Edimton : « Est-ce ainsi, mes amis, que vous secondez les François ? Est-ce ainsi que vous leur estes exemple de bien faire ? Sus mon Dieu, si autre que mes yeux m'eust dit qu'eussiez ainsi voulu oublier votre honneur, je luy eusse donné aussi peu de foy qu'à une chose incroyable... Je vous averty que nous aurons la bataille à Edimton dedans deux jours. » La bataille se livre, sous la direction d'André de Montalembert, seigneur d'Essé ; la victoire demeure aux Français & aux Ecossais (1548). Marie de Guise accourt visiter les vainqueurs. « Je ne saurois bonnement dire », raconte un témoin de ces faits (1), « qui apporta plus de contentement aux gens de guerre, ou le jugement de la fortune qui leur avoit donné le dessus de la bataille, & l'avantage des autres combats particuliers : ou qu'en faveur de leurs œuvres, la Reyne leur daignast faire cet honneur de les visiter, de parler familièrement avec tous, leur toucher les mains, les recommander à leur capitaine, les honorer de toutes sortes de louange, & pour le faire court, estre aussi songneuse à ne rien oublier de leur méritée récompense, que

---

(1) JEAN DE BEAUGUÉ, *Histoire de la guerre d'Escosse*. Paris, 1556, réimprimée à Bordeaux en 1862, avec une préface de M. de Montalembert, livre II, chap. 1er.

s'ils euffent tous été prince, ou grans feigneurs. »
Voilà certes une manière d'agir qui devait, en
flattant le foldat, produire de bons effets; on
peut la recommander. A cette manière d'agir,
Marie de Guife joint encore ces paroles : « J'efpère que ne me defaudra quelque jour le moyen
de vous faire conoitre que plus grans font les
falaires des victoires, que dangereux les incon-
veniens des hazars de la guerre. »

Je m'aperçois que j'ai oublié le paffage où,
dans fes *Commentaires* (1), l'un de mes auteurs
favoris, Blaife de Montluc (2), *fait* l'éloge des
dames de Sienne, voulant, affure-t-il, « immor-
talifer leur nom tant que fon livre vivra »; je
n'ofe dire qu'il le *furfait,* quoiqu'un peu gafcon.
Toutefois, d'après fon témoignage, comme gouverneur de la place & témoin oculaire, il y eut
en 1554, durant la défenfe célèbre & prolongée
de cette ville, une organifation militaire des
femmes. Elles formaient trois bandes : — la
bande commandée par la fignora *Forteguerra*
(on croirait à un nom de circonftance), vêtue de
violet, avec un « accouftrement en façon d'une

---

(1) Livre III.

(2) Je me fuis occupé deux fois de ce guerrier, comme de Vauban : en 1848, dans une brochure fpéciale intitulée : *Biographie & Maximes de Blaife de Montluc;* en 1861, au tome III de mes *Portraits militaires*. Un travail intéreffant ferait la publication d'une édition *très-annotée* de fes *Commentaires*, offrant pour ainfi dire une Encyclopédie hiftorique françaife des années qu'ils embraffent.

nymphe, court & monftrant le brodequin »; — la bande de la fignora *Picollomini* qui portait du fatin couleur incarnat; — la bande aux ordres de la fignora *Livia Faufta,* habillée de blanc & fuivant une enfeigne blanche. On voit par ces détails que, même en face de l'ennemi, les dames n'oublient pas la toilette & le bon air qu'elle donne. Chacune de ces bandes comptait mille guerrières nobles ou bourgeoifes, armées de piques & chargées de pelles, hottes & fafcines, ce qui indique qu'on les employa furtout aux travaux de fortification dans le but d'améliorer & d'entretenir les remparts en bon état; en y travaillant elles chantaient un hymne compofé en l'honneur de la France. Montluc rapporte également la conduite louable d'une jeune fille de Sienne pour cacher un accident arrivé à fon frère, & l'empêchant de faire fon tour de garde comme cela était ordonné, fous menace d'une forte punition; elle s'affubla du morion (cafque), des chauffes & du collet (juftaucorps) de buffle du délinquant, faifit fa hallebarde (1), s'en fut au corps de garde, répondit à l'appel au nom de fon frère, & remplit l'office de fentinelle; reconnue au jour, elle fut reconduite avec honneur & montrée à Montluc, mais on ignore fon nom.

---

(1) Montluc dit : « avec la hallebarde fur le col », c'eft-à-dire pofée fur l'épaule droite, contre le col.

Terminons ce chapitre (1) en rappelant qu'après la défaite fubie à Gravelines par le maréchal de Termes à la fin du règne de Henri II (1558), les femmes des villages & bourgades de la Flandre s'acharnèrent contre les débris de l'armée française, les pourfuivirent à coups de bâtons & de perches, feules armes dont elles difpofaffent, & pouffèrent la furie jufqu'à déchirer de pauvres fuyards « avec des ayguilles & avec leurs ongles, comme les Bacchantes firent Orphée », nous apprend Strada (2). C'eft affurément une trifte coopération des femmes à la guerre, &, fi nous la citons, c'eft fimple acquit de confcience.

Au refte, *furies* comme c'eft ici le cas, ou guerrières par dévouement comme dans la Floride & en Hongrie, ou héroïnes par amour de la gloire comme les Efpagnoles au Mexique, ou combattantes pour fauver leur honneur comme à Rhodes, les femmes du xvie fiècle ne connaiffaient pas le plaifant chapitre de Rabelais où cet auteur montre comment on peut fe préferver des projectiles par la vertu de certaines herbes &, grâce à ce moyen médicinal, renouvelé des anciens, « non eftre bleffé ni touché par coups de canon ».

---

(1) Voir, fur les *Siennoises*, CANTU, *H. des Italiens*, trad. Lacombe, t. VIII, p. 39.

(2) *Hiftoire de la guerre de Flandre*, par FAMIANUS STRADA, liv. Ier, traduction Du Ryer, Paris, 1665, t. I, p. 30.

Les femmes de Chypre qui, prisonnières & conduites à Sélim II, se firent sauter sur le bâtiment qui les transportaient, ou celles qui l'année suivante (1571) coururent sur la brèche d'une forteresse de cette île & s'y défendirent en désespérées, connaissaient encore moins ce secret. Au sujet de ces femmes & de celles de Hongrie & de Rhodes, rappelons un passage de Thomas : « Tout se réunissoit pour inspirer aux femmes de ces pays un grand courage : d'abord l'esprit général des siècles précédents ; la terreur même qu'inspiroient les Turcs ; l'effroi beaucoup plus vif pour tout ce qui est inconnu ; la différence des habillements, qui agit plus qu'on ne croit sur l'imagination du peuple ; la différence des religions, d'où naissoit une espèce d'horreur mise au nombre des devoirs ; enfin, la prodigieuse différence des mœurs, & surtout l'esclavage des femmes qui, en Orient, regardé comme une simple institution politique & civile, ne présentoit aux femmes de l'Europe qui en étoient menacées, que des idées odieuses de servitude & de maître ; l'honneur gémissant ; la beauté soumise à des barbares & la double tyrannie de l'amour & de l'orgueil. De tous ces sentiments devoit naître dans les femmes un courage intrépide pour se défendre, & quelquefois même un courage de désespoir. Ce courage étoit augmenté par l'idée de la religion si puissante, & qui offre toujours des espérances éternelles pour des sacrifices d'un moment (1). »

En dehors de ces considérations, l'extrême Orient apportera son contingent à l'*Histoire militaire des Femmes*. Il s'agit de la sultane *Hamyda*, épouse de l'empereur Houmâyoûn & mère du célèbre Akbar, le plus grand souverain tartare de l'Hindoustan. Alors qu'Houmâyoûn se trouvait dans la détresse (car son fils dut reconquérir une grande partie de ses états révoltés) & obligé de fuir au loin, sans troupes & sans argent (1542), elle l'accompagna partout, quoique sa situation de santé exigeât beaucoup de ménagements, surtout pour une jeune femme de quinze ans à peine, sur le point de devenir mère, & fut de cette marche pénible où la caravane impériale resta vingt-sept heures sans eau & perdit tant de monde que sept personnes seulement accompagnaient les souverains mogols à leur entrée dans Amarcote : cette marche avait lieu en temps de guerre, & l'ennemi pouvait surgir inopinément pour ajouter aux misères des fugitifs.

(1) *Essai sur le caractère, les mœurs & l'esprit des femmes dans les différents siècles*, par M. Thomas, de l'Académie françoise, Paris, chez Moutard, 1772, p. 73 & 74. Thomas est l'auteur d'*Eloges* successivement couronnés & très-connus; il ne faut pas s'en tenir sur lui au mot de Voltaire qui appelait plaisamment du *gali-Thomas* ce qu'il voulait désigner par l'épithète de *galimatias*.

CHAPITRE VIII

LUTTES RELIGIEUSES
(1562 à 1610)

—

Les femmes apparaiffent dans les combats & prennent part aux chofes de la guerre quand les luttes font longues, acharnées, pouffées à la dernière extrémité ; cela réfulte, fe trouve conftaté déjà par les premiers chapitres de notre travail ; ne nous étonnons donc pas d'en voir un grand nombre fe mêler aux guerres de religion, aux guerres civiles, qui ont affombri l'horizon de la France dans la feconde moitié du xvie fiècle. En outre, une guerre inteftine fe paffe fur place, prefque au foyer domeftique ; les femmes font là préfentes, elles s'indignent de le voir attaquer, l'inftinct maternel s'en mêle, elles ne laifferont pas frapper leurs enfants fans intervenir ; après leurs enfants elles voudront défendre leurs maris. Joignez, quand la guerre civile a pour motif la religion, les paffions de la femme qui s'intéreffe plus aux chofes religieufes que l'homme, & vous comprendrez que les femmes guerrières doivent abonder dans la période qui fait l'objet de ce chapitre.

Nous ne reftreindrons pas cette période aux feules guerres religieufes de France, nous y comprendrons également les guerres de Flandre qui s'y rattachent par plus d'un point, & font une guerre d'indépendance ; ce que nous verrons du rôle de la femme dans les guerres civiles peut s'appliquer en effet aux luttes qui ont pour but la délivrance d'un pays, car on y rencontre le même acharnement & une énergie fuprême mieux juftifiée.

En 1562, Catherine de Médicis mène le roi Charles IX au fiége de Rouen « où, fans apprehender les coups de canon, que l'on tiroit de la ville, elle agiffoit dans le camp avec un courage viril; & par des langages qui tefmoignoient fa grande conftance, elle animoit à bien faire, & les foldats, & les capitaines ». C'eft Davila qui, au livre IIIe de fon *Hiftoire des guerres civiles de France,* lui rend ce témoignage. Le même auteur nous montre enfuite la même reine, au fiége de Bourges, entrepris après la foumiffion de Rouen, encourageant les foldats par fa préfence, ordonnant la continuation de la batterie auffitôt que le roi de Navarre (père de Henri IV) eut été mortellement bleffé, & faifant tirer jufques à deux mille coups de canon, ce qui amena une brèche fuffifante. Même en tenant compte d'une certaine difpofition à la flatterie envers fa protectrice chez l'hiftorien précité, il reffort de ces deux faits que Catherine de Médicis ne craignait pas de fe mêler aux actions de guerre, autant qu'une femme peut le faire.

Cette même année 1562 nous offre un fingulier rôle, tenu par un feigneur, non durant un fiége, il eft vrai, mais pendant les grands préparatifs d'une défenfe : il s'agit d'Avignon fe cuiraffant contre les proteftants & d'un *confolateur des dames* affez galant pour quitter fréquemment les travaux & aller tranquillifer les âmes timides appartenant au beau fexe. Nous tairons fon nom (1).

Un fait fe préfente dès le début de 1563, celui de la défenfe du château de Saint-Maurice-aux-Riches-Hommes (2), fitué dans le Sénonais & appartenant à un feigneur proteftant, M. d'Efter-

---

(1) Voyez le *Difcours des guerres de la comté de Venayfcin & de la Provvence;* enfemble quelques incidents, par le feigneur Loys de Perussiis, efcuyer de Coumons, fubiect & uaffal de Sa Sainèteté; imprimé en Avignon, par Pierre Roux, 1563.

(2) Le bourg de ce nom eft diftant de Sens de 24 kilomètres, & appartient au canton de Sergine, dans l'Yonne.

nay. Comme une bande menaçait cette petite forterefſe où ne réſidaient alors que des dames, l'une d'elles prit le commandement, arma la domeſticité, ſtimula ſon zèle, lui donna l'exemple, & combattant de ſa perſonne, dirigeant le tir des petites pièces d'artillerie placées ſur les remparts, réuſſit à écarter les pillards (1).

Les femmes de ce temps déployaient de l'énergie; un paſſage de l'*Hiſtoire de Charles IX*, par Papyre Maſſon, en fera foi & préparera le lecteur aux récits qui vont ſuivre, car les années de lutte religieuſe ſont fécondes en traits de courage & d'héroïſme. « Après les premières guerres civiles, le roi viſita toutes les provinces de ſon royaume. Le ſieur de Bournazean, l'un des puiſſans du pays de Guyenne, avoit eſté condamné à mort pour avoir fait aſſaſſiner le ſieur de la Tour; & comme ſes parens employoient tout le crédit de la cour pour luy faire obtenir abolition du roy, la veuve lui demandant juſtice, il la pria de vouloir pardonner au coupable & luy offrit telle réparation qu'il luy plairoit ſur ſes biens : « Je n'en feray rien, luy dit-elle; mais puiſque la faveur l'emporte ſur les loix, la juſtice, accordez-moi ſeulement la grâce de cet enfant (luy mon-

(1) *Hiſtoire des guerres du calviniſme & de la Ligue dans l'Auxerrois, le Sénonais & les autres contrées qui forment aujourd'hui le département de l'Yonne*, par M. CHALLE. Auxerre, 1863, t. I, p. 80.

trant fon fils encore fort jeune) que j'eléveray dans la paffion de venger le fang de fon pere dans celuy de fon affaffin. Auffi avez-vous fait une injuftice de le tirer des prifons. » J'ai voulu, ajoute Papyre Maffon, « remarquer cela pour laiffer une mémoire immortelle de la générofité romaine de cette femme forte & courageufe. »

En 1568, alors que l'armée proteftante affiégeait Cravant, petite ville à 20 kilomètres d'Auxerre, appartenant au chapitre de la cathédrale, où les royaliftes avaient détaché des compagnies (1) pour tenir garnifon, en raifon du pont qu'elle offrait fur l'Yonne & qui raccourciffait d'une journée le trajet de Tonnerre à la Loire ; en ce fiége de Cravant, difons-nous, il fe donna plufieurs affauts vigoureufement repouffés ; les affiégeants trouvèrent au nombre des morts qui avaient payé de leur vie l'infuccès de ces affauts, le capitaine Mufnier & fa femme, laquelle le fuivait à la guerre & fur les champs de combat, partageant à la fois fes périls & fes fatigues (2).

L'année fuivante la châtelaine de Ramegon défendait fon manoir contre les catholiques ; la Popelinière nous raconte l'action de guerre

---

(1) Commandées par le capitaine Foiffy.

(2) CHALLE, *Hift. des guerres du calvinifme*, ouvrage déjà cité, t. I, p. 176.

dont elle fut l'un des principaux acteurs, restant ainsi dans son rôle de ménagère, chargée de conserver les biens acquis & d'en faire une administration modérée & sage.

En 1570 comme en 1567, la comtesse de Tournon (1), parente de Catherine de Médicis, défendit avec énergie la ville de Tournon, assiégée deux fois par les protestants, & chaque fois leur en fit lever le siége.

Une seconde Amazone se signale dans les guerres religieuses de France en l'année 1570; d'Aubigné nous rapporte d'elle un acte intrépide en son *Histoire universelle*. Anne Semé avait quinze ans lors du siége de Saint-Jean-d'Angely; la maison de son père était adossée au château & opposait une vigoureuse résistance. Dans le quartier où l'auteur de ses jours venait de l'envoyer pour la soustraire au péril, elle entend dire qu'il est tué. Pour s'assurer de ce qu'il en est, elle court à son habitation, &, poussée par son amour filial, y pénètre. A peine entrée, elle aperçoit les assiégeants qui ont enfoncé une porte, court dans une chambre du haut & s'y barricade. Un chef la poursuit; pour lui échapper elle se jette par une fenêtre peu élevée, ne se fait aucun mal & prend la fuite; l'officier saute également, court après elle, va l'atteindre, mais elle crie à ses

---

(1) Claudine de la Tour, fille du premier vicomte de Turenne.

concitoyens : « *Tirez, amis, tuez-nous tous deux.* » On n'ofe lui obéir. Elle aperçoit une mare profonde & s'y plonge. Alors on ajufte l'officier, on le renverfe, on court à elle &, après bien des peines, on parvient à la rappeler à la vie.

A cette même date de 1570 nous rencontrons un des prédéceffeurs, comme préfence d'efprit & courage, du lieutenant de marine Biffon (1), dans la perfonne d'une jeune fille chrétienne & prifonnière des Turcs, qui fit fauter la galère où elle fe trouvait pour fauver fon honneur (2). Cet acte produifit alors un effet immenfe, & l'impreffion générale fe traduit dans les récits de Claude Haton, de d'Aubigné, de l'hiftorien de Thou. Citons le récit du premier de ces auteurs. Il s'agit du Grand Turc Sélim II qui, n'ayant pu obtenir des Vénitiens la ceffion volontaire de l'île de Chypre, leur déclare la guerre, met le fiége devant Nicofie & s'en rend maître après une vigoureufe réfiftance; les chrétiens font réduits en fervitude & conduits vers le fultan à la date du 6 décembre 1570. « Entre les captifs &

---

(1) En 1827. Voyez notre mémoire fur les *Imitations militaires*, 1866, § 34, intitulé *Van Speik*.

(2) *Mém. de Claude Haton*, publiés par M. Félix Bourquelot, dans la *Collection des documents inédits pour l'Hiftoire de France*, t. II, 1857, p. 609 ; — *Hift. univerfelle*, par d'Aubigné, V, 27 ; *Hift.* par de Thou, XLIX.

prisonniers chreſtiens qu'on menoit audit Sélim, raconte Claude Haton, y eſtoit une gentille femme damoiſelle & fort chreſtienne, laquelle, dolente de la perte advenue ſur les chreſtiens du pays cypriot & de Nicoſie, penſant en elle le deshonneur qu'elle pourroit recevoir en ſa pudicité, jugea la mort lui eſtre plus honorable & aux aultres chreſtiens qu'on menoit priſonniers avec elle que de ſouffrir qu'elle & aultres fuſſent forcés & viollés par ces tyrans ennemys de la religion de Jéſus-Chriſt & de ceux qui en font profeſſion. Elle adviſa donc de mettre le feu ès pouldres à canon qui eſtoient dedans la galère aſſez proches d'elle, ce qu'elle fit, & fut laditte gallère bruſlée, enſemble tous les biens, butins & corps humains qui eſtoient dedans ; leſquels avec le feu furent ſubmergez en la mer & n'en reſchappa pour tout que le pilote ou nocher, le ſecrétaire de la galère (1) & quelque bien peu d'aultres, leſquels ſe ſaulvèrent à nage & qui ont raconté le faict. »

Un an après, pendant que Frédéric d'Albe aſſiégeait Mons, on trouva dans le camp eſpagnol un grand nombre de femmes de Mons qui s'y étaient introduites ſous le prétexte de vendre des légumes. Ordre fut donné de revenir à une

---

(1) Le ſecond du lieutenant Biſſon fut projeté ſur la côte & ſe ſauva également.

ancienne coutume (1), de couper à ces eſpions la jupe au-deſſus du genou, de les promener ainſi au milieu des tentes & expoſées à la riſée des ſoldats, puis de les renvoyer avec cette honte pour tout châtiment. Remarquons cette punition qui a pour but d'arrêter les femmes dans leur propenſion à exercer à la guerre un métier dont elles eſpèrent ſe tirer mieux que les hommes, grâce à leur faibleſſe & à la croyance habituelle qu'elles ſe mêlent peu aux choſes militaires.

La même guerre de Flandre nous montre parmi les défenſeurs de Haarlem, en 1572, une compagnie de femmes. Organiſées militairement, & armées d'une pique, d'une épée & d'un piſtolet, ces Amazones rivaliſaient de zèle avec les hommes dans le travail deſtiné à l'amélioration des fortifications de la place. Elles prenaient également part aux factions ſur les remparts & même aux ſorties à l'extérieur contre les aſſiégeants. Une femme âgée de cinquante ans, nommée Kennava, les commandait & ſe diſtingua à leur tête durant ce ſiége remarquable par l'opiniâtreté des habitants.

En cette même année 1572, & durant la même guerre, les Eſpagnols, enfermés dans le château de Weert, firent à leur tour une belle défenſe; dans l'un des aſſauts qu'ils ſubirent de

---

(1) C'était celle des Ammonites. Reportez-vous à notre chap. II.

la part des confédérés, les femmes de leurs foldats coopérèrent à la lutte « avec la même hardieffe que leurs maris (1) ».

Ces deux défenfes nous rappellent celle de la Rochelle qui appartient aux guerres religieufes de la France, mais il nous faut parler auparavant des villes de Sommière & de Sancerre.

Les femmes jouèrent un rôle dans le fiége de la première, dirigé en 1573 par le maréchal d'Amville avec tant de lenteur en raifon de fa mauvaife pofition vis-à-vis de la cour, & dans lequel cependant il perdit beaucoup de monde. Elles en avaient déjà joué un dans le fiége de Sancerre (2), place furprife par les proteftants & qui réfifta enfuite pendant huit mois à Claude de La Châtre, gouverneur catholique du Berry, qui avait amené devant elle des troupes royales : en cette dernière cité elles fe diftinguèrent par leur énergie à fupporter elles-mêmes une des famines les plus cruelles que fignale l'hiftoire & furtout à chercher pour les autres des adouciffements à cette longue mifère. L'auteur d'un *difcours* fur cette famine fameufe, Jean de Léry, pafteur proteftant & voyageur connu, dit à ce fujet : « Madame Portier, vefve de Millefens, la femme du

---

(1) *Commentaires de Bernardino de Mendoça, fur les événements de la guerre des Pays-Bas* (1567-1577), liv. VII, chap. IV.

(2) Durant ce fiége on fonge à l'emploi des pigeons afin d'obtenir des nouvelles de l'extérieur.

capitaine Martinat l'aifné, Françoife d'Orival, vefve de Jean Bourgoing, la femme de Jean Guichard, la bonne femme l'Efveillée, & quelques autres dames honorables de Sancerre, méritent bien que je faffe ici mention d'elles; car ayans exercé grande charité au milieu de cette extrême famine, & n'ayans efpargné le laict de leurs vaches pendant qu'elles en ont eu, leurs biens & moyens qui leur reftoyent, à grands ni à petits, elles font autant dignes de louanges que les autres avares, qui ne tenoyent compte des pauvres en cefte fi grande neceffité, font à condamner. »

Au fiége de la Rochelle, par le duc d'Anjou, les femmes de la ville aidèrent les habitants dans leur défenfe. A l'affaut donné par le colonel Bazourdan fur un côté où le rempart était inachevé, elles lancèrent contre les catholiques des pierres, des artifices, elles les frappèrent avec des bâtons, plufieurs même defcendirent dans le foffé ; bref, grâce à elles principalement, la tentative fut repouffée. Elles rendirent enfuite des fervices dans la lutte entreprife contre la terraffe que les affiégeants élevaient en face du baftion de l'Évangile, & finalement en brûlant pendant une fortie un pont & tous les ouvrages élevés de ce côté par l'affaillant.

Rappelons, comme Carnot dans fon traité *de la Défenfe des places fortes*, que Louis de Saint-

Lary Bellegarde, l'un des favoris de Henri III, attaquant, en 1574, la petite ville de Livron, dans le Dauphiné, & ayant en vain donné trois affauts, eut le chagrin de voir les femmes de cette cité venir filer leur quenouille fur la brèche pour le narguer, (1) : alors exafpéré, il donna un nouvel affaut & fut encore repouffé, cette fois par les femmes feules, ce qui l'obligea à lever le fiége. Un pareil infuccès rendit Bellegarde odieux à la cour.

En cette année 1574, une lettre du roi parle d'une dame (2) très-difpofée à réfifter aux troupes des Réformés & à conferver fes domaines dans leur intégrité. « Ce ma efté plaifir, écrit Charles IX, d'entendre la continuation de la bonne & obeyffante volonté de la dame d'Aubeterre & qu'elle foit réfolue de conferver cette place foubs mon authorité, ainfin que d'abondant vous dites le capitaine qui y a efté mis par le

---

(1) Suivant une autre verfion, *une feule femme* aurait agi ainfi par bravade, & pour juftifier ce mot jeté aux affiégeants par les défenfeurs : « Croyez-vous nous furprendre dans nos lits comme vous avez fait de l'amiral... Vous n'êtes pas feulement capables de tenir tête à nos femmes. » C'eft la verfion adoptée par Secouffe dans fon *Mémoire hiftorique & critique fur les principales circonftances de la vie de Roger de Saint-Lary de Bellegarde*, maréchal de France, 1764.

(2) On employait l'expreffion *demoifelle* pour défigner les femmes n'appartenant pas à la nobleffe. Voici à ce fujet un paffage irrécufable, qui fe rapporte au fiége de Lufignan, en 1574. « Sur ce les affiegez firent demander à monfieur de Môpenfier un fauf conduit &

comte de Gayaffe vous l'a tefmoigné; dont je baille advis au feigneur de Ruffec & luy mande faire tout ce qu'il pourra pour y entretenir le dit capitaine & fes foldats; ou bien, s'il jugeoit que ceux qui y font ne fuffent fuffifants, qu'il y en commift d'aultres (1). »

La haute Auvergne fournit vers cette époque une héroïne. Madeleine de Saint-Nectaire, époufe du comte de Miramont, veuve de bonne heure, fe mit à la tête des vaffaux de fon mari & de fon père, les uns difent de fes prétendants, dont le nombre était grand quoiqu'elle refufât toujours de fe remarier; accompagnée d'une foixantaine de gentilshommes, elle battit fouvent François de Rofière, feigneur de Montal, lieutenant de roi dans cette contrée. En 1574 ce dernier vint ravager les environs du château de Miramont : notre Amazone fe porta à fa rencontre, & dès qu'elle le vit, engagea l'action au cri de « Faites

---

permiffion de faire fortir de Lufigne quelques damoifelles, qui fous fa bône volonté defiroient de fe retirer en toute feureté en leurs maifons. Et fingulierement le prierent de le confentir pour quelques damoifelles enceintes. Ce que monfieur de Montpenfier ne leur voulut point accorder, qui penfa que les laiffans là dedans enfermées avec leurs enfans combattre avec la famine, leurs maris fe rendroient pluftoft que fi on leur permettoit faire fortir à leur volonté les perfonnes qui leur eftoient inutiles. » La vraye & entiere hiftoire des trovbles & guerres ciuiles aduenues, de noftre temps, par M. Iean Le Frère de Laual. Paris, chez Guillaume La Nove, 1584, tome II, feuillet 770 au verfo.

(1) Lettre de Charles IX au feigneur de Bourdeille (André, frère de Brantôme), 15 mars 1574.

comme moi » & en chargeant elle-même l'ennemi. Après une vive escarmouche, le château de Miramont se trouve investi. Mme de Miramont court chercher du secours, obtient à Turenne quatre compagnies d'arquebusiers, troupe alors assez rare, & résout de jeter cinquante de ces tireurs dans la forteresse. Comme Montal accourt, elle se précipite sur lui malgré le faible effectif de ses troupes, & le met en déroute; son adversaire reçoit même dans la lutte une blessure mortelle. Plus tard cette guerrière émérite, qui appartenait à la religion protestante, soutint contre la Ligue le parti du roi.

D'Aubigné s'exprime ainsi sur le compte des soixante gentilshommes qui l'accompagnaient dès le début de cette lutte : « La dame de Miraumont avoit dressé une compagnie de soixante gentilshommes : qui suivoient le drappeau de l'amour & le sien ensemble, presque tous bruflans pour elle, sans que jamais aucun se soit peu vanter d'une caresse deshonnefte..... Quelquefois nous reprochions par jeu aux gentilshommes de ce païs qu'ils avoient esté soldats à la dame de Miraumont, & eux que nous l'avons pas esté (1). »

Pierre de l'Estoile, auteur du *Journal de Henri III*, nous rappelle que la nouvelle de la

---

(1) *Histoire universelle*, in-folio, 1618, t. II, liv. II, chap. XIII, p. 164.

prise de Saint-Lô arriva dans Paris le dimanche 13 juin de cette même année 1574, qui nous fournit de la sorte plusieurs citations. L'assaut avait eu lieu le 10 juin & un assez grand nombre d'assaillants l'avaient payé de leur vie, ce que la durée seule de cette opération, *trois grosses heures,* explique surabondamment; aussi ne trouvant pas la mort du capitaine Colombière, qui commandait la place, & celle de son fils une assez grande expiation, les vainqueurs firent-ils une exécution sans merci : « *tout fut mis au fil de l'espée, jusqu'aux femmes,* qu'on disoit durant le siège & audit assaut *avoir fait merveille de bien secourir leurs hommes.* »

Nous ne sommes pas embarrassé pour citer encore des guerrières distinguées durant cette période.

En 1576 la femme de Mondragone, gouverneur du château de Gand, défendit cette place contre les troupes des États & remplaça son mari avec une vigueur & une distinction peu communes.

La même année, les femmes de Wich se trouvèrent mêlées à une action de guerre, mais malgré elles; les Espagnols, afin de reprendre Maestricht, les mirent devant eux exposées au canon, afin de franchir le pont qui conduisait à la ville, & de la sorte atteignirent les portes sans grand dommage, tant les habitants de Maestricht craignirent de tirer fur leurs parentes ou fur leurs amies.

Trois ans plus tard (1579), les femmes de Maeſtricht contribuèrent à leur tour à la défenſe de leur cité; formées en trois compagnies, elles s'occupèrent ſoit aux contre-mines, ſoit au ſervice de garde ſur les fortifications, & cela ſans compter le grand nombre d'entre elles qui ſe mirent à travailler de bonne volonté à la réparation des remparts.

C'eſt, on le voit, preſque toujours dans la défenſe des villes que les femmes ſe diſtinguent & font preuve de courage; nous avons relevé ce fait en commençant le préſent chapitre, dont toutes les pages corroborent notre dire, & ne voulons pas inſiſter; continuons donc la ſérie des actions ſemblables que nous offrent les luttes religieuſes ou d'indépendance de cette période.

Nous rencontrons d'abord la princeſſe d'Epinoy (1) & la voyons, pendant que ſon mari aſſiége Saint-Guillain, remplir au ſiége de Tournai (1581), avec une grande activité, les fonctions de gouverneur; partout elle exhorte, ſupplie, menace, donne l'exemple. Malgré ſes efforts, une muraille eſt abattue, la brèche devient praticable. Loin de ſe décourager, notre Amazone ſe prépare à une défenſe énergique pour repouſſer

---

(1) Née Marie de Lalain.

l'affaut & y parvient par un combat des plus rudes & très-fanglant; durant l'action elle fe jetait au milieu du danger, criant aux fiens : « Femme de votre gouverneur, je marche à votre tête, j'affronte les périls & la mort pour le fervice & la gloire de la patrie; imitez mon exemple & promettons tous d'abandonner la vie plutôt que notre pofte d'honneur. »

Une feconde fois, cette héroïne (peu de femmes ont mieux mérité ce titre) défendit auffi vigoureufement la brèche, mais, bleffée au bras, ayant perdu beaucoup de monde, privée d'approvifionnements fuffifants, elle fut bientôt obligée de fe rendre; elle obtint la capitulation la plus honorable & fut traitée par les Efpagnols avec une haute diftinction, due affurément à fon courage autant qu'à fon rang. On convenait du refte affez, à cette époque, que les femmes ne devaient pas être foumifes au payement d'une rançon, mais cela ne s'entendait pas fans doute de celles prifes les armes à la main. Citons à ce fujet un paffage explicite. « Par la lettre que monfieur de Montigny ma efcripte, il dict que il fera renvoyer toutes les femmes de Courtray & que d'icy en avant il ne fe prendra aulcune femme & que le comte de Mansfeld le défire, dit auffy que c'eft nous qui avons commencé a prendre les femmes comme madame de Glajon & madame de Nivelles. Je luy mande que je maproche uers eulx & que eſtant là nous reſouldrons ſur le poinct & *me ſemble que les femmes doibvent eſtre exemptes de rançon* (1). »

En 1582 les *Harlus,* brigands d'une eſpèce particulière, s'emparent d'un faubourg de Lille ; c'eſt une femme, *Jeanne Maillote,* qui les chaſſe aidée des femmes de ſon quartier & auſſi de la confrérie des archers de Saint-Sébaſtien.

A la princeſſe d'Epinoy la France peut oppoſer la ducheſſe d'Epernon, née Marguerite de Foix. Conduite en 1588 à la porte du château d'Angoulême, défendu par ſon mari, ſommée de l'engager à ſe rendre & menacée ſi elle ne le faiſait d'un ſort cruel, elle éleva la voix & l'exhorta à ſe défendre vigoureuſement, ſans s'inquiéter d'elle. « Le devoir & l'honneur avant tout », telle fut ſa dernière recommandation. Son énergie toucha l'adverſaire, qui la laiſſa libre.

En continuant à ſuivre l'ordre chronologique, nous devons citer une femme parmi les défenſeurs de la ville de Bliembecque, qui ſe rendit en 1589 aux armes du duc de Parme. « On dit que durant ce ſiége, rapporte Strada (2), comme on dépouilloit quelques ſoldats de la garniſon qui avoient eſté tuez, on trouva une femme veſtue

---

(1) *Correſpondance de François de la Noue,* publiée par M. Kervyn de Volkaersbeke, Gand, 1854, p. 178.

(2) *Hiſtoire de la guerre de Flandre,* par Famianus Strada, 2ᵉ décade, livre X, traduction Du Ryer, Paris, 1665, t. II, p. 817.

en homme, & morte de plufieurs bleffures, au grand eftonnement de ceux qui avoient été tefmoins de fon courage & de fa hardieffe, dont elle portoit les marques fur fon vifage pleyn de cicatrices; ayant vefcu de forte que ce ne fut qu'après fa mort, qu'on put fçavoir qu'elle eftoit femme. »

On croit généralement qu'aucune femme n'a fu réfifter au roi de France Henri IV; rappelons à ce fujet la ducheffe de Montpenfier, la première qui ait figuré dans nos guerres civiles, Catherine Marie de Lorraine, fœur de François de Guife. Elle prit, en effet, une part confidérable à la défenfe de Paris contre le Béarnais, & fut confternée à la nouvelle que cette cité lui ouvrait fes portes (1594). Mais ce n'eft pas une femme guerrière, & fa conduite haineufe envers Henri III, fa joie du forfait de Jacques Clément, ne cadrent guère avec la générofité & les vertus militaires.

Je préfère, relativement aux guerres foutenues par Henri le Grand, rappeler le nom d'une véritable héroïne, Conftance de Cézeli, femme de Barri de Saint-Aunez, gouverneur de Leucate. Son mari venait d'être fait prifonnier par les Efpagnols, quand ceux-ci, joints aux ligueurs, vinrent affiéger Leucate; ayant le gouverneur entre leurs mains, ils efpéraient que la fortereffe fe rendrait. C'était compter fans la dame de Barri.

Elle aſſembla la garniſon, fit appel aux habitants, ſaiſit une pique, ſe mit à la tête des aſſiégés, repouſſa vigoureuſement les aſſaillants. Ce ſuccès lui coûta cher. « Rendez-vous, lui fit dire l'adverſaire, ou nous pendons votre mari. » Emue, mais conſervant ſa force d'âme : « J'ai offert & j'offre encore tous mes biens, qui ſont conſidérables, pour ma rançon, mais je ne rachèterai pas par une lâcheté la vie d'un époux qui aurait honte d'en jouir à ce prix. » Une auſſi belle réponſe électriſa les défenſeurs, & une ſeconde fois les efforts des Eſpagnols échouèrent. Avant de ſe retirer, l'ennemi tint parole ; il mit Barri à mort. A cette vue la garniſon entière demanda le ſupplice du ſeigneur de Loupiau (1), ligueur priſonnier du parti proteſtant ; mais Mme de Saint-Aunez s'oppoſa généreuſement à cette demande, ne voulant pas uſer de repréſailles. Henri IV applaudit à un ſi beau caractère (2), & ſigna pour l'héroïne un brevet qui lui octroyait le gouvernement de Leucate, avec la ſurvivance de cet emploi pour ſon fils.

---

(1) De Loupine, ſuivant un autre auteur.

(2) « Elevée & nourrie dans un état corrompu, Conſtance de Cézéli avait eu d'autant plus à combattre, que ſon éducation avait probablement été entièrement dirigée à lui inſpirer des ſentiments pour un époux, qui d'ailleurs ne reſſemblent jamais à ceux qu'une mère éprouve pour un fils. » *Conſidérations ſur l'influence des mœurs dans l'état militaire des nations*, par l'auteur d'*Azémor*. Londres (Paris), 1788, in-8º, p. 64.

Alexandrine de Chateaugay, maîtreffe de Charles de Valois, comte d'Auvergne, joua un moins beau rôle militaire. Belle, féduifante, fière, habile aux exercices du corps, maniant facilement un cheval & des armes, elle ruina par efprit de vengeance, avec la compagnie de Vendôme, les villages de Blanzat & de Volvic, qui avaient eu l'imprudence de l'offenfer (1604). On regrette de trouver un pareil acte, commis au nom du prince, qui, bientôt arrêté & condamné pour confpiration, demeura, il eft vrai, douze ans à la Baftille, mais qui, fous Louis XIII, releva l'honneur de fon nom par le fiége de Soiffons & d'autres opérations militaires, & par une brillante ambaffade auprès de l'empereur Ferdinand II.

Ce chapitre aura une conclufion naturelle dans l'opinion d'un Tavannes, d'où il réfulte, comme des faits précédents, que le meilleur rôle pour une femme militaire confifte à lutter derrière des murailles, & non en champ clos. « Que les femmes facent les femmes, dit notre chroniqueur (1), non les capitaines ; fi la maladie de leurs maris, la minorité de leurs enfants, les contraignent fe préfenter aux combats, cela eft tolérable pour une fois ou deux en la néceffité ; *il*

---

(1) *Mémoires de Gafpard de Tavannes*, à la date de 1569. Collection Petitot, t. III, p. 139. Ces mémoires ont été rédigés par fon fils Jean.

leur est plus sceant se mesler des affaires en une bonne ville proche des armées, que d'entrer en icelles, où elles sont injuriées des ennemis & mocquées des amis (1). »

(1) A cette époque appartient le fait d'une femme qui avale courageusement la coupe empoisonnée offerte par son mari qu'elle veut quitter pour se faire prêtresse, & qui n'en meure pas, soit par l'effet d'une santé robuste, soit par la conviction, soit par un antidote pris en secret : toujours est-il que c'est là un grand acte de courage. Il s'agit de Mira Baï, poëtesse indienne dont M. Garcin de Tassy nous signale les hymnes & la carrière dans son *Histoire de la littérature hindoustanie.*

CHAPITRE IX

GUERRE DE TRENTE ANS

—

L'Afrique nous fournit matière à citation à l'époque où commence ce chapitre, & nous avons à entretenir nos lecteurs de la conduite militaire des femmes en Guinée & dans l'Abyssinie.

Au début du xviiᵉ siècle, une femme du royaume de Congo se signala par son intrépidité. On la nommait Muffafa. Fille d'un chef de tribu, elle prit, à la mort de son père, le commandement des guerriers &, par son habileté dans les luttes à main armée, par ses instincts sanguinaires même, leur inspira une telle confiance qu'ils la suivirent partout. Alors elle tenta les entreprises les plus périlleuses : on la voyait tellement acharnée dans la mêlée qu'elle se retirait la dernière. Vêtue & armée comme un homme, elle voulut que sa fille fût élevée dans les mêmes goûts & parvint à en faire une guerrière. Aussi, quand elle mourut en 1662, après avoir agrandi ſes États, cette fille, appelée Tem-Bam-Dumba, continua-t-elle le même genre de vie, mais en même temps elle ne connut aucun frein, & elle qui déjà s'était révoltée contre ſa mère, devint un monſtre d'immoralité & de cruauté; certes, ce réſultat ſe produit chez des ſauvages, chez des cannibales, néanmoins il montre à quels écarts peut être entraînée une femme qui ſort de la voie tracée à ſon ſexe, lorſqu'un noble caractère ne guide pas ſon âme, lorſque le bénéfice de l'inſtruction n'éclaire pas ſon eſprit.

Le fait emprunté à l'hiſtoire d'Abyſſinie remonte à l'année 1641. A cette date, les Abyſſins, ſecourus par leurs alliés les Portugais, combattaient contre les Turcs, lorſque dans une rencontre ils furent ſurpris & la ſuite de leur armée obligée à une fuite précipitée. Pendant que leur impératrice gagnait une hauteur, la nourrice de cette princeſſe, entourée d'ennemis & ne voulant pas devenir priſonnière, ni voir ſes filles & les femmes qui l'entouraient déshonorées, ſe ſaiſit d'un baril de poudre, y mit le feu & périt avec ſa ſuite par cette vertueuſe détermination.

Mais revenons en Europe.

En 1622, lorſque les proteſtants, guidés par d'Argencourt (1), fortifient la place de Mont-

---

(1) Voyez, relativement à deux officiers de ce nom vivant à la même époque, mon mémoire ſur *Richelieu ingénieur,* lu le 8 août 1868, à l'Académie des Sciences morales & politiques.

pellier, « les dames les plus qualifiées de la ville y portent la hotte, & y feruent au delà de la foibleffe de leur fexe & de leur condition, pour de telles fatigues ».

Dès 1625, une femme nous apparaît défendant une cité; il s'agit de la ducheffe de Rohan & de Caftres, dont le maréchal de Thémines faifait le fiége.

Nous rencontrons enfuite une jeune Italienne, citoyenne de Cafal, dans le Montferrat. Durant la défenfe de cette cité par le maréchal de Toiras, elle prit les armes, accompagna plufieurs forties, tua deux ennemis & en bleffa plufieurs. Le maréchal lui accorda pour récompenfe la folde de quatre foldats &, en outre, une place de chevau-léger dans fa propre compagnie (1630). Elle fe nommait Francefca & comptait vingt ans d'âge. L'hiftorien de Toiras, Baudier, rapporte qu'elle fut incitée à fe faire guerrière en voyant les Efpagnols tirer fans pitié fur elle & fur d'autres femmes pendant qu'elle coupait de l'herbe pour gagner fa vie; il affure qu'elle débuta feule, armée d'un moufquet qu'on lui avait prêté, & fignale une bleffure qu'elle reçut au vifage, un jour où elle s'était trop aventurée (1).

Le même écrivain nous fignale, pendant le

---

(1) Elle tua l'Allemand qui la bleffa. Voyez *Hiftoire du maréchal de Toiras*, par BAUDIER, édition in-folio, 1644, p. 169, 170 ; édition in-18, 1666, t. II, p. 147, 148.

fiége foutenu par Toiras dans Saint-Martin-de-Ré, contre les Anglais, ces derniers ramaffant de force les femmes des foldats français & les contraignant à fe rendre vers le fort; comme là on ne pouvait les recevoir, afin de ne pas augmenter inutilement le nombre des bouches à nourrir, les Anglais finirent par tirer fur elles & par en tuer un grand nombre. On cite l'une de ces malheureufes qui, bleffée mortellement, eut encore le courage d'allaiter fon enfant. Ce fait eft antérieur au précédent & date de 1627, mais il ne concerne pas une femme guerrière proprement dite.

La prife de Hameln, ville forte du Hanovre & clef des places fituées fur le Wefer, laquelle action de guerre fe produifit en 1633 & vint contribuer à l'illuftration des armes fuédoifes après la mort de Guftave-Adolphe, nous fournit encore un exemple de la coopération des femmes aux défenfes de ville. Le fils naturel (1) du défunt roi de Suède écrit, en effet, à cette époque au colonel Gaffion (2) : « Les femmes & les chanoines de Hameln ont été auffi braves que les officiers & foldats impériaux, & la femme du comte de Mérode, avec beaucoup d'autres, y a

---

(1) Il fe nommait Guftave, comptait alors vingt ans & fut acteur effentiel dans ce fuccès.

(2) Jean de Gaffion, né à Pau, en 1609, une des belles figures militaires de ce temps, depuis maréchal de France.

été faite prisonnière... Le duc de Lunéville a donné à Kniphausen & à Melander cette troupe de dames, ce dont le landgrave de Hesse a été aussi mortifié que de ne s'être pas trouvé au combat. Je me suis voulu charger de la garde de l'une d'elles, mais le duc m'a répondu que cela serait bon & faisable avec vous, si vous étiez ici. Je m'en rapporte à lui pour savoir si cette condition est avantageuse pour moi ou pour vous (1). »

Puisque nous sommes au début du règne de Christine de Suède, mentionnons combien cette fille de Gustave-Adolphe qui aurait pu fournir un règne glorieux, si elle ne s'était laissé entraîner à des bizarreries & à des chimères (2), comme plus tard Charles XII, combien elle regretta de ne pas avoir appris la guerre sous son père, qu'elle perdit étant âgée de six ans seulement. Celui-ci semblait le lui avoir promis, satisfait qu'à deux ans elle eût battu des mains & montré de la joie en entendant le canon, & l'anecdote (il y en a toujours autour du berceau des princes) prétend qu'il lui dit alors : « Laissez-moi faire ; je vous mènerai un jour en des lieux où vous aurez contentement. » Ainsi il espérait

---

(1) *Histoire du maréchal de Gassion*, in-32, Amsterdam, 1696, chez Louis de Lorme & Estienne Roger, t. I, p. 136.

(2) Elle abdiqua en 1654 à vingt-huit ans. Le traité de Westphalie qu'elle signa fut plus l'œuvre du roi son père & du chancelier Oxenstiern que la sienne.

en faire une reine guerrière ; il comptait fans la mort, & auffi, difons-le, fans les tromperies de ces quafi-promeffes enfantines auxquelles on fe laiffe toujours prendre. C'eft encore un trompe-l'œil que ces *Réflexions fur la vie & les actions du grand Alexandre,* compofées par elle, dans fa retraite, parce qu'elle aimait à être comparée à ce monarque qui, certes, n'a rien d'une femme, même d'une femme infatigable & endurcie comme elle, non-feulement dans fes actions, mais dans fon caractère ; qui, loin d'abdiquer, a fondé un puiffant empire, l'apogée du monde grec, & dont la gloire rayonnera encore même quand on aura oublié le juge inflexible, & fans doute l'amante de Monaldefchi (1).

C'eft à cette dernière, ne l'oublions pas, que George de Scudéri a dédié fon poëme d'*Alaric* ou *Rome vaincue* (2); voici un paffage du début de cette œuvre :

Fille du grand Guftave & qu'on voit aujourd'huy,
Par cent rares vertus, fille digne de luy,
Chriftine, l'ornement du grand fiècle où nous fommes,
Reyne qu'on voit régner au cœur de tous les hommes,
Princeffe incomparable, efcoute dans mes vers
Comment tes devanciers domptèrent l'univers.

---

(1) Son grand écuyer ; elle le fit poignarder à Fontainebleau près d'une fenêtre que l'on montre encore. Le fait eft trop connu; nous ne nous y arrêterons pas.

(2) L'édition des Elzeviers eft de 1656 & contient des figures; on

La Lorraine nous offre une héroïne en la perfonne d'Albertine d'Ernecourt, dame de Saint-Baflemont (1). Elle poffédait le goût des armes, & dès fon mariage (1634) revêtit l'habit & les armes d'un homme, pour prendre part aux exercices militaires de fon mari, qui exerçait les fonctions de colonel dans l'armée du duc de Lorraine, Charles IV. Auffi fut-elle prête, en 1636, à jouer fon rôle dans la guerre, mais, fait curieux, elle refta attachée au fervice de France tandis que fon époux combattait avec les Lorrains & les Impériaux que commandait le duc de Lorraine comme généraliffime : ce fait tient fans doute à ce que, née dans l'un des trois évêchés (2), réunis à la France en 1552, elle était en réalité française. Son château patrimonial de La Neuville ayant été affiégé en 1636 par les Efpagnols venus de Luxembourg, elle barricada le village dont il faifait partie, réunit plufieurs gentilshommes, arma fes domeftiques & vaffaux, fortit contre l'ennemi, le défit, le pourfuivit, mais reçut, dit-on, cinq coups de feu, dont un enleva fon chapeau. Ce fuccès devint la fource de plufieurs autres; elle groffit fa troupe, entreprit une guerre de coups de main & la prolongea

---

la doit au libraire Courbé. En 1685, Jacob van Ellinckhuyfen, libraire de la Haye, a donné une autre édition dans le format in-12.

(1) Née en 1607.
(2) Metz, Toul & Verdun.

durant sept ans, toujours heureuse & profitable pour elle, sans être ni blessée ni vaincue (1). Cette femme héroïque voulut plus tard finir sa vie dans un couvent de Bar-le-Duc, mais sa santé, altérée par les fatigues de la guerre, s'opposa à ce qu'elle pût rester dans l'ordre des sœurs Christes qu'elle avait choisi & dont le régime était sévère; elle mourut en 1660 dans ses domaines (2), L'abbé Antoine Arnauld, fils aîné du célèbre Arnauld d'Andilly, la dépeint ainsi dans ses *Mémoires*, à la date de 1638, année où il la rencontra chez Mme de Feuquières, à Verdun : « La beauté de son visage répondoit à celle de son âme, mais sa taille ne répondoit pas à sa beauté, étant petite & un peu grossière. Dieu, qui la destinoit à une vie plus laborieuse que celle des femmes ordinaires, la rendit ainsi plus robuste & plus propre aux fatigues du corps; il lui donna aussi un si grand mépris pour la beauté, qu'ayant eu la petite vérole, elle se réjouissoit

---

(1) On attribue à cette guerrière le trait suivant: un officier, étant venu demeurer sur ses terres, s'y comporta mal & offensa sa belle-sœur. Elle lui envoya, sous le nom de chevalier de Saint-Baslemont, un cartel qui fut accepté. Après l'avoir désarmé : « Vous avez cru, Monsieur, combattre un homme; c'est Mme de Saint-Baslemont qui fut votre adversaire ; elle vous rend votre épée, & vous prie de témoigner à l'avenir plus de considération pour les dames. »

(2) Consultez l'*Amazone chrétienne*, ou les aventures de Mme de Saint-Baslemont, qui a joint une admirable dévotion, & la pratique de toutes les vertus, avec l'exercice des armes & de la guerre, par le P. J. M. D. V. (Jean-Marie de Vernon), Paris, in-12, 1678, chez Meturas. — Nouvelle édition, Liège, 1773.

d'en être marquée, comme les autres ont accoutumé de s'en affliger, difant qu'elle en feroit plus femblable à un homme... Je l'ai vue diverfes fois. C'étoit une chofe affez plaifante de voir combien elle étoit embarraffée en habit de femme, & avec quelle liberté & quelle vigueur, après l'avoir quitté hors de la ville, elle montoit à cheval, & fervoit elle-même d'efcorte aux dames qui l'accompagnoient & qu'elle avoit laiffées dans fon carroffe... Quand elle étoit en repos chez elle, toute fa journée étoit employée en offices de piété, en prières, en faintes lectures (1), en vifites des malades de fa paroiffe, qu'elle affiftoit avec une charité admirable : ce qui, lui attirant l'eftime & l'admiration de tout le monde, lui faifoit auffi porter un refpect qui n'auroit pu être plus grand pour une reine. » Cet éloge juftifie, en le compenfant, par un louable exemple, ce que nous avons été obligé de dire au début de ce chapitre fur le danger qui peut réfulter pour les femmes de fe livrer aux occupations dévolues aux hommes.

N'oublions pas de mentionner qu'après la bataille livrée fous les murs de Leucate, en 1637, par le duc d'Halluin (2), pour la délivrance de

---

(1) Et auffi en occupations littéraires. On lui doit deux tragédies en cinq actes & en vers, *les Jumeaux martyrs* & *la Fille généreufe;* la première a été imprimée en 1650.

(2) Fils du maréchal de Schomberg.

cette place affiégée, on trouva des femmes déguifées en hommes parmi les morts laiffés par l'ennemi. « Connaiffez-vous ces nouvelles Amazones ? demande un officier français aux prifonniers efpagnols. — Vous vous trompez, répond finement l'un de ces derniers, ce ne font point des femmes. S'il y en avait parmi nous, ce font les lâches qui ont pris la fuite. » En effet, les Efpagnols avaient été vaincus & le fuccès de ce jour avait valu au chef de l'armée françaife le bâton de maréchal.

De même, en 1640, à une fortie devant Turin, à la fuite de l'action par laquelle les Français repouffèrent cette tentative, « il fe trouva parmi les morts une femme qui avoit toujours paffé pour un homme chez les ennemis, fous le nom de capitaine Hendrich. Elle étoit lieutenant-colonel d'un régiment de cavalerie allemande, & avoit époufé depuis dix ans, pour mieux tromper le monde, une autre femme qui étoit la feule connaiffant fon fecret. Au commencement on l'appeloit le capitaine *Capon*, parce qu'on ne lui voyoit point de barbe. Elle avoit tué en duel, pour cette injure, un autre capitaine, ce qui la fit laiffer en repos. Elle paffoit pour un des meilleurs officiers de l'armée des Efpagnols, & pouvoit avoir quarante ans (2). »

(2) *Mémoires de Henri de Campion*, édition elzévirienne de Jannet, 1857, p. 133.

Venons actuellement à une souveraine d'un grand État.

La fille de notre roi Henri IV, la reine d'Angleterre Henriette Marie, épouse de Charles Ier, montra un grand courage, alors qu'au début des troubles contre son mari elle accourut en Hollande vendre ses diamants & acheter une flotte; au retour une tempête furieuse l'assaille, tout ce qui l'entoure se croit perdu, mais elle reste sur le tillac de son vaisseau, encourage chacun, & répète gaiement à ses troupes un mot parti d'une âme ferme : « Ayez confiance, soldats, *les reines ne se noient pas.* » Ce fait se passait vers 1640.

Louis XIII mourant signala la duchesse de Chevreuse comme une personne dangereuse : elle avait, il est vrai, intrigué & conspiré, sinon contre l'État, au moins contre le cardinal de Richelieu, & vaincue dans cette lutte, peut-être parce qu'elle n'avait pas voulu prendre auprès du célèbre ministre un rôle plus doux, elle s'était vue obligée de fuir un ordre d'arrestation, en traversant à la nage la rivière de la Somme. C'est presque là un acte militaire qui motive la citation de son nom & de sa personne en ce livre.

En 1644, la landgrave de Hesse-Cassel, qui gouvernait ses États depuis sept ans (1), apprit,

---

(1) Son époux était mort en 1637.

étant à table, que son armée avait été battue & contrainte de lever le siége de Paderborn ; se contenant, elle lut la lettre qui lui en donnait avis, & prononça ces simples paroles : « Cette nouvelle est mauvaise, mais il faut savoir supporter le malheur, comme ne pas s'enorgueillir dans la bonne fortune. »

Nous avons mieux que des mots courageux à citer, & voici une femme qui fait bravement tirer le canon, qui met presque elle-même le feu à la mèche d'inflammation garnissant la lumière. Il s'agit de Mlle de Montpensier, la seconde, celle de la Fronde, fille de Gaston d'Orléans, & rebelle à l'autorité royale comme son père. Le canon qu'elle fit tirer est celui de la Bastille ; elle le dirigea contre les troupes du roi, à la journée de Saint-Antoine (1652), pour sauver le prince de Condé. Si elle possédait des qualités militaires, elle finit mal, car, de projets de mariage en projets de mariage, elle aboutit à épouser le fat & beau Lauzun, qui la méprisa & la battit : alors, sans doute, elle ne se souvenait plus de l'heureux jour (27 mars 1626) de la deuxième Fronde, où elle escaladait presque les murs d'Orléans, pendant qu'on délibérait dans cette ville si l'on devait l'y recevoir, surtout en prévoyant qu'accompagnée *de ses deux maréchales de camp* (1), & fière de la possession de cette cité, elle voudrait

---

(1) Mmes de Fresque & de Frontenac ; ce titre leur avait été décerné par le père de l'intrépide princesse qu'elles accompagnaient.

continuer à diriger les troupes de la Fronde, qui ſtationnaient dans les environs.

L'influence de M{ˡˡᵉ} de Montpenſier ſur les opérations militaires de ſon parti ne fut pas toujours heureuſe. Le 3 mai 1652, retournant à Paris avec des paſſe-ports de la cour, & paſſant par Etampes, elle voulut voir l'armée des princes rangée en bataille. Jacques de Tavannes & d'autres chefs jugèrent cette démonſtration dangereuſe, à peu de diſtance de Turenne qui connaiſſait aſſez *Mademoiſelle & les comteſſes* pour les ſavoir curieuſes & profiter de leur curioſité déplacée; toutefois, il fallut en paſſer par le déſir de ces dames, & l'armée prit poſition en bataille ſur les hauteurs d'Etampes. A peine Mademoiſelle eut-elle vu les deux premiers eſcadrons, que l'avant-garde de l'armée royale parut à deux kilomètres, ſans qu'aucun batteur d'eſtrade eût averti. Il n'y avait plus qu'à combattre, c'était l'avis de tous les généraux ; Mademoiſelle s'y oppoſa, les princes ayant recommandé d'éviter tout combat; auſſi les troupes placées dans le faubourg y furent-elles cernées ſans ſecours poſſible, & périrent-elles au nombre de quinze cents (1).

Et à la ſuite de M{ˡˡᵉ} de Montpenſier, outre ſes aides de camp, n'avons-nous pas à citer toutes les héroïnes de la Fronde, cette époque troublée, où les femmes ſe montrent aſſez habiles pour

---

(1) *Mémoires de Jacques de Tavannes & de Balthazar*, dans la Bibliothèque elzévirienne, Paris, 1858, p. 135 & 136.

mener le gouvernement d'un parti & les combats au milieu de leurs intrigues amoureuses ? fatale ingérence assurément qui ébranle la France, ruine la noblesse, & nuit en définitive au rôle social de la femme, par la réaction qui suit l'abus. Du rôle exagéré qu'elles jouent sous la Fronde, les femmes françaises vont passer à la réserve digne sous Louis XIV, à la galanterie éhontée sous la régence & Louis XV, jusqu'à ce que les malheurs de la révolution française retrempent leurs caractères & fassent éclater à nouveau les vertus tendres & dévouées dont elles sont capables. Quoi qu'il en soit, durant la Fronde, chacun des acteurs possède sa nymphe Egérie & son Amazone, depuis Mazarin pour qui tient la Reine & Turenne qui en veut à la duchesse de Longueville, jusqu'à la Rochefoucauld que protége cette dernière, jusqu'à Chateauneuf qui a pour elle la duchesse de Chevreuse, jusqu'au maréchal d'Hocquincourt qui offre Péronne à la duchesse de Montbazon, puis devient tout dévoué à Mme de Châtillon ; enfin, jusqu'au duc d'Epernon affolé de la belle demoiselle Nanon de Lartigues. Indiquer la part prise aux combats, par chacune de ces amoureuses des grands seigneurs du temps, nous entraînerait au-delà de notre cadre.

Parlons seulement de Mme de Longueville, dont l'oraison funèbre roula entièrement sur ce texte qui la louait & la blâmait : *Fallax pulchritudo, mulier timens Deum laudabitur,* dont la pénitence de vingt-sept ans va jusqu'à émouvoir Mme de Sévigné (1), mais qui antérieurement à cette pénitence & à ladite oraison funèbre suivit dans la Fronde la Rochefoucault disant : « Pour plaire à ses beaux yeux, j'aurais combattu le ciel & la terre (2) », mais en réalité dont la passion ardente contre le Mazarin occasionna le ravage de plus d'une province française. Dans ce ravage, dans les luttes qui l'amènent, s'occupe-t-elle de guerre ? A peine ; la politique, les intrigues, tel est son lot. M. Cousin nous la représente, à la date de 1648, faisant *la guerre autant qu'il était en elle,* coiffée parfois d'un casque, s'associant aux fatigues du siége soutenu par Paris, assistant à des revues, discutant les plans militaires (3). En janvier 1650, elle s'enfuit de la capitale, erre durant plusieurs jours le long des côtes normandes, songeant à y soulever une nouvelle Fronde, parvient à s'embarquer pour la Hollande, revient à Stenai, & là traite avec les Espagnols. Puis, rentrée à Paris à la suite d'un pardon

---

(1) Lettre du 12 avril 1680.
(2) On connaît ce distique :
    Pour mériter son cœur, pour plaire à ses beaux yeux,
    J'ai fait la guerre aux rois, je l'aurais faite aux dieux.
Il s'agit de deux yeux bleus *pareils à des turquoises,* assure Mme de Motteville.
(3) *La Jeunesse de Mme de Longueville,* 1853, p. 364.

général (mars 1651), elle continue ſes intrigues, pouſſe ſon frère à la révolte, &, après une défaite, le décide à ſe mettre au ſervice des Eſpagnols; pendant ce temps, elle court de ſon côté à Bordeaux, y augmente l'agitation, finit par impatienter les habitants, mais fort de cette ſituation par l'amniſtie générale de 1653. Dix ans plus tard, devenue veuve, elle s'impoſe une vie de pénitence qui abrége ſes jours; toutefois elle ne quitte pas cette terre ſans avoir eu la douleur de perdre ſon fils, tué au célèbre paſſage du Rhin. Comprenant mieux alors l'étendue des maux de la guerre, & regrettant d'avoir de ſon côté contribué ſi ſouvent à rallumer le flambeau des diſcordes civiles, elle envoie des agents fidèles réparer les bâtiments & ſemer de l'argent dans les pays parcourus & ravagés par ſes troupes. C'eſt bien là, certes, la roue de notre exiſtence; nous paſſons tous nos vieux jours, quand la Providence nous en accorde, à expier les fautes de notre jeuneſſe, & à réparer, quand il eſt poſſible, le mal que ces fautes ont cauſé à autrui : heureux encore ceux qui ont la force de reconnaître leurs torts & de leur chercher une compenſation; c'eſt un commencement de ſageſſe, que l'honnête homme doit rechercher, même au riſque de donner à rire aux eſprits légers.

CHAPITRE X

SIÈCLE DE LOUIS XIV

La Bruyère, qui eſt preſque né & certes mort ſous le règne de Louis XIV, ne parle des femmes, dans ſes *Caractères*, qu'au point de vue de l'amour; nous allons eſſayer d'entretenir le lecteur de celles de ſon temps au point de vue du courage.

Dès 1656, pluſieurs années après la majorité de Louis XIV, mais alors que Mazarin encore vivant gouvernait toujours, nous voyons à Valence (en Italie) une femme, Mme de Valavoire, remplacer ſon mari bleſſé, prendre la direction de la défenſe ſur la déſignation par élection de la garniſon & des habitants, & ſe conduire de telle ſorte, dans ſes fonctions improviſées de gouverneur, qu'elle fait lever le ſiége (1).

(1) Conſultez *Mémoires de Mirabeau*, t. I, p. 140.

Vers 1660 (1), il exiſtait des Amazones près de la Mingrélie, dans le Caucaſe, ſi nous en croyons la relation du P. Lamberti, inférée au grand recueil de Thévenot (2). Elles étaient armées de caſques, de cuiraſſes, de braſſards; les cuiraſſes ſe compoſaient d'anneaux ou d'écailles, ce qui les rendait articulées. Au-deſſous de la cuiraſſe tombait une cotte en étoffe de laine rouge; leur chauſſure conſiſtait en des brodequins. Leurs flèches, longues de quatre palmes, ſe trouvaient munies d'une pointe en acier. Le prince de Mingrélie, ayant fait de groſſes promeſſes pour obtenir une de ces Amazones vivantes, ne put y réuſſir, d'où je ſerais tenté de conclure, vu le pays où l'on place ces guerrières, qu'elles n'ont pas exiſté & ſont un reflet des Amazones de l'antiquité. Le *Voyage en Perſe* de Chardin, effectué dix ans plus tard (3), contient auſſi une réminiſcence des anciennes Amazones, car l'auteur place dans la bouche du fils du prince de Géorgie l'aſſertion que les peuplades environnantes comptaient encore des femmes guerrières, tout au moins celles

(1) Un an plutôt, en 1659, étant âgé de dix-ſept ans, Tourville qui débutait dans la marine, & annonçait déjà ce qu'il ferait un jour, fut appelé *la jolie blonde* par un vieux corſaire auquel il donna un coup d'épée : à ce titre il peut figurer dans une hiſtoire des femmes.

(2) Ce recueil date de 1663.

(3) La deuxième apparition de ce voyageur en Perſe & dans les Indes remonte à 1671.

qui déféraient à des femmes la souveraineté de leurs tribus errantes.

L'histoire coloniale du Portugal nous fournit un trait à la date de 1683. Le roi de Visapour ayant débarqué dans l'île de Goa & élevé des batteries contre la ville du même nom, sise alors à neuf kilomètres de sa situation actuelle, allait maltraiter cette cité, quand une héroïne, nommée dona Marie, effectua une sortie, tomba sur une redoute ennemie, la força, en tua toute la garnison ; cet exploit accompli par une femme jeta la terreur parmi les troupes du rajah & les porta à fuir. Dona Marie obtint depuis la solde de capitaine, & eut en outre l'heureuse chance de contraindre à l'épouser un infidèle qui l'abandonnait, & cela en le défiant, comme il convenait à une guerrière, à l'épée & au pistolet.

L'année 1684 offre à son tour un trait d'histoire féminine assez singulier. Le roi de Danemark, Chrétien V, voulant devenir maître de l'île d'Helgoland (1) alors au Schleswig, fit enlever tous les pêcheurs helgolandais pendant qu'ils étaient en mer & menaça de les pendre si l'île ne se rendait. On voit donc que le dissentiment entre Danois & Schleswigois n'est pas nouveau. L'amour conjugal ne l'est pas davantage, car les Helgolandaises

---

(1) Cette île de la mer du Nord appartient aujourd'hui aux Anglais ; les bains de mer y sont, dit-on, excellents, & 4,000 baigneurs vont chaque année s'en assurer.

répondirent à l'acte de piraterie de Chrétien, en surprenant, avec l'aide de leurs enfants, la petite garnison schleswigoise & en livrant au Danemark l'île elle-même & sa population de trois mille âmes.

Philis de La Tour du Pin de la Charce repousse en 1692 par les armes les troupes du duc de Savoie qui envahissaient le Dauphiné. « Louis XIV, si nous en croyons Voltaire (1), donne à Mlle de la Charce (2) une pension comme à un brave officier; l'ordre militaire de Saint-Louis n'était pas encore institué (3). »

Une Anglaise, Marie Read, nous apparaît à la fin du xviie siècle, au milieu des mers américaines, vivant avec des pirates, partageant leurs dangers, leurs profits & la fin souvent tragique de leur carrière, car, devenue prisonnière avec ses compagnons, elle fut condamnée à mort à la Jamaïque.

Nous devons aussi comprendre dans cette période les exploits de Geneviève Prémoy, connue sous le nom de chevalier Baltazar; son histoire ne paraît pas entièrement véridique, & l'on doit se méfier du mot par lequel son biographe anonyme (4) déclare que la vérité fait *le principal ornement* de son récit; toutefois, comme

---

(1) *Dictionnaire philosophique*, au mot *Amazones*.
(2) Elle appartenait pourtant à une famille calviniste.
(3) Il le fut l'année suivante.
(4) *Hist. de la Dragonne*, contenant les actions militaires & les

il femble exifter un fonds réel à ces aventures, nous en dirons quelques mots.

Geneviève Prémoy naquit à Guife, le 15 mars 1660 ; fon père fervait de partifan aux gouverneurs de Guife & de Landrecies. Ce métier, dont il s'acquitta durant quarante années à la grande fatisfaction de fes chefs, donna l'effor au caractère de Geneviève qui montra de bonne heure une grande ardeur martiale. A la fuite d'une querelle avec fon frère, qui ne la voulait laiffer habiller en homme, elle s'échappa de la maifon paternelle, fe rendit à Douai, y revêtit des habits mafculins, adopta le faux nom de chevalier Baltazar, gagna Lille & s'engagea volontairement dans un régiment de cavalerie du prince de Condé, en la compagnie d'un capitaine nommé Barthe. Le fiége de Condé (1676) fut fon début ; quoique bleffée dans le premier détachement dont elle fit partie, elle ramena prifonnier un lieutenant de dragons. L'ouverture de la tranchée lui permit de fe diftinguer encore, mais, entraînée un jour à la maraude, elle fut condamnée à mort, parvint à s'échapper, puis rentra en grâce à la fuite d'une aventure très-romanefque dont nous laiffons la refponfabilité à fon panégyrifte.

avantures de Geneviève Prémoy, fous le nom du chevalier Baltazar, dédiée au roy. A Bruffelles, chez George de Backer, imprimeur & marchand libraire, aux trois Moret, à la Bergftraet, 1703. Avec privilége du roy. 1 vol. in-16 de VIII-285 pages, avec portrait.

Geneviève, après avoir affifté au fiége de Bouchain, fut de la marche qui fit lever au prince d'Orange le fiége de Maeftricht. On la voit enfuite auprès de Valenciennes prendre part à l'attaque d'un convoi, y recevoir une bleffure & tuer de fa main l'officier qui le commandait; fous Cambrai, un boulet paffe fi près d'elle qu'il la rend fourde pour quinze jours. En tous ces fiéges elle fe diftingue. A chacun des répits que lui laiffe le cantonnement de fon régiment dans une ville, après une victoire ou une conquête, fon hiftorien imagine ou tout au moins augmente quelque aventure gaie dont il la tire, du refte, toujours à fon honneur. Ainfi fait-il pour Cambrai, ainfi fait-il pour Lille où notre héroïne revient après la levée du fiége de Charleroi & la reddition de Saint-Ghiflain. Le courage dont elle fait preuve dans un détachement envoyé aux environs de Lille lui vaut bientôt le grade de cornette. Peu après, Gand & Ypres la voient à leurs portes; non loin de cette dernière place elle commande vingt-cinq maîtres & enlève à leur tête un petit convoi venant de Mons; cet exploit lui vaut une balle à la tête dont l'extraction exige l'emploi du trépan. La paix de 1678 ne tarde pas à interrompre les actions de guerre de notre héroïne, à fon grand regret. Placée dans le régiment de Gefvre, comme lieutenant réformé, elle tient garnifon à Dunkerque & à Nancy.

Geneviève Prémoy reparaît avec fes armes en décembre 1683, au fiége de Courtray, puis, pendant l'hiver, agit plus d'une fois en partifan aux environs de cette ville; en effet, elle aimait à faire le coup de feu, ou plutôt à fabrer, car n'oublions pas qu'elle fervait foit dans la cavalerie, foit dans les dragons (1). L'année fuivante notre héroïne coopère au fiége de Luxembourg, où elle reçoit fur le cou un éclat de grenade : fon biographe refte ici fobre de détails militaires, & à le lire avec continuité l'on remarque combien il manque pour fon travail de mémoires exacts fur les actions de guerre du temps, tandis qu'il abonde en circonftances fur les aventures femigalantes (2), ce qui confirmerait la grande place tenue dans fon récit par l'invention.

Malgré ce doute, achevons l'efquiffe biographique de Geneviève Prémoy & montrons-la partie agiffante au fiége de Philipsbourg (1688), recevant trois balles dans la tête dans le détachement du comte de Buffy devant le château de Brifcatel, en Allemagne, débarraffée de deux

---

(1) Ce n'était pas alors la même chofe, les dragons n'étant encore que de l'infanterie à cheval; les ordonnances du temps difent *fantaffins, cavaliers* & *dragons*.

(2) Ce font toujours à peu près les mêmes; le chevalier Baltazar infpire de fougueufes paffions à de jeunes héritières, ou fauve en plein air des payfannes menacées dans leur honneur. A la page 197 de fon volume, l'auteur avoue la multitude des aventures arrivées à fon héroïne.

de ces balles par l'habileté d'un chirurgien qui lui divulgue plufieurs de fes fecrets, enfin tenant garnifon à Metz avec fon régiment. Montrons-la également attachée à l'armée du maréchal de Duras dans le Palatinat & à l'armée du maréchal de Luxembourg, près de Fleurus. Elle affifte à la bataille de ce nom, y charge plufieurs fois avec un courage à toute épreuve, perd fon cheval tué fous elle, s'empare d'un autre. Cette dernière monture était fuperbe; le maréchal la défire, force eft au pauvre officier de l'échanger contre un ardennais & cent louis d'or de retour. A quelques jours de là le maréchal dit à Geneviève : « Ecoute, chevalier, tu m'as trompé, ton cheval a un éparvin. — Tant mieux, monfieur, dit-elle, cela prouve fa bonté. Cependant rendez-le-moi fi vous voulez, je vous bouterai le vôtre. — Et mon argent? réclame le maréchal. — Pour celui-là, je vous ferai mon billet, même par-devant notaire, fi vous le voulez, monfieur. » Tout le monde fe mit à rire : « Allons, dit Luxembourg, tu me parais plaifant; viens dîner avec moi. »

En 1691, Geneviève affifte avec fon régiment au fiége de Mons; la vue du roi excite fon courage, & elle porte fouvent la fafcine (1) à découvert. Louis XIV la loue tout en lui faifant dire de ne plus s'expofer ainfi. Sous cette ville

---

(1) Sans ces fascines, le travail des tranchées ferait impoffible.

elle reçoit dans une escarmouche une blessure au sein, qui la met en danger de mort & dévoile son sexe; le chirurgien qui la soigne certifie que le chevalier Baltazar, au service depuis quinze ans & connu pour sa valeur, est une fille, & cela double sa réputation. Toutefois sa guérison fut lente. On la retrouve pourtant à la bataille de Leuze (18 septembre 1691), & se distinguant comme à l'ordinaire. A peu de temps de là, Louis XIV, stationnant au camp de Gembloux, la fit mander & l'interrogea sur ses campagnes; elle répondit avec assurance & sans déplaire, témoignant du désir qu'elle avait de mourir pour Sa Majesté; le prince de Monaco & le marquis de Roncheroles avaient rendu d'elle au monarque le meilleur témoignage.

Louis XIV eut encore occasion de complimenter *la Dragonne* pour sa part glorieuse à la bataille de Steinkerque; il le fit à Versailles, où elle se rendit par ordre, & lui donna des marques de sa générosité.

Blessée à nouveau lors de la bataille, nous devrions dire lors de la victoire suivante de Luxembourg, & devenue infirme, notre héroïne rentra en France & se rendit à Fontainebleau auprès du roi. « Vos services sont dignes de récompense », lui dit ce prince. Une pension & l'admission dans l'ordre de Saint-Louis, dès sa création, furent la suite de cette gracieuse parole du souverain; Geneviève fut autorisée à porter l'ordre de Saint-Louis en écharpe.

Le chevalier Baltazar parut encore à l'armée en 1697, sous les murs d'Ath en Flandre, & finalement en 1702 en Italie; là, il commanda jusqu'à deux compagnies de grenadiers. On ignore l'époque de sa mort. Depuis qu'on l'avait reconnu pour une femme, il portait une jupe, mais le reste de son habillement dénotait un officier de distinction. Son front était large, sa chevelure brune, son air hardi, son attitude délibérée.

Le début du xviii° siècle nous montre deux femmes militaires en Algérie dans la personne des princesses Elgie & Aumoni (1). La première (2) vint en aide à son père, nommé le sultan, c'est-à-dire le chef, Boisis, lequel avait conquis une grande autorité & en imposait même aux Turcs, mais qui fut enfin vaincu par le bey de Constantine; comme les troupes de son père faiblissaient & parlaient de se soumettre, elle se para de ses plus beaux vêtements, monta à cheval, appela ses parentes, ses amies, ses voisines, les fit prendre une monture, & les harangua ainsi : « Puisque ces hommes n'ont pas le courage d'aller contre les Turcs, vendons nous-mêmes chèrement notre vie & notre honneur, & ne restons plus avec ces

---

(1) Reportez-vous aux *Renseignements sur la province de Constantine*, par Dureau de la Malle, 1837, p. 259 & 260.

(2) Elgie-ben-Boisis (ben-Nazer).

lâches. » En partant elle dit auſſi aux guerriers :
« Enfants de Nazer, ne me ſuivrez-vous pas? »
Cette conduite, l'énergie dont elle faiſait preuve,
réchauffa les eſprits; les Turcs furent vigoureuſement aſſaillis, battus, dépouillés de leur butin,
& leur chef fait priſonnier. — Outre cette Jeanne
d'Arc, la princeſſe Aumoni honore vers le même
temps le coin de la terre africaine que nous
nommons aujourd'hui la province ou le département de Conſtantine. Agée de ſoixante ans,
à la date de 1723, elle commandait à une portion
étendue de pays; depuis ſon veuvage, elle s'était
maintenue & avait fait reſpecter ſon pouvoir,
livrant au beſoin des combats & y paraiſſant au
premier rang; on la redoutait, elle avait dompté
pluſieurs fois l'orgueil du bey de Conſtantine;
celui-ci, vaincu, avait même épouſé ſa fille, pour
acquérir enfin ſon alliance & vivre en paix avec
une auſſi terrible voiſine.

A partir des revers de Louis XIV, les demoiſelles de la maiſon de Saint-Louis, fondée à
Saint-Cyr par Mme de Maintenon, ſe mettent à
prier pour les armes de la France (1); c'eſt encore
là une participation touchante des femmes aux
actions de guerre, & nous ne pouvions la paſſer
ſous ſilence dans ce travail.

---

(1) Voyez *Hiſtoire de la maiſon de Saint-Louis*, par M. LAVALLÉE, chap. XI & ſurtout XIII.

Mentionnons enfin Catherine Iʳᵉ, impératrice de Ruffie, non parce qu'elle fut dans fes jeunes années (1) femme d'un foldat fuédois, mais parce que devenue plus tard, par la plus fingulière férie d'événements, époufe du czar Pierre le Grand, elle fauva ce monarque, en 1711, en achetant de fes pierreries, fur les bords du Pruth, la retraite du grand vizir, retraite qui mit fin à la malheureufe campagne entreprife par les Ruffes contre les Turcs. Cet acte de décifion, plus honorable pour Catherine que pour fon mari, devint cependant en 1714, de la part de ce dernier, le motif de la création de l'ordre de Sainte-Catherine, deftiné aux dames ruffes (2).

Et difons que fous le règne de Catherine, ou plutôt fous celui de fon mari, alors qu'il achevait au début du xviiiᵉ fiècle la conquête de la Sibérie, les femmes toungoufes dans ce pays fuivaient encore leurs maris à la guerre.

(1) Elle fe nommait Marthe Rabe & appartenait comme payfanne à la Livonie.

(2) Le ruban eft ponceau liferé d'argent. Nous ne parlons pas de Catherine II, parce qu'elle a conquis des territoires fans paraître aux armées; Catherine Iʳᵉ, au contraire, a figuré dans les camps & pris part aux campagnes.

CHAPITRE XI

RÈGNE DE LOUIS XV

—

Nous avons un faible bagage à préfenter au lecteur relativement à ce règne. Auffi citerons-nous, pour ouvrir le préfent chapitre, les hofpitalières des Incurables de Naples, lefquelles, à la date de 1728, ne voulaient pas rendre aux pères de l'Oratoire un couvent qu'elles leur avaient enlevé par violence, deux fois confécutives, & cela à caufe du refus des pères de reftituer un terrain voifin à elles appartenant; ce font, il eft vrai, des révoltées, plus que des guerrières, mais il n'en fallut pas moins pour les réduire un détachement de 300 hommes, en plus d'un bref papal.

En 1735, Mme Gafforio fe diftingue en Corfe les armes à la main. Son mari étant abfent, les Génois veulent forcer fon palais & l'enlever elle-même. Elle s'y barricade, s'y approvifionne de vivres & de munitions, & fe défend durant plufieurs jours. Ce fiége durait encore lorfque les

Corſes raſſemblés par elle ſe mutinent, à la vue de leurs camarades tués par le feu de l'ennemi, & parlent de ſe rendre. Elle auſſitôt de ſaiſir un baril de poudre & une mèche allumée, de les porter dans une ſalle baſſe & voûtée, & de dire à ſes ſoldats que s'ils ceſſaient de combattre, elle allait faire ſauter le château. Son intrépidité ramène l'énergie chez ſes compagnons, la réſiſtance continue & le général Gafforio arrive à temps pour délivrer ſa femme & ſa maiſon.

Marie-Thérèſe d'Autriche, l'adverſaire du grand Frédéric, appartient à cette période, & nous devons nous arrêter ſur cette mâle & digne figure de ſouveraine qui mérite une place honorable dans l'*Hiſtoire militaire des Femmes*. Elle le mérite, au point de vue guerrier, au moins par deux actes, ſa confiance dans les Hongrois, la création d'un ordre de chevalerie. C'était en 1741 ; elle fuyait devant Frédéric II, maître de la Siléſie, juſqu'alors province autrichienne, & devant l'électeur de Bavière, bientôt élu empereur. A peine avait-elle trouvé une ville tranquille pour faire ſes couches. Elle atteint Peſth, aſſemble les États de Hongrie &, tenant ſur les bras ſon fils nouveau-né (depuis Joſeph II), prononce devant eux une allocution latine qui peut ſe réſumer ainſi : « Abandonnée par mes amis, pourſuivie par mes ennemis, perſécutée par mes proches, je n'ai d'autre reſſource que votre fidélité, votre courage & ma conftance. Avec l'aide de Dieu, c'eft affez. Je remets entre vos mains mes enfants qui attendent leur falut de votre valeur. » A ces mots, prononcés avec autant de fimplicité que de nobleffe, les magnats tirèrent leur épée, comme ils le font à la cérémonie du couronnement (1), &, la faifant flamboyer, s'écrièrent unanimement : « *Moriamur pro rege noftro Maria-Therefia.* » La réconciliation entre la monarchie autrichienne & la Hongrie fe trouvait fcellée à nouveau & pour longtemps ; le fabre hongrois fut pour beaucoup dans la lutte contre Frédéric II & contre la France tant que Charles VII vécut. Les talents de plufieurs généraux autrichiens, ceux du maréchal Daun, vainqueur à Chotemitz, y furent bien pour quelque chofe : c'eft à l'occafion de ce fuccès que l'impératrice Marie-Thérèfe créa l'ordre de Marie-Thérèfe, fondé le jour même de l'action, le 18 juin 1757, & dont les ftatuts (2) veulent qu'il foit accordé exclufivement aux généraux ayant gagné une bataille ou forcé une place (3). En dehors

---

(1) Le couronnement de Marie-Thérèfe, comme reine de Hongrie, avait eu lieu peu auparavant. Plufieurs écrivains confondent à tort la cérémonie de ce couronnement & la fcène célèbre rappelée dans le texte.

(2) L'inftitution réelle, fur le papier, eft du 12 déc. 1757.

(3) Le ruban eft blanc avec un liferé rouge fur chaque bord. L'ordre de Marie-Thérèfe a été réorganifé en 1760, puis en 1810, & les conditions d'admiffion chaque fois adoucies ; il fut toujours un

de ces deux actes on ne peut dire que Marie-Thérèse, qui jamais n'a commandé perfonnellement fes troupes, ait participé aux chofes militaires, fi ce n'eft en veillant à l'organifation de fon armée : ainfi on la voit en 1748, au lendemain du traité d'Aix-la-Chapelle, prefcrire l'entretien de troupes prefque auffi nombreufes que celles entretenues par fes États pendant la guerre; c'était fignifier à fes ennemis que déformais elle ferait prête à faire bonne réfiftance fi on l'attaquait encore, foit féparément, foit réunis en une coalition; mais en même temps elle tempéra l'inconvénient du grand nombre de bras enlevés à l'agriculture par la préfence de tant d'hommes fous les drapeaux, en favorifant les mariages parmi les foldats & en formant des établiffements pour l'éducation des enfants fortis de ces unions. Mentionnons cependant une récompenfe d'une efpèce particulière, indépendante de l'ordre de Marie-Thérèfe, qu'elle imagina en faveur du maréchal Daun, au lendemain de fa victoire à Chotemitz, récompenfe confiftant en la faculté accordée exceptionnellement de faire lui-même une promotion parmi les officiers de l'armée. Cette délégation du pouvoir fouverain doit d'autant plus attirer l'attention que, un fiècle &

---

ordre réfervé aux officiers, fans diftinction de naiffance, de religion, ni° d'ancienneté de fervice.

demi auparavant (1), le célèbre Wallenſtein avait obtenu, de l'empereur Ferdinand aux abois, l'autoriſation de lever à ſes frais une armée de cinquante mille hommes dont tous les emplois feraient à ſa nomination, conceſſion exorbitante, doublée pourtant peu après (2), qui gonfla d'orgueil le duc de Friedland & le pouſſa à conſpirer (3); mais avec le maréchal Daun, ſous cette dimenſion reſtreinte, & dans l'état de la monarchie autrichienne ſous Marie-Thérèſe, il n'y avait rien de ſemblable à craindre. Il eſt reſté de cette récompenſe ſpéciale un uſage militaire moderne, ou du moins on peut rattacher cet uſage à la dite récompenſe & par conſéquent à la ſouveraine dont nous parlons : lorſqu'un gouvernement entreprend une expédition lointaine, à une diſtance telle qu'il ne puiſſe lui-même diſtribuer promptement les récompenſes méritées & demandées, il délègue au général en chef inveſti de ſa confiance le droit d'accorder des décorations & des grades juſqu'à un échelon déterminé, en ſtipulant toutefois que ces décorations ou grades ne ſeront définitives qu'après

---

(1) En 1625. Voyez ſon *Hiſtoire*, par GUALDO (en italien), Lyon, 1643, in-4°.

(2) En 1632, c'eſt-à-dire que Wallenſtein put lever à cette date une armée de *cent mille* ſoldats.

(3) Ferdinand n'eut d'autre reſſource que de le faire aſſaſſiner; ainſi en France Henri III s'était défait du duc de Guiſe.

ratification par le monarque. — Ne quittons pas cette page relative à Marie-Thérèſe ſans y mentionner le courage héroïque dont elle fit preuve dans les circonſtances difficiles de ſa vie, courage politique ou *civique* ſi l'on veut, pour l'oppoſer au courage militaire, mais qui ne dépare jamais les vertus guerrières, ſoit chez l'homme, ſoit chez la femme; courage qui conſiſte ſurtout dans l'énergie vis-à-vis du malheur, la perſévérance à y remédier, la conſtance à montrer à ſes inférieurs un viſage calme & confiant alors même que l'on commencerait à douter du réſultat final.

Rappelons qu'à la bataille de Fontenoy, qui eſt poſtérieure à l'époque où Marie-Thérèſe commença ſes guerres, on trouva, lors de la dépouille des morts, un grand nombre de femmes au plus fort de la mêlée, ce qui ſemble indiquer combien le racolage faiſait flèche de tout bois & enrôlait au beſoin une femme habillée en homme plutôt que de manquer à ſon rôle (1).

La chevalière d'Eon appartient au règne de Louis XV. Juſqu'en 1770, c'eſt-à-dire juſqu'à l'âge de quarante-deux ans, c'eſt un homme, au moins en apparence. Elle eſt élevée comme un garçon, fait ſes études au collége Mazarin, devient

---

(1) Nous avons parlé du racolage dans pluſieurs de nos ouvrages & ſurtout dans le mémoire manuſcrit relatif à la *formation de l'armée françaiſe*, récompenſé en 1860 par l'Académie des ſciences morales & politiques : le lecteur, curieux des détails acceſſoires à l'objet principal d'un livre, peut y recourir.

docteur en droit civil & en droit canon, écrit sur la politique. En 1757 elle part pour Saint-Péters-bourg comme secrétaire du chevalier Douglas, chargé d'opérer un rapprochement entre la France & la Russie, contribue à l'obtention de ce résultat, en apporte la nouvelle à Louis XV & reçoit en récompense un brevet de lieutenant de dragons. De retour à Saint-Pétersbourg, la chevalière prend part à l'arrestation du ministre Bestucheff & du général Apraxin; de nouveaux chefs sont donnés aux armées russes, & Frédéric le Grand se trouve serré de plus près. D'Eon prend lui-même part, en 1761, à cette guerre de sept ans, en qualité de capitaine de dragons & d'aide de camp du maréchal de Broglie; il se distingue par plusieurs actions d'éclat & reçoit deux blessures. Vers 1764, il accompagne le duc de Nivernais à Londres, gère sous lui notre ambassade, réussit à merveille dans ses fonctions, apporte à Louis XV la ratification d'un traité, & obtient la croix de Saint-Louis. Puis, sa carrière s'arrête; soit hauteur de sa part, soit inimitié de la part de rivaux, pour ces deux motifs à la fois sans doute, il échoue près du nouvel ambassadeur de France, & perd la tête du chagrin d'être disgracié après avoir été ministre plénipotentiaire par intérim; il publie tous ses papiers, son livre fait scandale. Néanmoins Louis XV, dont il était évidemment l'agent secret, le soutient & lui accorde même, par brevet *entièrement autographe,* une penſion de douze mille livres. Soit pour couvrir les intrigues auxquelles il avait participé & mieux donner le change, ſoit ſimplement par un effet de la crédulité publique, on prétendit ne plus voir en d'Eon qu'une femme, & plus tard ordre lui fut donné de prendre le coſtume féminin. De nombreux paris s'ouvrirent ſur ſon ſexe, principalement à Londres; il eut la ſageſſe d'y demeurer étranger. Il me ſemble avoir ſouvenance que durant ſa carrière militaire & politique, principalement en Ruſſie, il avait déjà recouru à l'habit féminin.

Quoi qu'il en ſoit, notre Amazone reçut à nouveau du roi Louis XVI, qui ne tolérait pas qu'on s'affranchît des convenances, & poſſédait ſans doute des renſeignements ſecrets ſur ce ſingulier perſonnage, l'ordre formel de reprendre les habits de femme; une infraction à cet ordre (le port d'un habit de dragons) le fit enfermer en 1781 au château de Dijon, où Carnot alla lui rendre viſite. En ſouvenir de cette entrevue, elle lui adreſſa, ſous la République, une demande à l'effet de rentrer au ſervice; il en donna lecture à l'Aſſemblée, mais ſans que la requête fût admiſe (1). Déjà précédemment M. de Maurepas avait rejeté une requête ſemblable, & la chevalière

---

(1) *Mémoires ſur Carnot,* par ſon fils, t. I, 1861, p. 104.

d'Eon avait été obligée de cacher fes épaulettes & fa croix de Saint-Louis. Elle mourut en 1810, à Londres, après avoir fouffert longtemps d'une mifère cruelle qui augmenta fes dernières infirmités; une autopfie eut lieu, le P. Elyfée, premier chirurgien de Louis XVIII, y affifta, & il fut conftaté que la chevalière d'Eon avait été un homme; néanmoins, en raifon de l'ambiguïté de fon rôle, elle appartient bien à la préfente hiftoire (1).

En mai 1768, alors que l'expédition de Bougainville defcendait dans une île, les indigènes entourèrent le jeune domeftique de M. de Commerçon, naturalifte attaché à ce voyage de circumnavigation, &, le reconnaiffant pour une femme, voulurent, fuivant leurs ufages, lui accorder les honneurs compatibles avec leur degré de civilifation. C'était, en effet, une jeune fille du nom de *Baré* (2), mais on ignorait fon fexe qu'elle cachait avec foin, d'autant qu'elle accompagnait & fervait fon maître, avec un courage infatigable, dans fes longues & fréquentes herborifations. Déjà elle avait fervi à Paris fous des habits d'homme, fans qu'on fache le motif de cette transformation;

---

(1) Lifez *Perfonnages énigmatiques & hiftoires myftérieufes*, par Frédéric BULAU, traduction DUCKETT, Paris, in-12, 1861, t. I, p. 263 & fuivantes.

(2) On a fouvent écrit Barre, en citant ce fait, mais c'eft une erreur.

cette fois le goût des voyages l'avait engagée à fe faire accepter par le favant, & elle fe montrait contente de fa fituation, lorfque le flair des fauvages découvrit fa rufe, l'obligea à reprendre l'habillement féminin & par fuite à renoncer aux courfes aventureufes qui lui offraient tant de charme (1).

La dernière année du règne de Louis XV, en 1773, une femme défendit à elle feule un fort. Le fait fe paffe en Chine. Il s'agit du pays des Miao-tfee, montagnards récemment foumis. Dans un pays de rochers inacceffibles, féparés feulement par des précipices, il exiftait un petit fort perché fur une cime élevée. Les troupes chinoifes avaient deux mois durant affiégé ce fortin. Enfin des foldats de garde, entendant du bruit au-deffus de leur tête, grimpèrent avec des crampons, gagnèrent une plate-forme, y trouvèrent une femme puifant de l'eau à une fource. Se faifir d'elle fut l'affaire d'un inftant, puis on l'interrogea fur la garnifon du fort, le temps qu'elle pourrait probablement réfifter, la poffibilité de pénétrer dans la place. A ces queftions la prifonnière oppofait un vifage imperturbable, puis, tout d'un coup, fe décidant : « Au fait, dit-elle, vous êtes maintenant les maîtres du fort, qui n'a jamais eu d'autre garnifon que moi. Seule

---

(1) Reportez-vous à la *Relation* de Bougainville.

je l'ai défendu contre vous, & j'aurais réfifté encore longtemps fans le befoin d'eau qui m'en a fait imprudemment fortir. » Et les entraînant, elle leur fit vifiter le lieu de fes exploits, leur montrant les endroits d'où elle tirait des coups de fufil, ceux d'où elle lançait des pierres. Ce récit intéreffant appartient au P. Félix d'Arocha, miffionnaire appartenant à l'ordre des Jéfuites, chargé en 1774 de lever la carte du pays des Miao-tfee par l'empereur régnant.

CHAPITRE XII

PÉRIODE DE LA RÉVOLUTION FRANÇAISE (1)

—

Dès 1781, on vit des femmes parmi les fouf-cripteurs pour les écoles nationales militaires; la lifte, datée du 1ᵉʳ juillet 1787, en compte 29 fur 129, & même parmi elles figurent deux demoifelles, Mlle de Talaru & Mlle Dumas (2). On fait que ces écoles, dont plufieurs exiftèrent, avaient pour but d'élever gratuitement les enfants des payfans, de les former pour devenir foit de bons foldats, foit de bons cultivateurs, & de les employer, pendant leur temps d'éducation, à la conftruction des chemins, de façon à fupprimer les *corvées* alors fort onéreufes.

En 1789, la tendance des femmes à s'occuper des chofes militaires & à le faire avec goût fe

---

(1) Voyez au chap. vii ci-deffus une des annotations relative à *Jeanne Hachette*, p. 141, note 2.

(2) Reportez-vous au onzième mémoire *concernant les écoles nationales militaires*, in-8º de 23 pages, 1787, de l'imprimerie polytype, rue Favart.

manifeste mieux encore par ce fait public que plusieurs d'entre elles, à la création de la garde nationale, prennent un fusil & montent la garde.

A ce moment, d'ailleurs, il existait une *matelote* retraitée à dix-sept ans, *avec la demi-solde de matelot,* pour avoir pris part, sur les vaisseaux du roi, aux glorieuses campagnes maritimes de MM. d'Estaing & de Grasse. Elle se nommait Adélaïde Elié. Echappée de la maison paternelle à l'âge de onze ans, dans le but de se soustraire aux mauvais traitements d'une belle-mère, elle était arrivée de la ville de Serre (en Gapençois) à Marseille, &, après avoir mendié plusieurs jours, avait troqué chez un fripier ses habillements de fille contre de mauvais vêtements de garçon. Elle s'engage alors au titre de *sous-mousse* sur le vaisseau *le Glorieux.* Là, elle s'acquitte à merveille de ses fonctions, combat avec intrépidité, reçoit trois coups de feu, dont l'un lui casse le bras, dont les deux autres l'atteignent à la même jambe. Rien ne la rebute, elle cache son sexe & le cache encore en Angleterre, où le sort de la guerre la conduit bientôt comme prisonnière. A la paix elle revient en France & y est reconnue pour une femme. Après cette citation, abordons ce qui concerne les héroïnes sorties de la Révolution, sujet intéressant & qui plaira au lecteur.

Les idées sorties de cette grande commotion,

les situations extrêmes engendrées par cette crise, mirent les armes aux mains de la France; de grandes luttes s'engagèrent, & dans ces luttes qui embrassent une période de plus de vingt années, en y comprenant les campagnes du premier empire, & de douze années seulement en ce qui concerne le régime républicain considéré à part, plus d'une femme figure. Cela se comprend; outre l'enthousiasme patriotique & militaire, qui était alors de mode & se justifie sous le cri d'indépendance poussé par les habitants de nos frontières menacées, enthousiasme que des femmes ont pu partager, il est naturel que plusieurs de ces héroïnes aient suivi un mari, un fiancé, un amant que la loi appelait à l'armée, & aient cherché à l'encourager par leur présence pour qu'il fît son devoir & sauvât ainsi sa vie & son honneur. Telles furent les sœurs Fernig & bien d'autres dont nous citerons les faits d'armes.

Les premières se vêtirent d'habits d'homme, s'armèrent de fusils de chasse, marchèrent contre les Autrichiens avec la garde nationale de Mortagne (près Valenciennes), pour accompagner leur père, lequel commandait cette troupe bourgeoise; ce père exerçait dans ladite localité les fonctions de greffier général des terres & châtellenies de Mortagne, & se livrait en même temps à la culture des lettres, mais il était originaire d'Alsace, d'une famille noble (1), & avait fait de 1755 à 1762 les campagnes de Hanovre sous le maréchal de Richelieu. Ses deux filles étaient douées d'une grande beauté ; l'une, Félicité, avait seize ans ; la seconde, nommée Théophile, treize ans seulement. Leur présence, leur abnégation, électrisent les gardes nationaux qui réussissent à repousser plusieurs attaques nocturnes. Le général Beurnonville survient, passe les vainqueurs en revue, & félicite les deux héroïnes qui « savent tuer leur homme ». On les retrouve à Valmy, en qualité d'*aides de camp* de du Mouriez, suivant un titre officiel, & elles prennent leur part du succès. A Jemmapes, la plus jeune fait prisonnier un colossal chasseur à cheval hongrois, & le ramène triomphante au général en chef, ce qui fit rire aux dépens du captif & excita l'admiration en faveur de l'heureuse guerrière ; dans cette même journée l'aînée s'attacha à la personne du duc de Chartres (depuis Louis-Philippe), & chargea à ses côtés, *la bride dans les dents & le pistolet au poing*. Pour les récompenser la Convention leur envoie des chevaux, décrète qu'elles ont *bien mérité de la patrie* & ordonne la reconstruction aux frais

---

(1) Son fils, le comte de Fernig, était chef de bataillon ou lieutenant-colonel en 1792, devint général de brigade, & se lia avec la famille de Rotschild ; il s'est distingué à la bataille de Lutzen & a fait la campagne d'Espagne en 1823.

de l'État de leur maiſon incendiée par l'ennemi (1); car les éloges paſſent vite & ce ne ſont pas eux qui font la gloire, mais les actes eux-mêmes, & les deux ſœurs continuèrent à combattre & à s'expoſer, à donner un exemple qui électriſait les troupes; pluſieurs chevaux furent tués ſous elles, Félicité ſauva même un jeune volontaire français qu'elle épouſa plus tard (2). Le 5 avril 1793, menacées par le ſyſtème de la Terreur, & ne voulant pas abandonner du Mouriez, elles émigrèrent (3) avec lui; ce réſultat correſpondait mal à leur bravoure & à leurs ſentiments politiques, Théophile déclarant dans une de ſes lettres ne pas partager les principes de du Mouriez; mais à enviſager leur ſort, chacun peut tirer une concluſion & peut s'attendre à la diſgrâce de trouver un jour la patrie ingrate, tout en ſe promettant de ne jamais lui en vouloir (4).

Claudine Rouget & Goton Marchand furent

(1) Ce dernier décret fut abrogé quand elles émigrèrent.
(2) Il était Belge d'origine & ſe nommait Vandermallen.
(3) Elles furent jetées en priſon en Hollande; l'aînée finit par épouſer un officier belge, la ſeconde mourut en 1818 à Bruxelles, auprès de ſa ſœur. Une troiſième ſœur du général comte de Fernig, Aimée, a épouſé le commandant Guilleminot, depuis officier général, officier d'état-major renommé qui devint chef du dépôt de la guerre ſous la Reſtauration.
(4) Sur la vie ultérieure de Mlles de Fernig, liſez *Correſpondance inédite de Mlle Théophile de Fernig*, publiée par M. Honoré Bonhomme, in-12, 1873, chez Firmin Didot. Cette correſpondance reſpire la pureté & l'honnêteté.

plus heureuſes. Toutes deux combattirent dans les armées de la République ; la première reçut, en décembre 1793, une penſion de 500 fr. ; la ſeconde, en juillet 1795, une gratification de 400 fr. La dernière venait de ſe diſtinguer au ſiége de Maeſtricht ; mais en leur accordant une récompenſe, la Convention voulut faire ceſſer les inconvénients pouvant réſulter de la préſence de femmes au milieu des rangs militaires ; toutes deux reçurent donc l'ordre de rentrer dans leurs foyers (1). Quant à la demoiſelle Quatrefous, la récompenſe qui lui fut octroyée le 22 avril 1794 diffère des deux précédentes ; elle conſiſte en une penſion de 300 fr. avec promeſſe de l'augmenter le jour de ſon mariage ; cette clauſe particulière dénote en faveur de ſes ſervices & de ſa bonne réputation. N'oublions pas à ce titre la femme Pochelat, qui combattit, en 1792 & 1793, en qualité de canonnier, dans la légion des Ardennes ; comme les précédentes dont elle était contemporaine, elle obtint de la Convention des éloges & une penſion. Nous ignorons ſi elle reprit les armes & continua le ſervice militaire après l'obtention de cette penſion (juin 1793) : toutefois on ne lui en fit pas la condition.

---

(1) Nous ne parlons ni de Théroigne de Méricourt ni de Henriette-Jeanne Lacombe, qui ont pris part à des émeutes, à des inſurrections, à la journée du 10 août 1793 par exemple ; ce ſont des révolutionnaires, nullement des guerrières.

Le fiége de Lyon par les Républicains, en 1793, nous offre, parmi les défenfeurs de l'antique cité, une femme, Marie Adriam, qui, vêtue en homme, remplit durant deux mois l'office de canonnier. Après la victoire de la Convention, un juge lui demande comment elle a ofé braver les dangers de la guerre, pourquoi elle a porté les armes contre la patrie : « Non, dit-elle, je luttais pour délivrer mon pays de fes oppreffeurs. » On la guillotina ; elle mourut avec fermeté.

En 1794 nous prenons Menin, mais perdons Landrecies ; les habitants de cette dernière place font de courageux efforts pour éviter d'appartenir à nos adverfaires, & leurs femmes les fecondent avec une énergie à laquelle Carnot a rendu hommage en difant qu'elles euffent fauvé la ville à elles feules fans la molleffe de la garnifon.

Relativement aux guerrières vendéennes, nous poffédons une dépofition formelle, celle de Mme de la Rochejacquelein, qui fut un témoin oculaire des luttes inteftines foutenues dans la Vendée ; leur nombre refta toujours reftreint, car ce témoin le fixe à *dix* au plus. Reproduifons le paffage de fes mémoires qui traite de ce fujet ; nous aurons ainfi l'impreffion première d'une femme qui peut compter également parmi nos héroïnes puifqu'elle prit part aux guerres racontées par elle, fuivant à cheval fon premier mari, M. de Lefcure, fachant lui fervir d'aide de camp, déployant un double courage, le courage moral & le courage phyſique (1); nous emprunterons d'ailleurs une page à un écrivain de talent, devenu plus tard membre de l'Académie française, à l'auteur de l'*Hiſtoire des ducs de Bourgogne,* à M. de Barante, qui rédigea les mémoires de Mme de la Rochejacquelein & les mit au jour en 1815. « Les généraux vendéens, nous apprend cet ouvrage, avaient défendu qu'aucune femme ſuivît les armées. Cependant, après l'attaque de Thouars, on trouva une femme parmi les morts. Elle s'était peu avant confiée à moi en me ſuppliant de ne rien dire à M. de Leſcure. Je ſus qu'elle s'appelait *Jeanne Robin,* de Courlay. J'écrivis au vicaire de la paroiſſe. Il me répondit qu'elle était fort honnête fille, mais que jamais il n'avait pu la diſſuader d'aller ſe battre : elle avait communié avant de partir. La veille du combat de Thouars elle vint trouver M. de Leſcure & lui dit : « Mon général, je ſuis une fille ; Mme de Leſcure le ſait, & elle ſait auſſi qu'il n'y a rien à dire ſur mon compte. C'eſt la bataille demain ; faites-moi donner une paire de ſouliers. Après que vous aurez vu comment je me bats, je ſuis ſûre que vous ne me renverrez pas. » En

---

(1) Après la mort de M. de Leſcure, elle fut pourſuivie, obligée de ſuivre l'armée, quoique enceinte, échappa en ſe déguiſant & en gardant un troupeau au milieu des bois, enfin gagna le château de Dréneuf où elle accoucha de deux filles (1794).

effet, elle combattit fans ceffe fous les yeux de M. de Lefcure; elle lui criait : « Mon général, vous ne pafferez pas, je ferai toujours plus près des Bleus que vous. » Elle fut bleffée à la main, & cela ne fit que l'animer davantage; elle lui montra fa bleffure, en difant : « Ce n'eft rien que cela. » Enfin elle fut tuée dans la mêlée où elle fe précipitait en furieufe. » Arrêtons-nous fur cette action de Jeanne Robin, nettement caractérifée par les lignes qui précèdent. Evidemment elle entrait entièrement dans la lutte & donnait elle-même la mort; à ce fujet n'oublions pas que c'était une jeune fille, car une femme déjà mère, & le cœur déjà éprouvé par les joies maternelles, héfite à tuer. En outre notre Vendéenne cherchait la mort, cela eft évident, puifqu'elle vient de propos délibéré à l'armée & fe met de gaieté de cœur au plus fort de la mêlée. Etait-ce chagrin de cœur, chagrin honnête, bien entendu, d'après les témoignages qui lui font donnés? Etait-ce dédain de la vie, ou fimple dégoût des faibleffes qu'elle avait découvertes dans l'humanité ? Autant de problèmes affurément. De toute façon la pauvre payfanne était un être à part, digne d'admiration pour le facrifice noble & fier de fa vie.

« Il y avait dans les autres divifions, continuent les mêmes mémoires, quelques femmes qui combattaient ainfi déguifées. J'ai deux fœurs, de quatorze & quinze ans, qui étaient fort courageufes. A l'armée de M. de Bonchamps, une fille s'était faite cavalier pour venger la mort de fon père; elle a fait des prodiges de valeur dans toutes les guerres de la Vendée, fous le nom de l'*Angevin* (1). C'eft la feule payfanne qui fe foit battue, qui vive encore (2). Je vis auffi un jour arriver à Chollet une jeune fille grande & fort belle, qui portait à fa ceinture deux piftolets & un fabre; elle était accompagnée de deux autres femmes armées de piques. Elle amenait à fon père un efpion. On l'interrogea. Elle répondit qu'elle était de la paroiffe de Tout-le-Monde, & que les femmes y faifaient la garde, quand les hommes étaient à l'armée. On lui donna beaucoup d'éloges; fon petit air martial la rendait encore plus jolie (3). »

Il exiftait encore en Belgique, au village de Viefville, près de Goffelies & non loin de Loupoigne, dans les premiers jours du mois de janvier 1866, une ancienne cantinière des dragons de La Tour. Nous parlons, on le voit, d'une femme qui a figuré dans les rangs oppofés aux Français. Cette vivandière, âgée de cent deux ans en

---

(1) On a publié des *Mémoires* touchant fa vie militaire, Paris, 1814, in-8°.

(2) Preuve de la part férieufe que ces femmes prenaient au combat.

(3) *Mémoires de M*^{me} *de la Rochejacquelein*, rédigés par M. de Barante, Bordeaux, 1815, p. 237 à 239.

1866 (1), & par conféquent née vers 1764, affifta à la bataille de Fleurus en 1794, & accoucha pendant l'action même d'un fils qu'on a toujours nommé *le dragon*; voilà, certes, une participation peu commune à un acte militaire. Elle fuivit les Autrichiens dans leur retraite & ne quitta l'armée qu'à la mort de fon mari, pour gagner le village natal & y vivre avec fon enfant.

En 1797, au paffage de la Piave, par la divifion Guieu (le 12 mars), un foldat, entraîné par le courant, allait fe noyer, quand une vivandière de la 51ᵉ demi-brigade, *Marie Dauranne*, fe jeta à la nage & le fauva. Le général Bonaparte lui fit auffitôt préfent d'un collier d'or, auquel on fufpendit plus tard une couronne civique fur laquelle fe trouvait gravé le nom du fantaffin qui lui devait la vie (2). La lettre écrite au nom du futur premier conful par le général Berthier, & datée du 28 août 1798, la traite d'*aimable citoyenne* & appelle *civique & intrépide* la conduite qu'elle a montrée; ces expreffions font autant de traits de mœurs que l'hiftorien & le moralifte ne peuvent laiffer échapper (3).

---

(1) Elle jouiffait encore de toutes fes facultés intellectuelles, effectuait de longues courfes à pied, &, pour que l'affimilation avec les vieux grognards fût complète, aimait à caufer guerre & racontait volontiers fa vie aventureufe au milieu des camps.

(2) Voyez le Bulletin officiel du paffage de la Piave.

(3) Ainfi la *citoyenne* pour un trait *civique* reçoit une couronne *civique;* l'abus fe trouvait alors, relativement à l'expreffion que nous

Au même moment une jeune fille servait comme officier dans l'armée autrichienne; son nom était *Francesca Scanagetta*. Inspirée dans sa jeunesse par la lecture du Tasse & désireuse d'imiter Clorinde, elle avait demandé à son père de la conduire à Vienne déguisée en jeune homme. Celui-ci obtempéra à son vœu, & en 1794 elle entra, sous le nom de Francesco Scanagetta, à l'Académie militaire de Vienne. Ses études furent brillantes. Nommée porte-drapeau en 1797, elle remplit durant trois ans les fonctions de son grade sans que personne se doutât jamais de son sexe. Au bout de ce temps son père dévoila son secret; alors elle fut congédiée avec une pension & les honneurs dus à son énergie (1).

Pendant l'expédition dirigée sur l'Irlande, au mois d'août 1798, pour aider à l'insurrection de ce pays contre les Anglais (2), M. Moreau de Jonnès, alors officier d'artillerie, se trouva hériter d'un

---

relevons, autant dans les choses que dans les mots & était un héritage du courant des idées de 1792 & 1793.

(1) En 1804 elle épousa le capitaine Spini; veuve en 1831, elle a vécu à Milan jusqu'au mois de février 1865. A cette dernière date elle comptait quatre-vingt-dix ans d'âge.

(2) Cette expédition d'Irlande prouve avec quelle facilité les Français se laissent entraîner à entreprendre légèrement une expédition sans la munir même du strict nécessaire, & rappelle l'énergie désastreuse avec laquelle nos généraux veulent néanmoins que tout soit possible à des militaires français qui manquent de matériel & pour qui rien n'est prêt.

officier mourant, nommé de La Tour, d'un fils très-jeune qui l'avait suivi & qu'il le pria de ne pas abandonner. Après le passage du fleuve Shannon, à Balintra, & le combat de Ballinamuck qui s'ensuivit, les forces françaises défaites se trouvèrent dans la situation la plus critique, & l'on parla d'une reddition. Afin d'éviter le triste sort de devenir prisonnier de guerre, M. Moreau de Jonnès prit le parti de tenter de s'échapper; le jeune homme déclara qu'il le suivrait & aussi plusieurs de ses artilleurs. Les voilà donc gagnant une chaîne de coteaux éloignés, en compagnie de cinq soldats, & avec l'intention de rejoindre le cours du Shannon, de le suivre jusqu'à ce qu'il devînt navigable, de trouver une barque, de s'y jeter & de gagner ainsi quelque navire assez fort pour tenir la mer. Arrivés sur le bord du fleuve, ils rencontrèrent un batelier qui les passa de l'autre côté. A la nuit, au lieu de se cacher dans un bois fourré, ils se réfugient dans une grange placée sur une éminence & s'y endorment après avoir eu soin de laisser une sentinelle au dehors. Au jour une décharge de mousqueterie résonne dans la grange, la sentinelle & les artilleurs sont tués; M. Moreau de Jonnès et le jeune Henri de La Tour se blottissent dans le chaume qui couvre la grange & attendent le départ des ennemis. Ceux-ci éloignés, ils descendent de leur cachette, trouvent un pâtre occupé à dépouiller leurs compagnons morts, l'étendent à terre d'un coup de fabre, & quittent à leur tour cette grange qui avait failli leur devenir funefte. Ils atteigent bientôt les campagnes du Munfter, province appartenant à l'infurrection & où ils rencontrent de la bienveillance & du pain chez les payfans. Mais un accident terrible les atteint; ils tombent tous deux dans un affreux bourbier, en fe dirigeant vers la côte, & ne fortent de ce vafte *bog,* de cette véritable mer de boue, qu'après des efforts inouïs, en plantant leurs baïonnettes dans l'efcarpement du haut duquel ils étaient tombés & en fe foulevant peu à peu fur ce frêle point d'appui. Une fois tirés de ce mauvais pas, ils n'ont plus rien, ni armes, ni vivres, ni munitions, ni papiers de fervice; en outre, ils font couverts de boue & affreux à voir; pourtant ils fe préfentent dans un château peu éloigné, & y reçoivent la plus généreufe hofpitalité. Comme il faut changer d'habits, vu le bain glacial qu'on vient de fubir, force eft au jeune Henri de La Tour de fe confier à la maîtreffe de maifon, de lui déclarer qu'elle eft femme & a revêtu les habits d'homme uniquement pour fuivre fon père malade : la transformation opérée, c'eft donc *Henriette* de La Tour qui apparaît. Ainfi le jeune compagnon de M. Moreau de Jonnès, ainfi la perfonne qui venait de courir avec lui les dangers dont nous avons parlé, &

qui précédemment avait participé à l'expédition d'Irlande, ainfi celui qui venait de mettre au grand jour fon courage, fa préfence d'efprit, fon intelligence, fes aptitudes militaires, en combattant, en ouvrant un avis, en *devinant* le terrain, en fachant tirer parti des moindres particularités, celui-là même *était une femme;* c'eft à ce titre que nous avons dû en parler dans ce livre (1).

L'Italie nous offre, tout à la fin du xviii° fiècle, une guerrière en la perfonne d'une jeune fille d'Arezzo, *Alexandrine Mari,* maîtreffe du miniftre anglais Windham; cette Amazone (on peut l'appeler ainfi, car elle combattait toujours à cheval) prit part à l'infurrection de fa ville natale contre les Français (1799), & dirigea en perfonne les infurgés à San-Donato, à Ponte & Borgo-fan-Lorenzo. Lorfque nous eûmes évacué Florence, elle y entra folennellement à la tête des troupes qui avaient levé l'étendard contre notre domination.

Citons encore une femme françaife par fon mariage, grecque d'origine, la première femme du général Augereau, laquelle mourut jeune; d'abord d'une fanté brillante, elle avait accompagné fon mari en Catalogne, montant à cheval,

---

(1) Lifez cet intéreffant épifode au tome II des *Aventures de guerre au temps de la République & du Confulat,* par M. A. Moreau de Jonnès, membre de l'Inftitut, Paris, 1858, p. 17 à 44.

tirant preftement le piftolet, donnant de fréquentes preuves de courage.

La nationalité de cette dernière héroïne me remet en mémoire les femmes qui fe font illuftrées dans les premières luttes de l'indépendance de la Grèce; cela remonte à 1792. A ce milléfime, le 20 juillet, le fameux Ali, pacha de Janina, fut battu près de la ville de Souli, grâce furtout à l'intervention des femmes de cette cité. Ces femmes avaient pour chef une guerrière nommée *Mofcho,*

> .... Qui portait en ce jour triomphant
> Sur un bras fon fufil, fur l'autre fon enfant (1),

a dit M. Pierre Lebrun (2). Par malheur le frère de cet enfant fe trouvait à Janina comme otage; le pacha fit crier à Mofcho, durant la mêlée, qu'il mettrait ce fils à mort fi elle continuait fon mouvement en avant, mais elle ripofta fièrement qu'elle en faurait avoir un autre, foit par *réminiscence,* foit par *imitation* (à fon infu) de l'acte attribué à la comteffe de Forli (3).

Onze ans plus tard, quatre jours après la prife de Souli, par conféquent le 16 décembre 1803, foixante femmes fouliotes, pour échapper à

---

(1) Et le *tablier plein de cartouches,* dit une chanfon grecque.
(2) Le *Voyage de Grèce,* poëme, 1828, p. 63.
(3) Voyez précédemment notre chap. VI (*moyen âge*), p. 115.

l'efclavage, fe réunirent fur le haut d'un rocher, près de Zalongos, & là fe livrèrent à une ronde défefpérée; à la fin de chaque tour l'une d'elles lançait fon enfant dans l'efpace, puis fe précipitait elle-même dans l'abîme; la danfe funèbre & les chants qui l'accompagnaient durèrent ainfi jufqu'à la dernière. C'eft encore un genre d'héroïsme, & l'on ne peut le reprocher à celles qui s'y vouèrent, car leur localité venait d'être vaincue & il ne leur était plus poffible d'expofer leur vie fur un champ de bataille, en caufant au moins dans les rangs ennemis le plus de ravages poffible (1).

(1) Nous retrouverons les femmes grecques en notre chap. xiv, qui, embraffant les temps de 1815 à 1848, comprendra la dernière période de l'affranchiffement de la Grèce.

CHAPITRE XIII

GUERRES DE NAPOLÉON Ier

—

En ces guerres mémorables nous ne rencontrerons pas plus de femmes fe vouant à la guerre que dans la période républicaine; c'eft qu'en effet, fi l'art militaire fe perfectionne & atteint fon apogée, l'enthoufiafme, lui, s'ufe à force d'être trop tendu, & c'eft l'enthoufiafme qui crée les volontaires, furtout ceux de l'efpèce particulière qui nous occupe en ces pages. Plufieurs de nos héroïnes appartiendront d'ailleurs aux deux périodes, & telle qui aura combattu fous les drapeaux républicains, plus propices à protéger des femmes parce que les règlements y étaient moins obfervés, continuera le port du fufil & le maniement du fabre dans les armées impériales mieux difciplinées, parce que fa réputation déjà faite mérite des égards, parce que la continuité & l'importance des guerres entreprifes ne permettent guère de fe priver des fervices de foldats de mérite propres à servir d'exemple, pouvant même exciter l'enthousiasme dans les rangs; en effet, voir une femme courir bravement à l'ennemi, supporter la mitraille, faire elle-même le coup de feu, résister aux fatigues de la guerre, les prendre gaiement, exerce constamment un effet sympathique & entraîne sur ses pas, ne serait-ce que par l'idée de lui être utile & de la protéger en cas d'accident.

Nous citerons en tête de ce chapitre Angélique Buck, non qu'elle prenne part en réalité à une action de guerre, mais c'est la première femme qui se trouve mêlée aux faits militaires du nouvel empire. Habitant le village d'Oberhaflach, où elle vient de mourir (le 15 juin 1870), cette fermière offre l'hospitalité en octobre 1805 à Napoléon Ier, alors occupé au siége d'Ulm & parcourant les alentours de cette place pour en resserrer le blocus & y cerner le feld-maréchal Mack : elle reçoit en cette circonstance, du souverain qui visite sa chaumière, une pièce d'or qu'elle conserva toute sa vie.

A la bataille d'Iéna un officier du 21° de ligne, gravement blessé, doit la vie à une cantinière de son régiment; il s'agit du capitaine de Mylius, mais on ignore le nom de sa libératrice. Devenu officier général, cet officier, fidèle au souvenir de cette femme courageuse & dévouée, institue (1863) un prix de cent francs en faveur de la cantinière de l'arme de l'infanterie qui fe diftingue le plus foit en fecourant les bleffés *au milieu du feu de l'ennemi,* foit par un acte d'humanité, ou *expofe fa vie* en temps de paix, pour une action généreufe; ce prix fe décerne encore & figure à l'Annuaire militaire, comme tous les dons & legs faits à l'armée, comme une donation de cinq cents francs de rente faite par le même donateur au confeil d'adminiftration du 46ᵉ régiment d'infanterie de ligne, dans le but de fonder des prix à répartir chaque année entre les fous-officiers & foldats du régiment.

Cette date de 1806 nous invite à fignaler la reine Louife de Pruffe (1) qui, au milieu de cette campagne, parut dans les rangs de l'armée pruffienne en coftume d'Amazone & vêtue de l'uniforme du régiment de dragons qui portait fon nom. Ce ne fut pas en réalité une femme guerrière, car elle ne combattit pas, mais elle prit part à des événements militaires & figura fur le champ de bataille. Napoléon Iᵉʳ en cédant à la colère, comme il le faifait trop fouvent quand tout ne lui cédait pas, Napoléon, difons-nous, parla de cette reine, dans fon premier bulletin, en termes qui amusèrent le foldat français, mais

---

(1) C'eft à cette princeffe que font dédiés les intéreffants *Mémoires fur Sophie Charlotte,* reine de Pruffe, lus par ERMAN à l'Académie de Berlin, & imprimés en 1801 dans cette ville par Starcke fuivant le format in-8º.

manquaient de dignité. « Il semble voir Armide, dans son égarement, mettant le feu à son propre palais » : ainsi parlait le bulletin. La reine Louise agissait par patriotisme, & le patriotisme est honorable même chez son ennemi. Si cette souveraine eut des reproches à se faire, & rien n'est moins prouvé, la Providence la châtia rudement, car elle succomba en 1810, au milieu des revers de la Prusse, accablée de chagrins & de fatigues. Berlin possède encore un hospice pour les filles pauvres fondé par elle, & l'ordre de Louise, institué en 1814 par son époux, perpétue son nom parmi les dames nobles (1).

Continuons à rechercher les femmes militaires qui se sont signalées durant cette période.

Pendant notre expédition de 1808 dans le Portugal, le colonel du 27ᵉ de ligne reçut un coup de feu au milieu d'un combat de rencontre. Le venger fut l'affaire d'un instant : on accabla l'ennemi, on le perça, on se fit jour. Comme on se retirait, un sergent de voltigeurs, svelte & mince, s'écria : « Et le corps de notre colonel, il faut aller le chercher; nous montrerons à l'ennemi de quel bois nous nous chauffons. » Il dit & entraîne avec lui deux braves soldats. La mort moissonne en route ces derniers. Le sergent

---

(1) Nous conservons ce passage tel qu'il était écrit avant la guerre de 1870-1871 contre l'Allemagne.

arrive feul, faifit le cadavre du colonel & veut le charger fur fes épaules, mais impoffible, il n'eft pas affez robufte des bras. Heureufement deux cavaliers anglais paffent. A leur vue le fergent fe met à faire du bruit. Les cavaliers l'aperçoivent & s'approchent. Dès qu'ils font à petite diftance, il en tue un d'un coup de carabine, bleffe l'autre avec fa baïonnette & le renverfe de cheval ; puis il faifit l'une des montures, y hiffe fon colonel & revient triomphant à l'ambulance. Le colonel refpirait encore ; on le fait revenir, il fera fauvé. Quant au fergent, fa poitrine ruiffelle de fang ; on le déshabille malgré fa réfiftance, & l'on s'aperçoit que c'eft une femme (1). C'eft, en effet, Virginie Ghefquières, du village de Deulémont, près Lille ; elle fert depuis fix ans au lieu & place de fon jeune frère tombé à la confcription. On lui donne fon congé &, en récompenfe de fon dernier exploit, la croix de la Légion d'honneur accompagne ce glorieux témoignage de fon honorable conduite (2).

Au fiége de Saragoffe, en février 1809, outre les femmes efpagnoles qui s'aventuraient entre les murailles pour dépouiller nos morts, il y eut plufieurs femmes attachées au fervice des batteries. On cite particulièrement *Auguftina,* mariée

(1) *Hiftoire de Lille,* par Victor Derode, 1848.
(2) Cette femme eft morte en décembre 1867, âgée de près de cent ans, à la maifon de refuge d'Iffy.

à un caporal d'artillerie, employée à la même batterie que fon mari, & très-habile à pointer. Mais toutes ces héroïnes cédaient le pas à une comteffe de B*** qui, fe multipliant, encourageait partout le foldat & femblait foutenir la défenfe comme une Bellone infpirée. « Je voudrais bien, dit un témoin oculaire, me trouver en préfence de cette fière comteffe, qu'on dit d'ailleurs belle & d'un grand caractère (1). »

Citons comme ayant pris part à nos guerres de 1808 & de 1809, ainfi qu'aux luttes qui fuivirent, Philomèle-Aventurine-Aglaé Robidon, laquelle, née le 15 octobre 1792, époufa le 20 janvier 1808, à feize ans, un cantinier du 1er voltigeurs nommé Rabot. Cette Amazone n'accomplit aucun fait militaire faillant, mais nous devons la citer pour fa bienfaifance; devenue riche par un fecond mariage avec un boucher de la capitale (2), elle vécut à Paris jufqu'au mois de juillet 1869, confacrant fa fortune à des œuvres de charité, & bénie de tout un quartier qui l'avait furnommée la *mère Gigot,* parce qu'elle avait adopté ce fingulier juron *nom d'un gigot,* qui cadrait affez avec la profeffion de fon fecond mari.

---

(1) *Journal hiftorique du fiége de Saragoffe,* fuivi d'un coup d'œil fur l'Andaloufie, par J. DAUDEBARD DE FÉRUSSAC, chef de bataillon d'état-major, ex-fous-préfet, etc., in-8º. Paris, 1816, chez Eymery, p. 63, 64.

(2) En 1814. Ce boucher s'appelait Barnabou.

Une des héroïnes de nos armées impériales d'Espagne & de Portugal, *Thérèse Figueur,* avait débuté sous la République. Engagée le 9 juillet 1793, à dix-neuf ans (1), dans la légion allobroge, sous le nom d'emprunt de *Sans-Gêne,* elle avait commencé son service de cavalier au siége de Toulon, & porté lestement les dépêches. Le général en chef Dugommier la traitait paternellement, les sergents Masséna & Junot lui donnaient une part de gigot cuit par leurs soins, le commandant Bonaparte la mettait à la garde du camp pour un retard de vingt-cinq minutes & en revanche elle le traitait de *moricaud* à la table même de l'état-major. Peu après elle se réhabilitait à ses yeux en portant, sous le feu de l'ennemi, des cartouches à la redoute des Deux-Moulins. Mais voici des exploits plus sérieux. Incorporée (4 avril 1794) dans les cadres de l'ancien régiment des dragons de Noailles, devenu le 15e de l'arme, elle se rend à l'armée des Pyrénées-Orientales commandée par Dugommier & coopère à nos efforts pour contenir l'armée espagnole de La Union qui venait d'envahir notre territoire. Mais subitement un arrêté du comité de salut public défend de conserver aucune femme dans les rangs actifs (cet arrêté seul, outre l'exemple de Thérèse Figueur, prouve qu'on en tolérait) ; heureuse-

(1) Née le 17 janvier 1774, à Talmay (Côte-d'Or).

ment, à la demande des officiers fupérieurs & généraux de l'armée, on admet une exception en faveur de notre héroïne. Pour remerciement, elle pénètre l'un des premiers dans la fortereffe de Figuières. Employée parmi les éclaireurs fur la grande route de Gironne, elle tue, d'un coup de fabre dans la gorge, un Efpagnol qui l'avait ajuftée, & conduit deux prifonniers au général Augereau dont elle reçoit un piftolet en échange de fa carabine brifée dans une chute : elle fauve enfuite le général Noguez abandonné comme bleffé &, au paffage d'un torrent, affluent de la Fluvia, retire de l'eau plufieurs foldats entraînés & qui allaient fe noyer (1). Elle eut auffi dans cette campagne deux chevaux tués fous elle; le fait eft officiel. Des Pyrénées elle gagne l'Italie avec fon régiment, mais pour tenir garnifon feulement dans les places du Milanais; pendant la campagne d'Egypte elle demeure au dépôt de fon corps, & paffe bientôt avec lui dans le 9° de l'arme. Ce 9° eft envoyé faire le fervice de place entre Milan & Lodi. Là près de Bufca, après une malheureufe affaire, elle ramène fur fon cheval un carabinier dont la cuiffe venait d'être fracturée par un bifcaïen, & le conduit à l'hôpital; mais au fortir de cet hôpital, des huffards autrichiens la faififfent & l'enferment dans un corps

---

(1) Les états de fervice de Thérèfe Figueur mentionnent ces deux faits honorables.

de garde : heureusement il se trouvait en face un hôtel appartenant à un comte italien chez lequel elle avait été reçue précédemment ; elle profite d'un instant où la surveillance à son égard faiblit, s'échappe, pénètre dans l'hôtel, y reçoit la plus généreuse hospitalité, & en sort bientôt habillée en femme sans qu'aucun de ses adversaires s'avise de la reconnaître sous ce nouveau costume. Le lendemain elle assiste à une affaire de sa division, y perd les papiers officiels parce que son cheval, blessé d'un coup de feu, lui refuse le service, mais parvient à rentrer dans Busca, & à remercier son libérateur qui lui fait cadeau d'une jolie jument isabelle. Hélas! cette jument qui fit sa joie fut traversée d'un biscaïen le lendemain à la bataille de Savigliano (13 brumaire an VIII) : ajoutons qu'elle reçut elle-même quatre coups de sabre dans le dos & devint prisonnière; enfermée avec deux cents autres captifs dans une chapelle humide, elle entendit de là des paysans forcenés qui réclamaient la *femme soldat* pour la brûler comme sorcière, mais on l'affuble d'un costume de vivandière & on la fait passer pour telle. Comme on lui laissait prendre l'air parfois au dehors, avec les autres prisonniers, elle vit une fois le prince Charles (1) qui, l'apercevant, lui dit : « Vous avez pris du service bien jeune,

---

(1) L'archiduc Charles, celui qui nous combattit à Essling & à Wagram.

mon ami, mais prenez patience, la paix viendra & vous ferez échangé. » En effet, peu de jours après elle eft reconnue par un domeftique du prince de Ligne, originaire auffi de la Bourgogne, & conduite près du prince, qui lui fait raconter fon hiftoire. Quand ce perfonnage apprend que le dragon Sans-Gêne eft une femme, il raffemble tous fes amis, & la leur montre, difant : « Connaiffez-vous rien de femblable ? une femme ? Il n'y a pour une telle chofe que ces diables de Français ! » En outre, il traite bien fa protégée, la fait repofer, habiller, & qui mieux eft, obtient fon échange. La mauvaife étoile de notre guerrière voulut qu'elle fût dépouillée par les huffards autrichiens chargés de la conduire aux avant-poftes français, mais elle ne s'en plaignit pas tant la liberté parut douce à fon caractère libre & enjoué après vingt jours de captivité. Après ces événements Thérèfe Figueur rejoignit à Embrun fon chef d'efcadron, &, le 19 janvier 1800, quitta le 9ᵉ régiment de dragons pour rentrer à l'efcadron complémentaire de fon ancien corps. Fatiguée, prefque mourante, elle fuivit le confeil de fes amis, follicita une penfion & obtint à ce titre & « pour récompenfe de *fa conduite diftinguée* aux armées des Pyrénées-Orientales & d'Italie (1) » 200 fr. par an le 16 feptembre 1800;

(1) Expreffions du brevet de penfion délivré à Paris le 29 fructidor an VIII & figné Bonaparte.

fon congé abfolu lui fut accordé le 29 octobre fuivant. Elle s'établit à Montélimart, puis à Châlons-fur-Saône ; revenue à la fanté par une hofpitalité de dix mois chez le maire de cette dernière ville (1), elle fe rendit à Paris, au mois de juin 1802, pour demander une augmentation à fa penfion. Peu faite pour le métier de folliciteufe, & voyant fes forces revenues, elle reprit du fervice dans le 9ᵉ dragons alors à Paris & dont Horace Sebaftiani (2) fe trouvait alors le colonel. Cet officier fupérieur fut gracieux pour elle, la fit admettre à la table des lieutenants, paya fon logement garni & annonça au régiment la rentrée de Sans-Gêne qui avait été, dit-il, *l'honneur & le charme* du corps. C'était, fuivant la mode du temps, un compliment à la grecque, tout claffique, très-digne. Grâce à une pareille réception, Thérèfe Figueur eut alors une véritable vogue dans le monde parifien. On la préfenta même à Mᵐᵉ Bonaparte, femme du premier Conful. Elle arriva en uniforme, fur un cheval fougueux, &, le maniant avec adreffe, fe fit admirer de toutes les dames habitant le château de Saint-Cloud. « Que vous êtes heureufe d'être brave, lui dit Joféphine, de n'avoir peur ni d'un cheval, ni du canon ! » La future impératrice faifait

---

(1) M. Boiffeleau.
(2) Depuis maréchal de France.

allusion à son impressionabilité, à sa véritable maladie d'être peureuse. Le premier Consul se rappela l'épisode du siége de Toulon : « Eh bien, monsieur Sans-Gêne, articula-t-il, suis-je toujours aussi laid & mérité-je encore le sobriquet de Moricaud ? » D'abord interdite, notre guerrière, défendue d'ailleurs par Joséphine & Hortense de Beauharnais, présente à cette scène, répondit enfin : « Puisque le général a bonne mémoire, il n'aura pas oublié qu'au siége de Toulon, j'ai su porter des cartouches. — Certes », reprit le futur dominateur du monde, & prenant son ton le plus sérieux, il ajouta : « Mlle Figueur est un brave. » Dans sa bouche c'était un éloge de prix. Bonaparte voulut aussi attacher Sans-Gêne à sa femme, en qualité de femme de chambre; mais le goût d'une liberté aventureuse en décida autrement : au bout de dix jours notre dragon s'ennuya à Saint-Cloud, déserta le château sans avertir personne, & revint prendre du service au 9e, où il fut reçu à bras ouverts.

Tel était le soldat féminin que la République française léguait à l'Empire. Sous le nouveau régime, ce soldat se montra digne de sa vieille & intacte réputation. Nous le retrouvons combattant sous les murs d'Ulm & y pénétrant couvert de boue & la figure noire de poudre. Il assiste à la bataille d'Austerlitz, puis, l'année suivante, à celle d'Iéna. Comme sa santé déclinait, on le renvoie à Paris; il y tombe malade & se voit obligé d'entrer à l'hospice de la Charité, où il rencontre la guérison. Après dix-huit mois passés sans sortir de la chambre, les forces reviennent tout à fait, & avec elle le goût des voyages & des horions. Elle entend parler de l'Espagne où nous faisions déjà la guerre, elle part pour ce pays. Burgos atteint, elle y fait le service de la place & contribue à maintenir les communications des Français avec Valladolid & Vittoria, en attendant qu'elle puisse gagner Séville où stationne son corps. Là, sa carrière militaire se termina brusquement & d'une façon désagréable; à la fin de juillet 1812 elle tomba, par une promenade imprudente, aux mains d'une bande du fameux Mérino, ne conserva la vie qu'en souvenir des charités dictées précédemment dans ce même pays par son cœur charitable, fut conduite à Lisbonne, de là en Angleterre; elle fut internée, dans ce dernier pays, comme prisonnier de guerre, à Bolderwood. Elle revint en France en 1814 & s'y maria avec un maréchal des logis de la gendarmerie des chasses, nommé Sutter, qu'elle avait connu enfant & toujours aimé (1). De tous les certificats délivrés à cette femme intrépide, digne à tous égards de figurer

---

(1) Consultez *les Campagnes de Mlle Thérèse Figueur*, aujourd'hui Mme veuve Sutter, ex-dragon aux 15e & 9e régiments, de 1793 à 1813, écrites sous sa dictée par Saint-Germain Leduc. Paris, 1842.

honorablement dans ce livre, nous citerons les trois fuivants : « Je certifie que le dragon Sans-Gêne à fait fous mes ordres la guerre des Pyrénées-Orientales, que dans plus d'une occafion elle a donné des preuves d'un courage au-deffus de fon fexe. *Signé* AUGEREAU. » — « Le général de divifion Lemoine attefte que les fervices du dragon Sans-Gêne lui ont, dans tous les temps, mérité des éloges des officiers généraux & l'admiration de toute l'armée. » — « Le confeil d'adminiftration de l'efcadron complémentaire du 15ᵉ régiment de dragons certifie à tous qu'il appartiendra que la nommée Thérèfe Figueur, dite *Sans-Gêne*..., a donné des preuves de courage. Son dévouement, fa bravoure peu ordinaires, *même parmi les hommes*, la rendent recommandable, & le confeil d'adminiftration la recommande à toutes les autorités civiles & militaires auxquelles elle fe préfentera. » — Son *état de fervice,* à la date du 21 fructidor an IX (9 feptembre 1801), fe réfume ainfi : *neuf* campagnes, *deux* bleffures, dont une au fein gauche, *trois* chevaux tués fous elle (1). Ne quittons pas l'efquiffe biographique de cette vigoureufe guerrière, fans mettre en relief

---

(1) Le cheval qui, bleffé, lui refufe le fervice avant la bataille de Savigliano & lorfqu'elle a charge des papiers officiels, ne fuccomba pas ; c'eft pourquoi l'état des fervices cité plus loin mentionne feulement *trois* chevaux tués fous elle. Cette remarque a pour but de mettre en évidence notre défir d'être exact & le foin que nous apportons à la rédaction de l'*Hiftoire militaire des Femmes.*

son caractère gai, pétulant, sa prédilection pour le rire, les bons tours ; elle jouait de grosses farces à tout le monde, & mettait souvent en révolution les maisons de campagne où l'admettaient ses amis puissants ; mais si elle était au repos comme en guerre pour le tapage & les aventures, elle possédait également des qualités solides, lesquelles vont bien au courage, la franchise, la droiture & une certaine indépendance qui ne gâte jamais rien & sied toujours à une femme, surtout à une Française.

Nous retrouvons dans la campagne de Russie, sous Smolensk & à la bataille de la Moscowa, une guerrière russe, qui déjà, en 1807, avait fait contre nous la campagne de Prusse & figuré dans les combats de Gutsstadt & de Halsberg, de même qu'en 1813 elle se distingua aux sièges de Modlin & de Hambourg. Il s'agit de la demoiselle *Nadejda Dourova* entrée au service à quatorze ans, retraitée à vingt-quatre ans en 1817 (1). — Dans cette même campagne, deux vivandières françaises sauvèrent chacune un général ; l'histoire n'a pas conservé leur nom, mais, par une bizarrerie, elle a gardé les noms des sauvés : ce sont les généraux Ornano & Ledru des Essarts. — Une troisième cantinière française, Joséphine *Trinquart,* appartenant au 63ᵉ de ligne, voyant un

---

(1) Morte en 1866, à Yelabouga (gouvernement de Viatka).

chef de bataillon bleffé, entraîna trois foldats pour relever & ramener cet officier fupérieur, mais elle parvint feule jufqu'au bleffé, fes trois compagnons ayant été tués. Alors elle voulut charger le commandant fur fes épaules, mais fes forces la trahirent. Elle héla deux cavaliers ennemis, tua l'un d'un coup de piftolet, défarçonna l'autre d'un coup de baïonnette, réuffit à mettre fon officier à peu près en felle ou couché fur l'une des montures, & revint avec lui à l'ambulance. Cet acte fingulier de préfence d'efprit & de courage (1) valut la croix d'honneur à fon auteur, morte récemment à Montreuil (2).

A la guerre de 1813 appartient la *fœur Marthe* (3), née en 1748, morte en 1824, à Befançon. Entrée fort jeune au couvent comme fœur converfe, chaffée de fon afile par la Révolution, elle mit au fecours des malheureux & des prifonniers fa fanté de payfanne & l'énergie de fon caractère. Les élans de fa charité trouvent du pain pour les pauvres (4), fon courage lui fait fauver des enfants foit d'un incendie, foit des dangers offerts par les eaux du Doubs. Quant

(1) C'eft la *répétition* de l'acte précédemment accompli par Virginie Ghefquières (voyez ci-deffus p. 243), & j'aurais pu, à ce titre, en parler dans le mémoire relatif aux *Imitations militaires*, cité p. 167.

(2) En mars 1872, mais non centenaire, car elle comptait vingt ans environ en 1812.

(3) Anne Biget.

(4) Surtout pendant la famine de 1817.

aux prisonniers, elle les soigne & en grand nombre, qu'ils soient Espagnols ou Anglais. Sur les champs de bataille, les blessés la voient accourir avec joie, & on l'y appelle dans toutes les langues. Tant de dévouement fit placer son portrait dans une des salles du ministère de la guerre, la plupart des souverains de l'Europe se plurent à la gratifier d'un signe honorifique; mais, des récompenses terrestres, la plus douce à ses yeux était son crédit, la considération dont elle se trouvait entourée, & qu'elle savait, avec des formes brusques & impérieuses, faire tourner au profit de sa nombreuse clientèle.

Parmi les blessés de Waterloo figure une femme morte récemment à l'hospice de la Vieillesse, âgée de cent quatre ans; portant le nom de *Mailletet,* & cantinière de sa profession, elle avait fait le tour de l'Europe avec nos grenadiers.

Citons enfin, parmi les femmes guerrières du premier empire, *Angélique Brulon*. Mariée de bonne heure à un sergent des gardes françaises, bientôt sergent au 42e, l'héroïne dont nous parlons affectait déjà comme femme des allures spéciales, & son casaquin de drap bleu prenait assez la rigidité de l'uniforme militaire. Son époux ayant été tué en 1793, dans une émeute survenue en la cité d'Ajaccio, par l'effet d'une vendetta qui profita de cette lutte pour s'accomplir & le punir de s'opposer au mariage d'une amie de sa femme avec le traître qui le mit à mort, elle prit, deux jours après ce trifte événement, les habits du défunt, en ayant foin d'en découdre les galons, & alla fe placer dans les rangs. Le capitaine lui adreffa des obfervations : « Non, dit-elle, laiffez-moi avec les camarades de Brulon; je ferai un inférieur foumis & faurai pourfuivre & combattre les affaffins. — Eh bien! reftez, *foldat Brulon,* & foyez des nôtres », reprit l'officier en fouriant, mais à part lui il ajouta : « Sa folie eft douce, cette fantaifie paffera. » Elle ne paffa pas. La veuve Brulon fit fon fervice, & bientôt on put la furnommer *le caporal Liberté.* Son vifage imberbe, fa voix douce la faifaient paraître très-jeune fous le coftume mafculin; mais elle poffédait une aifance de mouvements qui laiffait croire que c'était un jeune homme. Son intelligence, fa réfolution, fon énergie, apparurent furtout lors du débarquement des Anglais; elle aida à l'évacuation de la citadelle d'Ajaccio par les quelques foldats français qui s'y trouvaient encore, & à leur marche nocturne vers Calvi où fe trouvait un repréfentant du peuple (1). Lors de fon arrivée dans cette dernière ville, elle fut prife, en raifon d'un retard dans fa marche, pour un autre caporal qui avait trahi, & au moment d'être fufillée; heureufement l'erreur fut reconnue

(1) Lacombe Saint-Michel.

avant l'accompliſſement de la triſte cérémonie, grâce à un ami de ſon mari qui rappela que c'était la veuve du ſergent Brulon & non le caporal incriminé. En compenſation & pour récompenſer ſa conduite, on la nomma ſergent. C'eſt pourvue de ce grade qu'elle contribua à la défenſe du fort Geſco qui dominait la baſſe ville & le faubourg de Calvi. Placée dans le ſervice de l'artillerie, vu le manque de ſoldats ſpéciaux, elle s'y mit avec dévouement, ayant près d'elle ſa petite fille, âgée de deux ans, laquelle jouait au milieu des affûts & des boulets, à la condition de rentrer dans une cachette offerte par la muraille dès que l'aſſiégeant recommençait ſon feu. Quand les munitions des défenſeurs s'épuiſèrent, quand leur tir ſe ralentit, un aſſaut eut lieu par la brèche déjà exiſtante ; Liberté, armée d'une hache, frappait à coups redoublés, & plus d'un adverſaire fut précipité par elle dans le foſſé, juſqu'au moment où un ſtylet lancé avec adreſſe l'atteignit au bras droit. « Bah ! dit-elle, ce n'eſt qu'une égratignure, je n'ai que pour trois jours ſeulement à reſter l'arme au pied. » Bleſſée, on trouva moyen de l'utiliſer. Revêtue de ſes habits de femme (il fallut vaincre ſa répugnance pour les lui faire reprendre), elle ſortit du fort, & ſe rendit ſecrètement dans la ville, afin d'y chercher un fourgon chargé de munitions. Au lieu de ramener le fourgon, ce qui eût offert des difficultés dans une opération cachée, elle prit avec elle un groupe de soixante femmes corses, dont chacune portait des paquets de cartouches, &, courant sous le feu ennemi qui éclata dès que cette manœuvre fut aperçue, elle parvint jusqu'au fort Gesco, & y pénétra avec ses compagnes. On put recommencer le feu, mais cela dura deux jours à peine. Le fort abandonné, nos défenseurs se concentrèrent dans la ville; après une nouvelle défense, prolongée autant que possible, Calvi se rendit. Les Français obtinrent d'être ramenés à Toulon, & le sergent Liberté eut la satisfaction de rapatrier sa compagnie en France, ses officiers ayant été tués ou se trouvant à l'ambulance; elle rapportait, il est vrai, pour dernier souvenir de son héroïsme une blessure à la jambe reçue pendant ces derniers jours. La veuve Brulon prit ensuite part aux dernières campagnes de la République & aux diverses guerres de l'Empire, s'y distingua & reçut cinq autres blessures. Louis XVIII la créa *sous-lieutenant honoraire* &, en 1851, elle reçut des mains du chef de l'État la décoration de chevalier de la Légion d'honneur. Son décès remonte à l'année 1862 & eut lieu à l'hôtel des Invalides, où l'on lisait sur la porte de sa chambre :

MADAME VEUVE BRULON
officier.

Le 3 avril 1814, au fiége de Sens par les alliés, plufieurs habitants ayant été pris les armes à la main, l'ennemi réfolut, auffitôt la reddition, de paffer la ville entière au fil de l'épée. Alors la femme d'un négociant, Mme Bénard, fe leva &, malgré les fupplications de fon époux & de fes enfants, fortit de la cité, marcha au travers des balles & des obus qui pleuvaient, atteignit la tente du prince de Wurtemberg & fe jeta à fes genoux ; frappé du courage & du fang-froid de cette héroïne, le prince accorda fon pardon à la ville. Le gouvernement royal de France félicita Mme Bénard & lui adreffa, comme fouvenir, la collection des médailles de nos fouverains ; cette collection a depuis été offerte par fa famille à la bibliothèque de la ville de Sens.

CHAPITRE XIV

PÉRIODE DE 1815 A 1848

—

La Reſtauration s'ouvre par un trait de dévouement féminin qui, fans ſe paſſer à la guerre, annonce une réſolution & une perſévérance viriles ; Mme de Lavalette ſauve ſon mari empriſonné. Ce beau trait, qui fit alors grand bruit, eſt une imitation de celui de Chelonis, femme de Théopompe (1).

Les guerres de 1815 à 1830 nous offrent peu à glaner.

Nous rencontrons cependant, à la date de 1821, une Grecque du nom de *Bobolina,* devenue veuve en 1812, par l'exécution de ſon mari jugé coupable d'entretenir des relations avec Ali, & ayant juré aux Turcs une haine éternelle ; cette

---

(1) C'eſt Polyen qui le cite ; voyez cet auteur au § 34 de ſon livre VIII, & ci-deſſus la page 41 de ce volume.

femme prend alors une part active au siége de Tripolitza (1821), & illustre son nom par des actions d'éclat. Elle appuie ensuite avec une flotte le blocus de Nauplie, de Romanie, & se distingue dans les divers combats livrés dans l'Argolide. Malheureusement elle succombe en 1825 dans une rixe.

N'est-ce pas également à ces temps qu'appartient *Constance Zacharias,* femme originaire de Mistra (1), laquelle se mit à cette époque à planter un drapeau devant sa maison, à enrôler des paysans, à marcher à leur tête sur Londari, à incendier cette localité, & à se porter avec sa troupe improvisée sous les murs de Tripolitza?

Les luttes de l'indépendance hellénique fournissent d'autres traits à notre travail historique.

On rapporte, par exemple, à la date de 1822, le fait de cette femme qui, pour se délivrer des Turcs venant, au mépris d'une capitulation, massacrer des blessés & des prêtres réfugiés dans une église, mit résolûment le feu à un tonneau de poudre & fit sauter avec elle amis & ennemis.

Quand, chassés par la faim, les Hellènes sortent de Missolonghi dans la nuit du 10 au 11 (22 au 23) avril 1826, ils emmènent au milieu d'eux deux mille femmes & enfants, puis, en se faisant jour, se voyant dans l'impossibilité de sau-

---

(1) Son père avait été empalé par les Turcs.

ver tous ces objets et gages de leur tendreſſe, ils en maſſacrent eux-mêmes le plus grand nombre, afin de les souſtraire aux miſères, aux hontes de l'eſclavage. Ecoutons un témoin oculaire : « Après avoir répandu le ſang de tant de victimes, nous dit-il, les femmes & enfants que l'on put arracher aux baïonnettes de l'infanterie & aux ſabres de la cavalerie furent placés au milieu de la première colonne qui eſſuyait le feu d'une fuſillade continuelle. La mêlée était alors horrible, & pour l'accroître la cavalerie arabe (celle d'Ibrahim-Pacha) s'avance ; les Hellènes en font un affreux carnage. Ils s'emparent de quantité de chevaux dont ils ont fait tomber les maîtres; là, plus d'une autre Judith coupa la tête d'un Holopherne iſlamite (1) ; les femmes belliqueuſes de Souli ſabrent une foule d'Arabes, les renverſent de leurs chevaux & les montent elles-mêmes (2). »

Le même auteur nous ſignale la guerrière Modena Mavrogénie qui combattait également du côté des Grecs (3).

Nous rencontrons deux femmes grecques

---

(1) L'image manque de juſteſſe.

(2) *Campagne d'un jeune Français en Grèce*, par Schack. Paris, 1827, chez Didot, p. 139.

(3) Les enfants ſe mêlent auſſi à cette lutte & dans l'âge le plus tendre. Dans les *Souvenirs de la Morée*, de Maugeart (Paris, 1833, chez Igonette, p. 280), on voit un enfant grec, *âgé de trois ans*, qui met, pendant la défenſe de Miſſolonghi, le feu à une pièce d'artillerie chargée par ſon père (ce dernier fut tué bientôt). L'hiſtoire n'a pas conſervé le nom de ce petit héros.

citées dans le mémoire du colonel Voutier, *Madon* & *Chaïdo*. La première parcourt l'île de Myconi, alors que deux cents Algériens y débarquent, infpire fon enthoufiafme à fes compatriotes, les porte à fe défendre, & refufe de fe marier fi ce n'eft à un *homme libre*. La feconde fe jetait dans la mêlée & y combattait avec réfolution. Ses coups étaient fûrs; trois anneaux turcs qu'elle portait prouvaient qu'elle avait tué trois ennemis. On rapporte d'elle un trait fublime: dans une action, fon mari vient d'être tué & autour d'elle tous héfitent, mais elle, d'un regard, cloue chacun à fon pofte, jette fon tablier fur le corps de fon mari, s'élance contre l'ennemi & achève la victoire. L'hiftorien doit le dire, un homme n'eût pas mieux fait.

Ces femmes ne furent pas les feules à fe fignaler par les armes, puifque les Grecs avaient accordé des prérogatives aux femmes les plus courageufes, par exemple celle de faire abreuver fon troupeau le premier ou de voir tout le monde s'écarter quand elles venaient puifer de l'eau à la fontaine.

De la Grèce paffons à un pays qui appartient à la religion de Boudha, à la Birmanie.

Lors de la campagne de fir A. Campbell contre le roi de Burma (vers 1824), au moment où le corps du vieux prince birman Mohanemiow vient de défaire le capitaine Macdowel, on comptait parmi les troupes choifies du chef indien trois Amazones, d'une grande naiffance, fort jolies & auxquelles la crédulité indienne prêtait le pouvoir magique de détourner, en les charmant, les boulets anglais. Vêtues en partie comme les hommes, elles parcouraient le camp des Birmans, &, par leur difcours, cherchaient à infuffler le courage aux combattants. A l'attaque de ce camp par les Anglais, le 30 novembre, elles continuèrent leur rôle au milieu du carnage & le remplirent fi bien que l'une d'elles fuccomba; leur dévouement n'empêcha pas la déroute des leurs.

On fe rappelle le grand foulèvement polonais, conféquence de notre révolution de 1830; alors finit une héroïne polonaife nommée *Emilie Plater* (1), appartenant à la famille noble de ce nom & ayant donné les preuves d'une grande énergie. Née en 1806, élevée par une parente, Mme de Sieberg, dans le domaine livonien de Lixna, ayant refufé par patriotifme d'époufer un général ruffe, elle avait pris les armes dès les débuts du foulèvement, réuni 600 hommes & tenté de furprendre la forterefle de Dunabourg; malgré un combat heureux livré le 2 avril 1831 & dans lequel la victoire lui refta, il lui fallut,

---

(1) *Emilie Plater, fa vie & fa mort*, par STRASZEWIZ, avec préface de Ballanche, 1834, Paris, in-8º.

devant des forces fupérieures, renoncer à fes projets. Inveftie du grade de capitaine-commandant dans le régiment de Lithuanie, elle reçut la miffion de défendre Kowno & le fit avec une rare intrépidité, à la date du 25 juin. Elle fe fraya enfuite un chemin au travers des troupes ruffes, le fabre à la main. Alors, pourfuivie par les Cofaques, elle gagna la Pruffe et, après dix jours de marche, tomba malade dans un village, où elle mourut de douleur en apprenant le trifte fort de la capitale de fa bien-aimée patrie. Toujours habillée en homme, elle infpirait à fes troupes le plus grand refpect, dû certainement à fes actions, mais également à un enfemble mélancolique & myftérieux, qui en impofait. Elle avait transformé en aide de camp fa dame de compagnie, Marie Rafnanowiez, laquelle fe tirait au mieux, fous fa direction, de fon rôle militaire.

Le fiége d'Anvers (1832) a fon Amazone, fi l'on en croit (1) la relation de Richemont (2). Citons un extrait de cette relation : « La citadelle ne montrait que des mines fumantes, peu d'inftants avant la capitulation ; fa ceinture était encore animée de la vie du canon, mais la place d'armes était déferte, & le peuple fouterrain qui nous combattait était invifible pour nous. La

---

(1) Celle du général Lamare (p. 21) dément le fait.
(2) Siége de la citadelle d'Anvers, in-8º, Paris, 1833, p. 154.

brèche s'ouvrait rapidement, & les objets de rempliffage étaient près du foffé. Les compagnies défignées pour monter à l'affaut fe concentraient fur Berchem. Nos intrépides mineurs travaillaient fous une pluie de balles; une femme les encourageait. Frappée d'un éclat d'obus à la tête, elle refufe de quitter ce pofte périlleux : les bleffés reçoivent les premiers fecours de fes mains généreufes; elle continue à diftribuer des rafraîchiffements & des exhortations à nos hommes. Près de cette femme intrépide qui chante gaiement au milieu du carnage, furent frappés à mort le chef d'efcadron Gannal, le capitaine Grandfire & un canonnier; un fous-chef d'état-major tomba auffi en fa préfence. »

Abordons maintenant les luttes de la conquête de l'Algérie comprifes entre 1830 & 1848.

Parmi les femmes qui prirent part à l'expédition d'Afrique, il nous faut citer Catherine Rohmer (1). Mariée en fecondes noces (1825), à un fergent-major du génie (2), elle le fuit, &, fait curieux, fes huit fils l'accompagnent. Elle affifte aux prifes d'Alger, de Bone, de Mafcara, d'Oran, de Conftantine. Au fiége de cette dernière ville elle perd fon fecond mari & deux de fes fils; l'un était tambour-major, l'autre chef de mufique. Il

---

(1) Née à Colmar, en 1783.
(2) Antoine Varin.

lui reſtait encore ſix fils, tous préſents à l'armée d'Afrique. On ne ſaurait trop citer l'énergie d'une femme qui paye ainſi de ſa perſonne (elle fut bleſſée de deux coups de feu, reçu l'un à Bougie, l'autre à l'affaire de la maiſon carrée), on ne ſaurait trop louer le dévouement patriotique d'une mère qui voit ſans ſourciller que ſes huit fils ſont ſoldats. Cette héroïne était vivandière comme ſa mère. Elle avait débuté dans les camps ; ſous ſes yeux ſon père, ſergent, était mort à la priſe de Calabre, & un boulet, à la bataille de Fleurus, avait emporté la tête de ſa mère. A dix-neuf ans elle avait épouſé François Girard, tambour-major de la 62ᵉ demi-brigade. Incorporée dans la diviſion Donnadieu, elle aſſiſtait à la priſe de Saragoſſe, entrait en Portugal, revenait à Barcelone. Déjà ſes huit fils étaient nés & tous étaient enfants de troupe. D'Eſpagne elle courait avec ſon régiment à Wagram, & recevait dans cette journée un coup de lance. Elle tenait enſuite garniſon à Vienne. De Vienne elle ſe rendait à Naples. Après pluſieurs mois paſſés en Italie le ſort la renvoyait en Eſpagne. On ne pouvait prendre, à ce qu'il paraît, Girone ſans elle ; elle ſe diſtinguait en portant ſecours aux bleſſés, elle ſaiſiſſait un fuſil, faiſait le coup de feu, donnait l'exemple avec autant de calme que de réſolution ; à la ſuite de cette conquête, ſon mari obtenait la décoration. De Girone elle partait pour la Ruſſie, (quelle odyssée!) traversait Varsovie, Cracovie, atteignait Moscou : elle résistait à tout, même aux désastres de la Bérésina. De retour en France, on réorganisait son régiment. La campagne de France, en 1814, la comptait encore parmi ses acteurs les plus intrépides; on la remarquait à Châlons, à Troyes, à Bar-sur-Aube, à Brienne. Elle assistait aux adieux de Fontainebleau, elle faisait partie du petit bataillon de l'île d'Elbe. L'année suivante elle assistait à la bataille de Waterloo. Peu après son mari devenait adjudant d'artillerie. En 1823 elle le suivait pour la seconde fois en Espagne; mais un coup de feu abattait ce brave entre Barcelone & Gracia. Ce fut deux ans après ce grave événement de sa vie militaire qu'elle devint Mme Varin & bientôt guerrière africaine (1). Quelle vie active, & combien peu des Amazones de l'antiquité ont accompli autant d'actions de guerre! Ajoutons que cette vaillante femme vécut & mourut pauvre, dans un âge avancé, à Colmar.

Dans les premiers jours de novembre 1839 une médaille d'honneur fut accordée à la dame *Racine,* cantinière au 2e régiment de chasseurs d'Afrique, « pour avoir, dans les nombreuses expé-

---

(1) On compte souvent parmi les femmes qui ont pris part à notre expédition d'Alger, en 1830, une vivandière nommée *Thérèse Jourdan,* dont la carrière ressemble beaucoup, sauf en ce qui concerne le nombre des enfants, à celle de Catherine Rohmer.

ditions auxquelles fon corps a pris part, montré un admirable dévouement en fecourant les foldats bleffés jufque fous le feu de l'ennemi & en prodiguant à tous les foins & la confolation (1) ». C'eft bien là le rôle qui convient à la guerre aux femmes, furtout à celles dont la profeffion implique la préfence continuelle au milieu des troupes ; nous citons cette vivandière parce qu'elle a mieux fait fous ce rapport que les autres; la récompenfe dont elle fut l'objet le prouve.

Le premier nom qui fe préfente enfuite à nous eft celui de la cantinière Perrot, qui fut bleffée en Algérie dans plufieurs actions & mérita la croix de la Légion d'honneur, récompenfe rare pour une femme : c'était un combattant valeureux & dévoué jufqu'à l'héroïfme (2).

En 1868, habitait à Angers une vieille femme qui avait, durant la période de 1815 à 1848, fervi fept ans dans l'armée par fuite d'une erreur de fexe; la garnifon de cette ville pourvoyait à fa nourriture en lui donnant chaque jour une portion renfermée dans une petite gamelle.

Pour ce qui eft des femmes arabes, on les croit en général réduites à un rôle infime, dé-

---

(1) Rapport au roi, par le miniftre de l'intérieur.
(2) Retirée à Nantes, où elle devint veuve, la *chevalière* Perrot fuccomba le 11 avril 1863, & fut enterrée avec les honneurs militaires dus aux membres de la Légion d'honneur.

pendant, d'une sujétion continuelle & complète au mari : c'est une erreur. Non-seulement elles sont consultées dans les petites altercations qui naissent au sein des tribus, & prononcent le plus souvent avec rectitude d'esprit un jugement très-convenable, mais elles forment une opinion publique & savent très-bien, quand il y a guerre, exiger de leurs époux qu'on venge les frères morts & que l'on obtienne quelque avantage avant de conclure la paix : le fait se produisit plus d'une fois, de 1840 à 1848, pendant le plus fort de nos luttes en Algérie (1). On en vit même alors exciter la haine des indigènes contre les Français & les pousser à la rébellion par l'influence de leurs conseils. « Dans un des combats les plus rudes que mes gens de la frontière, raconte un chef de bureau arabe, aient eu à soutenir contre les Khiroum, *une des premières victimes, parmi les ennemis, fut une femme,* d'âge mûr & d'un courage à toute épreuve ; elle avait été frappée d'une balle au milieu du front, conduisant elle-même une des bandes hostiles. Après la lutte, on la reconnut pour la femme X..., femme renommée, & qui était un des orateurs les plus fougueux & les plus entraînants

---

(1) L'Arabe jure *par le ventre de sa femme*, expression qui indique la part qu'elle tient dans ses affections & dans son influence au dehors.

dans les réunions de la montagne (1). » Outre ce fait probant, puifqu'il relate le cas d'une femme arabe tuée fur le champ de bataille, nous poffédons le témoignage formel d'un écrivain de talent, M. le général Daumas, qui fait autorité en ce qui concerne l'Algérie : « Tous ceux, dit-il, qui ont affifté à quelques combats en Afrique, favent le rôle que jouent les femmes dans toutes les fcènes guerrières. *C'eſt pour elles que parle la poudre...* La femme mufulmane a confervé auprès d'hommes, que fa parole précipite dans les combats, ce preſtige qu'avaient les reines des tournois aux jours amoureux & guerriers du moyen âge (2). »

(1) *Souvenirs d'un chef de bureau arabe*, par M. HUGONNET. Paris, 1858, p. 104.

(2) *Le Chambi à Paris*, à la fuite de la 3e édition des *Chevaux du Sahara*, 1855, p. 418 & 419.

CHAPITRE XV ET DERNIER

GUERRES RÉCENTES

—

Ce ferait une erreur de croire que de nos jours il n'exifte plus de femmes portant le harnais militaire & faifant la guerre : notre civilifation avancée ne les a pas fait difparaître, &, d'ailleurs, il fubfifte des pays encore peu civilifés.

En Europe nous avons peu à citer. Mentionnons pourtant Kara-Fatima, l'héroïne du Kurdiftan, laquelle fit, en 1854, à Conftantinople, une entrée triomphale à la tête des cinq cents Kurdes levés & dreffés par elle, qu'elle amenait au fecours de la Turquie. D'autres guerrières tartares ont également paru à cette époque dans la capitale de l'iflamifme. Ces faits doivent d'autant moins étonner, que M. de Lamartine déclare avoir vu en Arabie « des veftiges de tribus de femmes équeftres & héroïques (1) ».

(1) *Vie d'Alexandre le Grand*, 1859, chez Firmin Didot, t. II, p. 96.

Citons auſſi la vieille Marie, dont parlent les *Souvenirs d'un officier du 2ᵉ zouaves* (1); c'était, au moment où l'auteur écrivait, une vivandière, à la mémoire heureuſe & qui charmait les veillées par ſes récits; le chroniqueur ne dit rien de ſes faits de guerre avec le 2ᵉ zouaves & nous devons les ſuppoſer peu importants, mais elle s'était ſignalée durant vingt ans avec le premier (& alors unique) régiment de cette arme, cherchant, dit-on, à cacher & à oublier les irrégularités paſſées de ſa conduite qui avaient tant attriſté ſa famille. En avril 1854, la belle Marie (on la déſigna d'abord ainſi) voulut s'embarquer pour la guerre d'Orient & prit à cet effet un coſtume de ſoldat, mais ſa ruſe fut découverte & le colonel, tout en la louant de ſon énergie, la fit reconduire ſur Oran. Dans le même régiment, une autre cantinière, la femme T..., allait toujours au feu avec les zouaves; elle reçut pluſieurs bleſſures & fut finalement propoſée pour la médaille militaire (2). Voilà, certes, un corps riche en femmes guerrières, & ce n'eſt qu'un des côtés de ſa gloire.

Gardons-nous d'oublier la jeune reine de Naples, princeſſe de Bavière, qui, en 1860, ſe montra, ſur les remparts de Gaëte, intrépide & calme, occupée à panſer les bleſſés ſous le feu même de

---

(1) Ce livre eſt ſigné de Forville, au moins dans le *Spectateur militaire* qui l'a d'abord publié.

(2) Son mari fut bleſſé le 7 juin à l'attaque des ouvrages blancs.

l'ennemi ; conduite louable & capable, assurément, de relever la cause de François II, car les rois, en ce temps surtout où ils semblent s'en aller, grandissent assurément sous le double baptême de l'adversité & du feu.

Citons aussi la Pustowoitoff, aide de camp féminin de Langiewicz, le dictateur polonais de 1863.

La guerre de sécession d'Amérique nous fournit deux exemples de femmes guerrières.

Le premier est celui de miss Rébecca, fille du colonel Stevenson, du Tennessee. En mai 1862, la maison paternelle ayant reçu en l'absence de son père, chef d'un régiment de cavalerie, une compagnie de l'armée fédérale commandée par le capitaine John Atkinson, elle fit mauvaise figure à ces garnisaires. Mais le jeune ennemi se montra plein d'égards, puis très-amoureux ; elle passa alors à une autre extrémité & promit sa main, mais sans changer de camp, son fiancé devant promptement quitter l'armée de l'union pour prendre rang dans celle des confédérés. A peine les fiançailles achevées, Atkinson fut pris dans une embuscade, près des monts Cumberland, & fusillé. Pour venger son promis, miss Rébecca leva une compagnie de jeunes *riflewomen* (carabinières), dont elle prit le commandement, choisit ses sœurs miss Lia & miss Judith pour lieutenant & sous-lieutenant, & combattit résolûment contre les troupes du préſident Lincoln, principalement à la bataille de Chattenooga (1).

Le ſecond exemple eſt celui d'une dame, femme du colonel Ellis, qui remplit avec diſtinction dans cette guerre les fonctions d'aide de camp. En ſeptembre 1861, elle apporta dans la ville de Jefferſon les dépêches du général Hunter, montée ſur un ſuperbe cheval, habillée militairement, ſuivie de deux ordonnances, & après avoir franchi *ſans repos* 45 milles en dix heures; c'était auſſi une *inſurgente* attachée au premier régiment de cavalerie de Miſſouri.

Au centre & à l'eſt de l'Afrique, on emploie les femmes dans l'armée, & plus d'un ſouverain poſſède des gardes féminines (2). Citons le roi des Achantes, près le Dahomey, qui compte dans ſes troupes un bataillon de femmes, armées de carabines rayées, dont elles ſe ſervent avec adreſſe. Le roi de Dahomey, ſon ennemi, ne diſpoſe pas d'une force féminine auſſi conſidérable, mais il entretient, dit-on, un ſérail de 3,800 femmes, cauſe de jalouſie pour ſon voiſin qui ne peut atteindre à une pareille richeſſe; de là, une rivalité conſtante & des guerres, luttes

---

(1) Les journaux illuſtrés ont donné le deſſin du coſtume de cette compagnie de *riflewomen*.

(2) On citait anciennement ſous ce rapport *l'empereur* du Monomotapa, mais maintenant on ſait que ce n'eſt plus qu'un pauvre petit chef cafre des environs du Mozambique.

entreprises au sujet de femmes & auxquelles des femmes participent. Le royaume de Dahomey & le royaume des Achantes font partie de la Nigritie maritime. On est tenté de ne pas croire à l'invitation adressée en 1851, par le souverain du Dahomey, à *son ami le roi de France,* de prendre également une garde d'amazones, afin de faire cesser la situation d'après laquelle les femmes allaient à la guerre dans ses États seulement; invitation suivie de la proposition (non acceptée par le président de la République française) d'envoyer en France cinq cents de ses plus braves Amazones pour former le noyau de la garde dont Sa Majesté africaine désirait la création à Paris.

Le roi de Siam possède un bataillon de 400 femmes choisies parmi les plus belles & les plus robustes jeunes filles. Entrées au service à treize ans, ces *femmes-hommes* (ainsi les nomme-t-on, suivant le voyageur Henri Mouhot) en sortent à vingt-cinq ans pour composer une espèce de réserve chargée de veiller à la conservation des propriétés royales. Elles font vœu de chasteté. Leur grande tenue consiste en une robe de laine blanche brodée d'or (1), en une cuirasse & en un

---

(1) Henri Mouhot leur accorde une jupe de tartan, un béret écossais, le sabre au côté, le pistolet à la ceinture, l'arc & le carquois sur l'épaule, & les compare à des figurantes d'un théâtre parisien. Voyez son *Voyage dans les royaumes de Siam & de Cambodge.*

casque doré ; elles portent alors la lance. Cette arme se trouve remplacée par le fusil dans la petite tenue, qui est plus simple. Leur bataillon forme quatre compagnies commandées par l'une d'elles, ayant rang de capitaine & nommée à l'élection. Le maniement du sabre & du pistolet ne leur est pas étranger.

Au milieu de la province de Golconde, le souverain du Décan entretient aussi dans Haïderabad, ou Hyderabad, sa capitale, une troupe de femmes qui a fort bon air &, sauf pour la chevelure & la proéminence de la poitrine, ressemble à une troupe de soldats très-jeunes. Ces femmes portent le fusil à baïonnette, un shako rouge à plumes, un habit rouge à galons blancs, un pantalon vert, des buffleteries blanches & des pantoufles à pointes courbes (1).

Enfin, au sujet de la lutte que le maréchal Lopez, président du Paraguay, soutenait avec énergie contre le Brésil, allié aux États du Rio de la Plata, les feuilles publiques ont rapporté que la petite république paraguayenne avait été obligée de recourir à l'emploi extrême des femmes. Un régiment féminin se serait formé, probablement

---

M. de Beauvoir en trace à son tour un portrait amusant & dénomme l'ensemble de ces Amazones « un corps militaire... de ballet ». Cependant « leur langoutis bouffant, demi-jupon, demi-caleçon », trouve grâce devant lui. Voyez *Java, Siam, Canton, Voyage autour du monde*, 1869, chez Plon, p. 323.

(1) Voyez le journal *l'Illustration*, novembre 1857.

avec des volontaires, & aurait été principalement utilifé à la garde des poftes; fi nous en croyons un récit humoriftique du *Courrier de la Plata* (1), ce corps de troupes, originaire de Noembucu, fe fervait de fes prifonniers, du moins de ceux auxquels il laiffe la vie, s'en fervait pour faire la cuifine, chercher de l'eau & mener les enfants à leur mère; en un mot, leur infligeait les fonctions de broffeur combinées avec celles d'une gardienne de falle d'afile. Quoi qu'il en foit, ce régiment, ou plutôt cette brigade, car 4,000 femmes la compofaient, était aux ordres d'une Anglaife, *Eliza Linch,* qui fe trouvait au mieux avec le dictateur & poffédait le grade d'officier général (2). Après la défaite & la mort de Lopez, cette dame & fon enfant tombèrent aux mains des vainqueurs & furent retenus prifonniers à bord d'un bâtiment bréfilien ftationnant dans le port de l'Affomption (3). On l'accufe encore de dire du bien du dictateur & de défendre fa mémoire (4), ce qui eft tout naturel puifqu'elle vivait avec lui & ne peut que l'honorer; on l'accufe, probablement avec plus de raifon, de partager la refponfabilité de la tyrannie du maréchal & de l'avoir pouffé à plus d'un acte de cruauté : fans doute on for-

---

(1) Juillet 1868.
(2) *Spectator*, 27 juin 1868.
(3) Afuncion, capitale du Paraguay.
(4) Lifez le *World* de New-York, du 2 juin 1870.

mulera contre elle une accufation légale. En attendant, l'hiftorien (1) ne doit pas celer que, militairement parlant, Lopez II (2), au lieu de fe fauver en Europe avec fes richeffes comme tant d'autres tyrans, a fait contre fes ennemis une longue & héroïque défenfe ; quant à la queftion de favoir fi cette défenfe manquait de patriotifme, fi elle était plus avantageufe à fon pouvoir qu'à fon pays, c'eft aux Paraguayens à décider.

Les femmes françaifes diftinguées pour faits d'armes fous le deuxième empire font :

Marie-Barbe *Roffini*, appartenant aux zouaves de la garde, décorée de la médaille militaire par décret du 17 juin 1859.

Madeleine *Dagobert*, du 2ᵉ zouaves, médaillée par le même décret; toutes deux ont pris part à la bataille de Magenta.

Perrine *Cros*, des chaffeurs à pied de la garde, bleffée à Solferino, décorée de la médaille militaire le 25 juin 1859.

Femme *Mahler*, née Lévy, cantinière au 34ᵉ de ligne, médaillée le 19 février 1862 pour bleffures reçues à Melegnano & à Solferino en portant fecours aux bleffés fur le lieu même du combat.

Femme *Bourget*, cantinière au 1ᵉʳ régiment

---

(1) L'auteur de ces pages écrit en 1870.

(2) Le père de Lopez, l'un des fucceffeurs du fameux Francia, avait déjà exercé la dictature au Paraguay.

de tirailleurs algériens, trois fois bleffée en Afrique, médaillée après dix-fept ans de fervice & douze campagnes, par un décret du 7 juin 1865.

Cette lifte, pour être extraite des documents officiels, toujours férieux & fobres de détails, n'en comporte pas moins fon éloquence.

Enfin la guerre contre l'Allemagne, pendant les années 1870-1871, a vu trois héroïnes françaifes : Mme Kiené, Alfacienne; Mlle Mazillier, de Metz, & Mlle Lix : cette dernière, lieutenant dans le corps des francs-tireurs des Vofges, a fait la campagne entière & fe repofait des fatigues du combat en foignant les bleffés.

CONCLUSION

—

Un fait reſſort de ce livre : ſauf les Amazones dont l'exiſtence eſt douteuſe, & ſauf des troupes féminines employées par des ſouverains africains ou aſiatiques, mais plus en vue de la repréſentation & du faſte que de l'utilité, les femmes combattent par exception. Ni leur ſanté parfois incertaine, ni l'enſemble de leur nature, ne les diſpoſent aux fatigues & à l'énergie continue exigées par la guerre, dont les ſoins de la maternité les écartent. D'un autre côté, juſqu'à ce jour, l'homme ſuffit aux travaux militaires. Pour ces deux raiſons, la femme combattra rarement, & ainſi ſe trouve juſtifié théoriquement le fait, le réſultat indiqué par l'hiſtoire. Quand le fera-t-elle? Evidemment lorſque la lutte ſortira des proportions ordinaires, quand l'ennemi apparaîtra avec une grande ſupériorité numérique, au moment ſurtout où la guerre ſe tranſportera ſur le territoire national, menacera le foyer domeſtique. Pour la défenſe de ce foyer il ſemble naturel que la femme intervienne ; il le faudra bien, d'ailleurs, ſi les précédents combats ont détruit pluſieurs armées, ont amoindri la portion maſculine & valide de la population (1), ne laiſſant avec les dieux lares, à côté des mères, que les vieillards & les enfants. Ainſi les femmes ſaiſiront l'épée à la dernière extrémité, ſi le ſalut de la patrie l'exige ; elles feront plus qu'une garde nationale mobile, plus qu'une levée en maſſe, elles formeront la réſerve extrême, celle que nul ne voudrait voir employée, car elle eſt plutôt deſtinée à l'embelliſſement du foyer, à l'éducation des enfants, à la conſolidation des vertus intérieures qui entretiennent le flambeau des traditions & font les grandes nations. Le plus ſouvent, ſi les mains féminines manient les armes, le ſort national ſera en péril ; heureuſement, outre l'énergie que rencontre alors leur bras inſpiré, les femmes poſſèdent également le bon ſens, l'intuition des ſituations, & elles ſauront traiter à temps, ſauvant ainſi le pays après avoir glorieuſement contribué à maintenir intact l'honneur des armes ; ce n'eſt pas ſans motif que la guerre & l'intelligence ont été déifiées par les anciens dans une femme, dans Minerve (2).

(1) Les femmes prédominent comme nombre dans certaines contrées, en Angleterre, par exemple, & ſurtout à Veniſe.

(2) Mars, au contraire, repréſente le courage impétueux & brutal.

Que pourrais-je ajouter ?

Rien, quant à l'éloge, mais il me reſte à caractériſer le courage déployé par la femme & à indiquer les autres vertus guerrières dont elle fait preuve. Cela ſera facile, car il ſuffit de puiſer dans le vaſte répertoire de faits qui forme l'*Hiſtoire militaire des Femmes,* & de conclure par la ſynthèſe en donnant un lien aux jalons fournis par nos recherches hiſtoriques.

1° *Le courage.* Il s'agit d'un courage ardent, paſſionné, plutôt que d'un courage réfléchi, patient ſurtout ; c'eſt un courage que la fatigue ne rebute pas. Les femmes tenteront un exploit lorſqu'elles n'engageraient pas une lutte lente, ſoit de tirailleurs, ſoit de poſition. Elles s'exalteront, en un mot ; cela, du reſte, arrive à plus d'un guerrier-*homme,* & l'on peut à ce ſujet répéter le mot du fabuliſte (1) :

... Je ſais même ſur ce fait
Bon nombre d'hommes qui ſont femmes.

2° *Les autres vertus guerrières.* Les femmes poſſèdent en général l'*abnégation,* car elles ſe dévouent pour un autre, partant en guerre le plus ſouvent pour ſecourir un père (2) ou exempter un frère, dont elles endoſſent les habits &

---

(1) La Fontaine, *les Femmes & le Secret.*
(2) Les ſœurs *Fernig.*

l'acte de naissance (1). Elles observent la discipline, puisqu'elles s'acquittent à merveille de leurs fonctions, afin de cacher ainsi leur sexe avec succès, jusqu'au moment où elles l'avouent (2) ou bien sont blessées (3), qualité qui implique une grande force de volonté chez un être d'ordinaire assez porté au changement, mais n'oublions pas que les guerrières sont des femmes qui ont du caractère. Elles pratiquent la sobriété; se laisser aller aux loisirs de la table les dévoilerait trop, en effet, & il faut qu'elles vivent retirées & à l'écart, tout au moins quand elles servent en cachette & sans autorisation spéciale. Elles déployent l'intelligence des choses du métier (4), & cela se comprend; embrassant une profession opposée à leur nature, c'est qu'elles ont le goût & la facilité d'en comprendre les secrets & d'y réussir. Enfin elles montrent du sang-froid, de la présence d'esprit; jouer un rôle ne rentre-t-il pas dans leur nature & saurait-il les embarrasser?

Nous terminerons par une observation déjà présentée, & dans le cours de ce travail, & en tête de cette conclusion, mais qu'il est utile de répéter ici même, parce qu'elle doit, sans con-

---

(1) Exemple : *Ghesquières*. Cherchez ces noms à la table finale des noms de femmes guerrières cités dans cet ouvrage.

(2) Comme *Scanagetta*.

(3) Comme *Ghesquières*.

(4) Exemple : *Jeanne d'Arc*.

teste, réfumer & clore l'*Hiftoire militaire des Femmes*. Si l'apparition d'une femme guerrière peut devenir une fauvegarde pour un peuple entier, comme ce fut le cas pour Jeanne d'Arc; fi même (redefcendons à un théâtre moins grand & à des néceffités moins urgentes) une femme foldat peut fervir d'exemple à une troupe & l'entraîner, comme on le vit dans les armées françaifes au temps de la République, néanmoins le nombre des femmes prenant part à la guerre doit demeurer reftreint, & cela pour deux motifs. Le premier, c'eft que fi les guerrières fe multipliaient, leur influence ne ferait plus la même, car cette influence tire fa principale force de ce qu'elle eft *exceptionnelle*. Le fecond motif porte plus loin encore : il ne faut pas habituer l'homme, furtout en nos temps de civilifation avancée, à déferter fes fonctions & à fe prélaffer pendant que d'autres les rempliffent; or, la femme, étant plus dévouée & plus réfignée aux exigences du fort, accomplirait fans trop de répugnance les fonctions militaires fi perfonne ne fe préfentait pour les remplir; de là un double danger pour la patrie; l'homme s'amollirait de plus en plus, la femme ne pourrait fuffire aux fatigues de la guerre jointes au fardeau de la maternité.

TABLE DES CHAPITRES

	Pages
Introduction	1
CHAPITRE Ier. Temps primitifs. — Amazones.	5
— II. Femmes militaires de l'Egypte & des premiers royaumes afiatiques.	24
— III. Femmes grecques.	37
— IV. Femmes de la période romaine.	52
— V. Période barbare jufqu'à Charlemagne	67
— VI. Moyen âge (800-1453).	80
— VII. Femmes de la Renaiffance (1453-1562).	138
— VIII. Luttes religieufes (1562-1610).	161
— IX. Guerre de Trente ans & Fronde (1610-1653).	183
— X. Siècle de Louis XIV	199
— XI. Règne de Louis XV.	211
— XII. Période de la Révolution françaife.	222
— XIII. Guerres de Napoléon Ier.	239
— XIV. Période de 1815 à 1848.	260
— XV. Guerres récentes.	272
Conclusion	281

TABLE DES NOMS

DE FEMMES CITÉS DANS CET OUVRAGE

LES NOMS DE FEMMES GUERRIÈRES SONT IMPRIMÉS EN ITALIQUES

A

Adriam (Marie), ch. xii, p. 228.
Aëlle, amazone, ch. i, p. 14.
Albaniennes, ch. iv, p. 55.
Alcippe, amazone, ch. i, p. 14.
Aldrude (comtesse), ch. vi, p. 91.
Amage, reine des Sarmates, ch. iii, p. 43.
Amazones de l'antiquité, ch. i, p. 5.
Amazones des Achantes, ch. xv, p. 275.
Amazones africaines, ch. vii, p. 149.
Amazones américaines, ch. vii, p. 148.
Amazones de Birmanie, ch. xiv, p. 264.
Amazones de Dahomey, ch. xv, p. 275.
Amazones de Géorgie, ch. x, p. 200.
Amazones de Hyderabad, ch. xv, p. 277.
Amazones de Mingrélie, ch. x, p. 200.
Amazones du Paraguay, ch. xv, p. 277.
Amazones de Siam, ch. xv, p. 276.
Andromaque, ch. i, p. 17.
Angevin (l'), Vendéenne, ch. xii, p. 231.
Annia Dominica, ch. iv, p. 66.
Antiope, reine des Amazones, ch. i, p. 14.
Aquiléennes, ch. iv, p. 58.
Artémise, reine d'Halicarnasse, ch. xii, p. 27.
Astérie, amazone, ch. i, p. 14.
Aubeterre (dame d'), ch. viii, p. 172.
Augereau (Mme), ch. xii, p. 236.
Augustina (habile artilleur), ch. xiii, p. 243.
Aumoni, princesse algérienne, ch. x, p. 209.
Aurelia Victorina, mère de Victorin, ch. iv, p. 59.
Ayésha, femme de Mahomet, ch. vi, p. 82.

B

B*** (comtesse de) au siége de Saragosse, ch. xiii, p. 244.
Baré, jeune fille prenant part à

l'expédition de La Pérouſe, ch. xi, p. 219.
Béatrix de Palacios, ch. vii, p. 146.
Beauvais (une femme de) aux croiſades, ch. vi, p. 95.
Benard (Mme), ch. xiii, p. 259.
Bérengère, femme d'AlphonſeVIII de Léon, ch. vi, p. 92.
Bérénice, ſœur de Ptolémée Evergète, ch. ii, p. 27.
Bérénice & ſa chevelure, ch. ii, p. 26.
Bermudez (Béatrix), ch. vii, p. 146.
Bianca Porta, ch. vi, p. 99.
Boadicée, reine des Bretons, ch. v, p. 72.
Bobolina, ch. xiv, p. 260.
Bourget, décorée de la médaille militaire, ch. xv, p. 279.
Bourgoing (veuve de Jean), ch. viii, p. 171.
Breteuil (Julienne de), fille de Henri Ier, ch. vi, p. 89.
Brulon (Angélique), ch. xiii, p. 255.
Brunoro (Bonne), ch. vi, p. 136.
Buck (Angélique), ch. xiii, p. 240.

C

Cabane, dite la Catanoiſe, ch. vi, p. 111.
Cadiu (fille du roi de), ch. vi, p. 100.
Calène, amazone, ch. i, p. 14.
Camille, guerrière volſque, ch. iv, p. 54.
Camma, femme galate, ch. v, p. 67.
Cantinière des dragons de la Tour, ch. xii, p. 231.
Catherine Ire de Ruſſie, ch. x, p. 210.
Caterina, ſouveraine de Forli, ch. vi, p. 115.
Chaïdo, ch. xiv, p. 263.
Chatillon (Mme de), ch. ix, p. 196.

Chevreuſe (ducheſſe de), ch. ix, p. 193.
Chiomara, femme galate, ch. v, p. 67.
Chitor (reine de), ch. vi, p. 102.
Chriſtine (reine de Suède), ch. ix, p. 187.
Cia, épouſe du tyran de Forli, ch. vi, p. 101.
Clélie, héroïne romaine, ch. iv, p. 52.
Cléopâtre, fille de Ptolémée Philométor, ch. ii, p. 25.
Clorinde (de la *Jéruſalem délivrée*), ch. vi, p. 96.
Cratéſipolis, ch. iii, p. 50.
Cros (Perrine), décorée de la médaille militaire, ch. xv, p. 279.
Cynnane, ſœur d'Alexandre le Grand, ch. iii, p. 44.

D

Dagobert (Madeleine), décorée de la médaille militaire, ch. xv, p. 279.
Dame aux jambes d'or, ch. vi, p. 95.
Dauranne (Marie), vivandière, ch. xii, p. 232.
Debora, prophéteſſe juive, ch. ii, p. 35.
Déjanire, ch. i, p. 14.
Demoiſelles de Saint-Cyr, ch. x, p. 209.
Dourova (Nadejda), ch. xiii, p. 253.
Dubochage (Mme), auteur dramatique, ch. i, p. 5.
Du Gueſclin (Julienne), ſœur du connétable, ch. vi, p. 116.
Dumas (Mlle), ch. xii, p. 222.

E

Elgie, princeſſe algérienne, ch. x, p. 208.
Elié (Adélaïde), matelote, ch. xii, p. 223.

Ellis (Mme), aide de camp, ch. xv, p. 275.
Emma, belle-fille de Louis d'Outre-mer, ch. vi, p. 88.
Enfant de trois ans, ch. xiv, p. 262.
Eon (la chevalière d'), ch. xi, p. 216.
Epernon (la duchesse d'), ch. viii, p. 178.
Epinoy (princesse d'), ch. viii, p. 176.
Eraufo (Catherine d'), ch. vii, p. 152.
Efveillée (l'), ch. viii, p. 171.
Ethwige, mère de Louis d'Outre-mer, ch. vi, p. 87.
Eurybie, amazone, ch. i, p. 14.
Eurydice, fille de Cynnane, ch. iii, p. 45.

F

Faufta (Livia), ch. vii, p. 157.
Femmes d'Aban, ch. v, p. 84.
Femmes d'Abela, ch. ii, p. 35.
Femmes acarnaniennes, ch. iii, p. 42.
Femmes d'Alfuro, ch. vi, p. 113.
Femmes allemandes pendant les croifades, ch. vi, p. 95.
Femmes des Ammonites, ch. ii, p. 36.
Femmes arabes, ch. v, p. 74.
Femmes arabes de l'Algérie, ch. xiv, p. 270.
Femmes d'Arduba, ch. iv, p. 57.
Femmes argiennes, ch. iii, p. 39 et 42.
Femmes d'Audenarde, ch. vi, p. 113.
Femmes ayant combattu à Fontenoy, ch. xi, p. 216.
Femmes ayant contribué à la défenfe de Bliembecque, ch. viii, p. 178.
Femmes aztèques, ch. vii, p. 147.
Femmes caftillanes au fiége de Mexico, ch. vii, p. 146.
Femmes chevalereffes, ch. vi, p. 86.
Femmes de Chios, ch. iii, p. 38.
Femmes de Chypre, ch. iii, p. 159.
Femmes de Courtrai, ch. viii, p. 177.
Femmes des croifades, ch. vi, p. 96.
Femmes cyrénéennes, ch. iii, p. 43.
Femmes flamandes, ch. vii, p. 158.
Femmes de la Floride, ch. vii, p. 149.
Femmes de la garnifon du château de Wert, ch. viii, p. 169.
Femmes gauloifes, ch. v, p. 67.
Femmes germaines, ch. v, p. 70 et 71.
Femme grecque qui fait fauter une églife, ch. xiv, p. 261.
Femmes de Haarlem, ch. viii, p. 169.
Femmes de Hameln, ch. ix, p. 186.
Femmes helgolandaifes, ch. x, p. 201.
Femmes hongroifes, ch. vii, p. 152.
Femmes jaziges, ch. v, p. 74.
Femmes de l'île de Ré, ch. ix, p. 186.
Femmes lacédémoniennes, ch. iii, p. 49.
Femmes de Landrecies, ch. xii, p. 228.
Femmes de la Rochelle, ch. viii, p. 171.
Femmes de Leucate, ch. ix, p. 192.
Femmes liguriennes, ch. v, p. 67.
Femmes de Livron, ch. viii, p. 172.
Femmes de Maeftricht, ch. viii, p. 176.
Femmes maltaifes, ch. vii, p. 153.
Femmes méliennes, ch. iii, p. 40.
Femmes de Miffolonghi, ch. xiv, p. 261.
Femmes de Mons, ch. viii, p. 168.
Femmes de Montauban, ch. vi, p. 111.

Femmes de Montpellier, ch. ix, p. 185.
Femmes des Perses, ch. iii, p. 40.
Femmes phocéennes, ch. iii, p. 38.
Femmes des Pictes, ch. v, p. 72.
Femmes de Rhodes, ch. vii, p. 147.
Femmes de Saint-Maurice- aux-Riches-Hommes, ch. viii, p. 163.
Femmes de Salone, ch. iv, p. 55.
Femmes de Sancerre, ch. viii, p. 170.
Femmes des Sarrazins, ch. vi, p. 98.
Femmes des Scots, ch. v, p. 72.
Femme soldat par erreur retirée à Angers, ch. xiv, p. 269.
Femmes de Sommierre, ch. viii, p. 170.
Femmes souliotes, ch. xii, p. 237.
Femmes thasiennes, ch. iii, p. 42.
Femmes toulousaines, ch. vi, p. 97.
Femmes toungouses, ch. x, p. 200.
Femmes tyrrhénéennes, ch. iii, p. 40.
Femmes de Weinsberg, ch. vi, p. 93.
Femmes de Wich, ch. viii, p. 175.
Fernig (les sœurs), ch. xii, p. 223.
Figueur (Thérèse), ch. xiii, p. 245.
Florine de Bourgogne, ch. vi, p. 94.
Forteguerra, ch. vii, p. 156.
Francesca, chevau-léger français, ch. ix, p. 185.

G

Gaëte, femme de Robert Guiscard, ch. vi, p. 88.
Gafforio (Mme), héroïne corse, ch. xi, p. 211.
Garde nationale (femmes de la), ch. xii, p. 223.
Gerberge, femme de Louis d'Outre-mer, ch. vi, p. 87.
Ghesquières (Virginie), ch. xiii, p. 243.

Girard (Mme) ou Catherine Rohmer, ch. xiv, p. 267.
Glajon (Mme de), ch. viii, p. 177.
Guerrière assiégeant Anvers, ch. xiv, p. 265.
Guerrières vendéennes, ch. xii, p. 228.
Guichard, ch. viii, p. 171.
Guise (Marie de), reine d'Écosse & mère de Marie Stuart, ch. vii, p. 154.

H

Hamyda, mère d'Akbar, ch. vii, p. 160.
Hendrich (la lieutenant-colonel), ch. ix, p. 192.
Henriette d'Angleterre, épouse de Charles Ier, ch. ix, p. 193.
Héroïnes de la Fronde, ch. ix, p. 196.
Hesse-Cassel (la landgrave de), ch. ix, p. 193.
Hippolyte, amazone, ch. i^{er}, p. 14.
Hospitalières des Incurables de Naples, ch. xi, p. 211.

I

Iphione, amazone, ch. i^{er}, p. 20.
Isabelle, fille du comte de Montfort, ch. vi, p. 89.
Isabelle-la-Catholique, ch. vii, p. 142.

J

Jacqueline de Bavière, ch. vi, p. 114.
Jeanne, femme de Philippe-le-Bel, ch. vi, p. 102.
Jeanne d'Arc, ch. vi, p. 120.
Jeanne la Boiteuse, ch. vi, p. 108.
Jeanne Foucquet, dite Jeanne Hachette, ch. vii, p. 141.
Jeanne Maillot, ch. viii, p. 178.
Jeanne de Montfort, ch. vi, p. 102.
Jeune fille des Miao-tsée, défend à elle seule un fort, ch. xi, p. 220.

Jeune fille de Sienne, ch. VII, p. 157.
Jourdan (Thérèse), ch. XIV, p. 268.

K

Kara-Fatima, ch. XV, p. 272.
Kennava, ch. VIII, p. 169.
Khawlab, ch. VI, p. 83.
Kiené (Mme), Alsacienne, ch. XV, p. 280.

L

Labé (Louise), ou le capitaine Loys, ch. VII, p. 151.
Lampeto, reine des Amazones, ch. Ier, p. 13.
Lartigues (Nanon de), ch. IX, p. 196.
La Tour (Mme de), ch. VIII, p. 164.
La Tour (Henriette de), ch. XII, p. 235.
La Tour du Pin de la Charce (Mlle) ch. X, p. 202.
Lavalette (Mme), ch. XIV, p. 41 & 260.
Libératrice du capitaine Mylius, ch. XIII, p. 240.
Libératrice du général Ledru des Essarts, ch. XIII, p. 253.
Libératrice du général Ornano, ch. XIII, p. 253.
Linch (Eliza), officier général du Paraguay, ch. XV, p. 278.
Lix (Mlle), ch. XV, p. 280.
Longueville (duchesse de), ch. IX, p. 196.
Louise de Prusse (la reine), ch. XIII, p. 241.

M

Madon, ch. XIV, p. 263.
Mahler (femme), décorée de la médaille militaire, ch. XV, p. 279.
Mailletet, cantinière blessée à Waterloo, ch. XIII, p. 255.
Maldonata & sa lionne, ch. VII, p. 151.
Marchand (Goton), ch. XII, p. 226.
Marguerite d'Anjou, ch. VII, p. 138.
Marguerite de Hainaut, ch. VI, p. 94.
Mari (Alexandrine), ch. XII, p. 236.
Maria (dona), Portugaise, ch. X, p. 201.
Maria de Estrada, ch. VII, p. 146.
Marie (la vieille), du 2me zouave, ch. XV, p. 273.
Marie de Pouzzoles, ch. X, p. 112.
Marie Read, Anglaise, ch. X, p. 202.
Marie-Thérèse (l'impératrice), ch. XI, p. 212.
Marpée, amazone, ch. Ier, p. 14.
Marpesia, reine des Amazones, ch. Ier, p. 13.
Marthe (sœur), ch. XIII, p. 254.
Martin (Juana), ch. VII, p. 146.
Martinat (Mme), ch. VIII, p. 171.
Mavrogenie (Modena), ch. XIV, p. 262.
Mazillier (Mlle), Lorraine, ch. XV, p. 280.
Meaux (dames assiégées dans), ch. VI, p. 113.
Médicis (Catherine de), ch. VIII, p. 162.
Méduse, ch. III, p. 37.
Menalippe, amazone, ch. Ier, p. 14
Michol (femme de David), ch. II, p. 36.
Millesens (veuve de), ch. VIII, p. 170.
Mira-Baï, femme indienne, poète, ch. VIII, p. 182.
Miramont (Mme de), ch. VIII, p. 173.
Molpadia, ch. Ier, p. 15.
Mondragone, ch. VIII, p. 175.
Montbazon (la duchesse de), ch. IX, p. 196.
Montpensier (la duchesse de), ch. VIII, p. 179.
Montpensier (Mlle de), fille de Gaston d'Orléans, ch. IX, p. 194.

Moscho, guerrière de la Grèce moderne, ch. xii, p. 237.
Musnier (femme du capitaine), ch. viii, p. 165.
Mussafa, femme du Congo, ch. ix, p. 183.
Myrine, reine des Amazones, ch. 1er, p. 11, 16 & 23.

N

Narbonne (vicomtesse de), ch. vi, p. 89.
Nitocris, reine d'Egypte, ch. ii, p. 25.
Nivelles (Mme de), ch. viii, p. 177.
Nourrice de la souveraine d'Abyssinie, ch. ix, p. 184.

O

Oarket, femme ouollo, ch. vii, p. 147.
Ocyale, amazone, ch. i. p. 20.
Omphale, reine de Lydie, ch. ii, p. 34.
Orithrie, reine des amazones, ch. i, p. 14.
Otrire, reine des amazones, ch. i, p. 19.

P

Penthésilée, reine des amazones, ch. i, p. 16.
Perrot (Mme), cantinière blessée, ch. xiv, p. 269.
Phébée, amazone, ch. i, p. 14.
Phérétime, reine de Cyrène, ch. iii, p. 46.
Philippis, amazone, ch. i, p. 14.
Picollomini, ch. vii, p. 157.
Plater (Emilie), héroïne polonaise, ch. xiv, p. 264.
Pleumartin (dame de), ch. vi, p. 112.
Pochelat, ch. xii, p. 227.
Premoy (Geneviève), ou le chevalier Balthazar, ch. x, p. 202.
Prêtresse de Minerve, ch. iii, p. 44.
Prisonnière de Nicosie faisant sauter sa galère, ch. viii, p. 168.
Prothée, amazone, ch. i, p. 14.
Pustowoitoff (Mme), guerrière polonaise, ch. xv, p. 274.

Q

Quatresous (Mlle), ch. xii, p. 227.

R

Racine (Mme), cantinière, ch. xiv, p. 268.
Raddiat-Eddyn, reine de Dehly, ch. vi, p. 100.
Ramegon (châtelaine de), ch. viii, p. 65.
Rasnanowiez (Marie), aide de camp, ch. xiv, p. 265.
Reine de Naples, épouse de François II, ch. xv, p. 273.
Reine des Illyriens, ch. iii, p. 44.
Robidon, ou la mère Gigot, ch. xiii, p. 44.
Robin (Jeanne), Vendéenne, ch. xii p. 229.
Rodogune, ch. ii, p. 30 & 33.
Rodriguez (Isabel), ch. vii, p. 146.
Rohan (duchesse de), ch. ix, p. 185.
Rohmer (Catherine), ch. xiv, p. 266.
Rossi (Antonia), fille d'Orsina Visconti, ch. vi, p. 119.
Rossi (Donella), petite-fille d'Orsina Visconti, ch. vii, p. 145.
Rossini (Marie-Barbe), décorée de la médaille militaire, ch. xv, p. 279.
Rouget (Claudine), ch. xii, p. 226.

S

Salisbury (comtesse de), ch. vi, p. 109.
Salmantides, ch. iv, p. 54.
Saint-Aunez (Mme de Barride), ch. viii, p. 179.

Saint-Baflemont (Mme de), ch. ix, p. 189.
Scanagetta (Francefca), officier autrichien, ch. xii, p. 233.
Seidah-Khatoun, princeffe perfane, ch. vi, p. 85.
Semé (Anne), ch. viii, p. 166.
Sémiramis, reine d'Affyrie, ch. ii, p. 30.
Sévigné (Mme de), ch. ix, p. 197.
Sigrid la Superbe, reine divorcée de Suède, ch. vi, p. 88.
Singukogu, impératrice du Japon, ch. v, p. 74.
Sifmondi (Chiuzica), ch. v, p. 90.
Sœur de Derar, ch. v, p. 83.
Sophie-Charlotte de Pruffe, (la reine), ch. xiii, p. 241.
Stevenfon (miss Rébecca), ch. xv, p. 274.

T

T*** (la femme), cantinière du 2me zouaves, ch. xv, p. 273.
Talaru (Mlle), ch. xii, p. 222.
Tamerlan (la sœur de), ch. vi, p. 113.
Tanie, ch. iii, p. 45.
Tecmeffie, amazone, ch. i, p. 14.
Telefilla, femme guerrière & poëte, ch. iii, p. 39.
Thaleftris, reine, ch. i, p. 20.
Thomyris, reine des Maffagètes, ch. iii, p. 45.
Timoclée, ch. iii, p. 41.
Tirgatao, princeffe méotide, ch. iii, p. 46.
Tournon (comteffe de), ch. viii; p. 166.
Tourville la jolie blonde, ch. x, p. 200.

Transfuge grecque, ch. iii, p. 48.
Trinquart, cantinière françaife, ch. xiii, p. 253.
Trois amazones birmanes, ch. xiv, p. 264.

U

Ulafta, ch. v, p. 74.
Ulpia Severina, femme d'Aurélien, ch. iv, p. 59.
Ufiglia, ch. vi. p. 101.

V

Valavoire (Mme de), ch. x, p. 199.
Valeria, jeune Romaine, ch. iv, p. 52.
Varin (Mme) ou Catherine Rohmer, ch. xiv, p. 268.
Velleda, ch. v, p. 69.
Vermandois (comteffe de), ch. vi, p. 87.
Vierges fcandinaves, ch. v, p. 71.
Vifconti-Torelli (Orfina), ch. vi, p. 119.

W

Wanda, héroïne polonaife, ch. v, p. 77.

Z

Zacharias (Conftance), ch. xiv, p. 261.
Zarine, reine de Scythie, ch. ii, p 34.
Zénobie, reine de Palmyre, ch. iv, p. 59.

LIBRAIRIE MILITAIRE DE CH. TANERA
RUE DE SAVOIE, 6, A PARIS

PUBLICATIONS

DE

M. ÉD. DE LA BARRE DUPARCQ

CATALOGUE
(1873)

I. — MÉMOIRES LUS A L'ACADÉMIE DES SCIENCES MORALES ET POLITIQUES

PARALLÉLISME DES PROGRÈS DE LA CIVILISATION ET DE L'ART MILITAIRE, broch. in-8º, 1861...................... 2 fr. 50
L'ART DES INDICES, PARTICULIÈREMENT A LA GUERRE, broch. in-8º, 1862....... .... 1 fr.
HANNIBAL EN ITALIE. broch. in-8º, 1863................ 1 fr. 50
L'ART MILITAIRE PENDANT LES GUERRES DE RELIGION (1562-1598), broch. in-8º, 1864... 2 fr.
LE BONHEUR A LA GUERRE (traduit en allemand par M. de GEBLER), broch. in-8º, 1865........... .... 1 fr. 50
DES IMITATIONS MILITAIRES, broch. in-8º, 1866......... 1 fr. 50
RÉFLEXIONS SUR LES TALENTS MILITAIRES DE LOUIS XIV, broch. in-8º, 1867.......... .... 1 fr.
DES RAPPORTS ENTRE LA RICHESSE ET LA PUISSANCE MILITAIRE DES ÉTATS, broch. in-8º, 1868...................... 2 fr. 50
RICHELIEU INGÉNIEUR, broch. in-8º, 1869................. 1 fr.
DU NOMBRE DES TUÉS DANS LES BATAILLES, broc. in-8º, 1870. 1 fr.
FRANÇOIS Ier ET SES ACTIONS DE GUERRE, broch. in-8º, 1871. 1 fr.
LE SOLDAT FRANÇAIS COMPARÉ AUX SOLDATS ÉTRANGERS, broch. in-8º, 1872..................................... 1 fr.
MAXIMES MILITAIRES DE MACHIAVEL (traduit en italien par le colonel MARIANI), broch. in-8º, 1873..................... 1 fr.

II. — PRINCIPAUX OUVRAGES

HISTOIRE DE FRANÇOIS II (1559-1560), 1 vol. in-8º, avec portr. 7 fr. 50
Introduction. — Chap. Ier, Résultats du règne de Henri II. — Chap. II, Les

souverains. — Chap. III, Les grands personnages. — Chap. IV, État de la question politique et financière. — Chap. V, État de la question religieuse. — Chap. VI, État de la question militaire. — Chap. VII, Les Guises accaparent le pouvoir; sacre du roi; condamnation du conseiller du Bourg. — Chap. VIII, Réaction protestante : complot de la Renaudie, sa répression; mesures modérées du Gouvernement. — Chap. IX, L'édit de Romorantin et l'assemblée de Fontainebleau. — Chap. X, Les luttes intestines. — Chap. XI, Les guerres d'Écosse. — Chap. XII, Affaires d'Italie. — Chap. XIII, Convocation des États d'Orléans; condamnation à mort du prince de Condé. — Chap. XIV, Catherine de Médicis ne veut pas sortir des voies de conciliation; dès qu'on pressent la mort du roi, elle se ménage la régence sous son successeur. — Chap. XV, Les lettres et les sciences sous François II. — Chap. XVI, L'armée laissée par François II. — Conclusion.

HISTOIRE DE L'ART DE LA GUERRE, depuis son origine jusqu'à nos jours, 2 vol. in-8°.................................... 15 fr.

TOME Ier. — Avant-propos. — Introduction générale. — Chap. Ier, Premiers peuples. — Chap. II, Grecs. — Chap. III, Romains. — Chap. IV, Peuples conquis. — Chap. V, Peuples barbares. — Chap. VI, Le moyen âge avant l'usage de la poudre.

TOME II. — Chap. Ier, Le moyen âge depuis l'usage de la poudre. — Chap. II, Renaissance de l'art. — Chap. III, L'art prend son caractère moderne pendant la guerre de Trente ans. — Chap. IV, Les guerres de Louis XIV. — Chap V, L'art de la guerre durant la première moitié du règne de Louis XV. — Chap. VI, Progrès dus à Frédéric de Prusse. — Chap. VII, Changements apportés dans l'art de la guerre pendant les luttes de la Révolution française. — Chap. VIII, Progrès dus à Napoléon. — Chap. IX, Période de 1815 à 1848.

ÉLÉMENTS D'ART ET D'HISTOIRE MILITAIRES, comprenant le précis des institutions militaires de la France, l'histoire et la tactique des armes isolées, la combinaison des armes, les petites opérations de la guerre et plusieurs annexes, 1 vol. in-8°, avec figures.. 12 fr.

Cet ouvrage a été traduit en anglais par M. le brigadier général Cullum, 1 vol. in-8°; New-York, 1863, chez Van Nostrand.

PORTRAITS MILITAIRES. — Esquisses historiques et stratégiques, 3 vol. in-8°.................................... 22 fr. 50

Ces volumes contiennent 40 portraits, savoir : Gustave-Adolphe, la Tour d'Auvergne, du Guesclin, Frédéric, Vauban, Moncey, duc d'Albe, Turenne, la Noue, Souvarof, du Mouriez, Catinat, Wellington, Masséna, Jules César, Bayard, Condé, Seydlitz, Guibert, Ney, Washington, Jeanne d'Arc, Vendôme, Ibrahim-Pacha, Villars, Desaix, Charles XII, Lannes, Eugène de Savoie, Montluc, archiduc Charles, saint Louis, Montecuccoli, Crillon, Maurice de Nassau, Hoche, Sobieski, Luxembourg, Marlborough, Suchet.

Les portraits d'Eugène de Savoie et de Montecuccoli ont été traduits en italien par M. le comte Catucci, broch. in-18, Narni, 1860, chez Gattamelata.

NOUVEAUX PORTRAITS MILITAIRES, 2 vol. (en préparation).......

HISTOIRE MILITAIRE DE LA PRUSSE AVANT 1756, ou INTRODUCTION A LA GUERRE DE SEPT ANS, 1 vol. in-8°, avec 6 plans de bataille.................................... 7 fr. 50

Chap. Ier, De la création du margraviat de Brandebourg à l'acquisition du duché de Prusse. — Chap. II, Hist. du duché de Prusse. — Chap. III, George Guillaume. — Chap. IV, Le grand Electeur. — Chap. V, Frédéric Ier, premier roi de Prusse. — Chap. VI, Frédéric Guillaume Ier. — Chap. VII, Préliminaires du règne de Frédéric le Grand. — Chap. VIII, Campagne de 1740. — Chap. IX, Campagne de 1741. — Chap. X, Campagne de 1742. — Chap. XI, De la paix de Breslau à la seconde guerre de Silésie. — Chap. XII, Campagne de 1744. —

Chap. XIII, Campagne de 1745. — Chap. XIV, De la paix de Dresde à la guerre de Sept ans.

L'*Histoire militaire de la Prusse* a été traduite en italien par M. Maineri, et augmentée d'un intéressant récit de la campagne de 1866, par M. le lieutenant-colonel Mariani, 2 vol. in-8°, Milan, 1868.

ÉTUDES HISTORIQUES ET MILITAIRES SUR LA PRUSSE, 2 vol. in-8°.. 12 fr.

> TOME Ier. — Observations sur le caractère du prince Henri de Prusse, frère de Frédéric le Grand; le Grand Electeur; Frédéric le Grand; l'Infanterie prussienne sous Frédéric le Grand; Seydlitz et la cavalerie prussienne; Organisations successives de l'armée prussienne depuis son origine jusqu'à nos jours; Réflexions sur l'armée prussienne; Notice sur les ordres militaires; les Tribunaux d'honneur; la Fortification prussienne au XIXe siècle; Note sur les journaux militaires.
>
> TOME II. — De plusieurs pamphlets relatifs à la conquête de la Silésie; l'Administration militaire; l'Oder; le Roi Frédéric-Guillaume II; les Articles de guerre; Particularités relatives à la justice militaire; Détails historiques sur l'artillerie prussienne; Officiers français au service de la Prusse; la Guerre d'un an (1778-1779); Éclaircissements sur l'Académie des nobles; Médailles de 1701; Opinions de Warnery; les Frontières; Note sur la campagne de 1787 en Hollande; Maupertuisiana.

Le premier volume de cet ouvrage a été traduit en allemand, dès son apparition, par M. le baron de Reinhard, 1 volume in-8°, 1854, à Leipzig, chez Remmelmann.

III. — PRINCIPAUX OPUSCULES

LE PLUS GRAND HOMME DE GUERRE, broch. in-8°........... 4 fr.
CONSIDÉRATIONS SUR L'ART MILITAIRE ANTIQUE ET SUR L'UTILITÉ DE SON ÉTUDE, broch in-8°....................... 2 fr. 50
DE LA CRÉATION D'UNE BIBLIOTHÈQUE MILITAIRE PUBLIQUE, broch. in-8°... 2 fr.
BIOGRAPHIE ET MAXIMES DE MAURICE DE SAXE, broch. in-8°. 5 fr.
LETTRE SUR LA NÉCESSITÉ DE L'ÉTUDE DES SCIENCES ET DES ARTS DANS LA PROFESSION MILITAIRE, broch. in-8°... 2 fr.
REMARQUES SUR LES RELATIONS DES LANGUES MILITAIRES FRANÇAISE, ALLEMANDE ET ESPAGNOLE, broch. in-8°. 2 fr.
DES SOURCES BIBLIOGRAPHIQUES MILITAIRES, broch. in-8°. 2 fr.
NOTICE SUR L'ACADÉMIE MILITAIRE DE BRÉDA, broch. in-8°. 1 fr. 50
OPINIONS ET MAXIMES DE FRÉDÉRIC LE GRAND, avec une introduction et des notes, broch. grand in-18.................. 2 fr.
LES CHIENS DE GUERRE, étude historique, 1 vol. in-32.... 2 fr.

IV. — PETITS ARTICLES PUBLIÉS A PART

UN HELLÉNISTE EN ÉPAULETTES (Paul-Louis Courier), 1866, broch. in-8°.. 50 c
LA GLOIRE DES ARMES CHEZ CORNEILLE, 1867, broch. in-8°. 50 c.
CAUSERIE SUR VAUBAN, 1868, broch. in-8°................ 50 c.
PUISSANCE DE DESTRUCTION A LA GUERRE, 1869, broch. in-8°. 50 c.

CAUSES DE FAIBLESSE DE LA PRUSSE EN 1869. — 1870, broch. in-8º.. 50 c.
DE LA CRÉATION D'UNE CHAIRE D'ADMINISTRATION GÉNÉRALE A L'ÉCOLE POLYTECHNIQUE, 1871, broch. in-8º........ 50 c.
FLATTERIES GUERRIÈRES DE BOILEAU, 1872, broch. in-8º.. 50 c.
LA BRUYÈRE ET LES GUERRIERS, 1873, broch. in-8º....... 50 c.

V. — PUBLICATIONS GÉOGRAPHIQUES

L'AFRIQUE DEPUIS QUATRE SIÈCLES, dépeinte par huit croquis successifs, avec un texte explicatif, 1873, petit in-4º. Deuxième tirage... 1 fr.
CHERCHEZ DES CARTES ET VOUS EN TROUVEREZ, lettre à propos de la bataille de Fontenoy. (Extrait du bulletin de la Société de géographie). 1873, in-8º................................ 50 c.
RÉSUMÉ D'UN RAPPORT SUR LES ATLAS en usage en Allemagne, en Angleterre, en Suède, aux Etats-Unis, etc. (en préparation). »
CONFIGURATIONS DE LA MER CASPIENNE. 1873, in-8º, avec 1 planche... 25 c.

VI. — PRINCIPALES TRADUCTIONS DE L'ALLEMAND

HISTOIRE DE LA FORTIFICATION PERMANENTE, ou MANUEL DES MEILLEURS SYSTÈMES ET MANIÈRES DE FORTIFICATION, par A. DE ZASTROW, ouvrage traduit sur la troisième édition allemande. Nouvelle édition française augmentée de nombreuses notes par le traducteur, 2 vol. in-8º avec atlas de 20 planches........ 25 fr.
PRINCIPES DE LA GRANDE GUERRE, suivis d'exemples tactiques raisonnés de leur application, par l'archiduc CHARLES, 1 vol. in-folio avec 25 grands plans coloriés............................ 125 fr.
HISTOIRE DE L'ART MILITAIRE CHEZ LES ANCIENS, par F. de CIRIACY, 1 vol. in-8º, traduction annotée................. 7 fr. 50
ESQUISSE HISTORIQUE DE LA FORTIFICATION PERMANENTE, par Louis BLESSON, 1 vol. in-8º avec planche............... 5 fr.
LES ARMÉES DES PUISSANCES DIRECTEMENT OU INDIRECTEMENT ENGAGÉES DANS LA QUESTION D'ORIENT. — Statistiques militaires, par un officier allemand, 1 vol. in-8º............ 4 fr.

VII. — PRINCIPALES TRADUCTIONS DE L'ESPAGNOL

THÉORIE DE LA FORTIFICATION PERMANENTE, par don Jose HERRERA GARCIA, 1 vol. in-8º avec atlas de 9 planches............ 15 fr.
UTILITÉ D'ÉCRIRE L'HISTOIRE DES RÉGIMENTS DE L'ARMÉE. — Opuscule suivi de l'HISTOIRE DU RÉGIMENT DE JAËN, par le lieutenant général comte DE CLONARD, broch. in-8º........ 4 fr.

DU MÊME AUTEUR

HISTOIRE DE FRANÇOIS II (1559-1560), 1 vol.

HISTOIRE DE L'ART DE LA GUERRE, depuis fon origine jufqu'à nos jours, 2 vol.

ÉLÉMENTS D'ART MILITAIRE, 1 vol. avec fig. Traduit en anglais par M. Cullum.

PORTRAITS MILITAIRES, 3 vol.

HISTOIRE DE LA PRUSSE avant 1756, 1 vol. Traduit de l'italien par MM. Maineri & Mariani.

ÉTUDES SUR LA PRUSSE, 2 vol. Ouvrage traduit en allemand par M. de Reinhard.

L'ART MILITAIRE pendant les guerres de religion, broch.

DES RAPPORTS entre la puiffance militaire & la richeffe des États, broch.

www.ingramcontent.com/pod-product-compliance
Lightning Source LLC
Chambersburg PA
CBHW071604170426
43196CB00033B/1734